MATT/GLOCKER · ERLESENES AUS ÖSTERREICHS KÜCHE

VORWORT VON
ECKHART WITZIGMANN

FARBTAFELN ERNEST RICHTER

SPEISEN UND MENÜS FÜR BESONDERE ANLÄSSE

Erlesenes
aus Österreichs Küche

VON KÜCHENCHEF WERNER MATT
UND CHEF-PATISSIER WALTER GLOCKER
HOTEL HILTON WIEN

 RUDOLF TRAUNER VERLAG

3. Auflage

Umschlagbild vorne: Kalbsmedaillons mit Zitronenmelisse, Estragon, Kerbel und Gemüse der Saison
Umschlagbild hinten: Weichseln in Strudelteigblättern

Copyright © 1982 by Rudolf Trauner Verlag, A-4020 Linz, Köglstraße 14
Alle Rechte vorbehalten

Ausgezeichnet mit der Goldmedaille der Gastronomischen Akademie Deutschlands

Grafiken: Adelheid Hinterkörner, Linz
Layout: Gerald Kiska, Linz
Druck: Trauner-Druck, Linz

ISBN 3 85320 250 0

Inhaltsverzeichnis

Vorwort von Eckart Witzigmann	7
Frische Kräuter in der Küche	8
Mundbissen	13
Kaltschalen und geeiste Suppen	17
Kalte Vorspeisen	20
Suppen	46
Warme Vorspeisen	57
Fische und Krustentiere	73
Fleisch	94
Innereien	112
Geflügel	121
Wild und Wildgeflügel	131
Gemüse und Beilagen	140
Desserts	151
Mehlspeisen	173
Torten	191
Teegebäck	207
Sorbets	211
Grundrezepte	219
Fachausdrücke	237
Werner Matt – Ein Mann ist der Kochkunst verfallen	239
Walter Glocker	241
Sachregister	243
Bildverzeichnis	245

Unseren besonderen Dank möchten wir Herrn Rupert E. Huber, Generaldirektor des Hotels Hilton Wien, aussprechen für das großzügige Verständnis, das er der Realisierung dieser Arbeit entgegenbrachte.

Wir danken auch allen Mitarbeitern recht herzlich, deren Begeisterung und Einsatzfreudigkeit jederzeit von großer Hilfe waren.

Ohne ihre idealistische Einstellung wäre es uns nicht möglich gewesen, dieses Buch zu gestalten.

Werner Matt und Walter Glocker

Vorwort

Ich beglückwünsche Sie zum Kauf dieses Buches. Meine Kollegen Werner Matt und Walter Glocker vermitteln Ihnen darin ihr in vielen Jahren der Praxis erworbenes Wissen und Können.

Es ist in diesem Buch hervorragend gelungen, eine Auswahl anspruchsvollster Rezepte zu bieten, die in übersichtlicher Form dargestellt und in exzellenten Fotos präsentiert werden. Die verschiedenen Gelegenheiten, die sich mir boten, um zusammen mit den Autoren – auch im Hotel Hilton Wien – zu kochen, haben mich davon überzeugt, daß auch in großen Hotelküchen ausgezeichnet und äußerst kreativ gearbeitet wird. Die Voraussetzungen dafür sind allerdings, daß die Gebote der guten Küche eingehalten und der nötige Idealismus, die feine Hand und die bis ins kleinste Detail gehende Organisation vorhanden sind.

Der tägliche Einkauf unter Berücksichtigung von Frische und Natürlichkeit des Produkts, die fachgerechte Lagerung der Waren, die Vorbereitung in der Küche, die exakte Zubereitung und das perfekte Service sind die Grundlagen, um die Ansprüche des heute meist gut informierten und kritischen Gastes vollauf zufriedenstellen zu können.

Der an uns selbst gestellte Anspruch, dem Gast immer das Optimum zu bieten, nötigt uns und unseren Mitarbeitern in Küche und Service viel ab, und nur die ständige Motivation von innen wie auch die durch den Gast und die Öffentlichkeit ermöglicht die erforderlichen gleichmäßig guten Leistungen.

Ich wünsche Ihnen bei der Lektüre des Buches viel Spaß und beim Probieren einen guten Appetit und vor allem gutes Gelingen.

Eckart Witzigmann

Frische Kräuter in der Küche

„Eine gute Küche ohne frische Kräuter ist wie eine Sprache ohne Grammatik."

Frische Kräuter sind wieder gefragt. Aus der guten Küche sind Frischkräuter nicht mehr wegzudenken, da sie die Grundvoraussetzung für die Zubereitung aller Gerichte sind. Denn beim Trocknen der Kräuter gehen enorme Geschmacks- und Geruchsstoffe verloren.

Natürlich erfordert die Verwendung von frischen Kräutern mehr Warenkenntnis, Geschmack, Fingerspitzengefühl und Wagemut. Die Würzkunst gehört zur Hohen Schule des Kochens, die frischen Kräuter spielen dabei die wichtigste Rolle. Die folgende Zusammenstellung gibt einen Überblick über die frischen Küchenkräuter, ihren Geschmack und die wichtigsten Verwendungsmöglichkeiten.

Basilikum

Geschmack: Basilikumblätter haben einen aromatischen, süßlich-frischen Geschmack.
Verwendungszweck: Für Tomaten-, Hülsen- und Pilzgerichte. Es paßt gut zu Kalbssteak, gedünstetem Fisch und zu Lammgerichten sowie zu hellen Saucen für Kalb, Fisch, Hummer und Krabben.

Beifuß

Geschmack: Ein angenehm würziger, aber etwas bitterer Geschmack, erinnert an Wermut.
Verwendungszweck: Vor allem für Geflügelragouts, für Enten- und Gänsefleisch.

Bohnenkraut

Geschmack: Bohnenkraut duftet stark, schmeckt würzig und pfiffig, eher etwas herb.
Verwendungszweck: Für Bohnengerichte, Hülsenfrüchte, Kartoffelsuppen, zu Lammgerichten, Wildragout und Käsegebäck.

Dill

Geschmack: Die Blätter schmecken frisch, süßlich-würzig, entfernt dem Fenchel ähnlich.
Verwendungszweck: Paßt zu allen Salaten, Saucen und Eiergerichten, Gurken, Kartoffeln, zu Fischen und Schaltieren.

Estragon

Geschmack: Hat einen milden, etwas bitteren Geschmack (was wäre auch die klassische Küche ohne Estragon!).
Verwendungszweck: Für alle grünen Salate, Gurken, Spargel und vor allem zu Fischgerichten, Huhn und Kalb.

Kamille

Geschmack: Würzig-bitter, im Geruch würzig-apfelartig.
Verwendungszweck: Ein allzeit bekanntes Volksheilmittel. Kamillentee wird durch Aufguß der Kamillenblüten bereitet und als Hausmittel gegen Erkältungen und Magenverstimmungen verwendet.

Kerbel

Geschmack: Ähnlich der Petersilie, jedoch zarter. Er erinnert leicht an Anis.
Verwendungszweck: Für alle Kräutersaucen, zu frischen Salaten, Eiergerichten und Fischsaucen. Kerbel erst ganz zum Schluß dem Gericht beimengen.

Kresse (Brunnenkresse, Gartenkresse)

Geschmack: Geruch und Geschmack von angenehmer Schärfe, die dem Rettich ähnlich ist.
Verwendungszweck: Paßt zu verschiedenen Salatkombinationen und Brotaufstrichen, warm als Püree und in Kräutersaucen für Fisch und Kalb.

Lavendel

Geschmack: Die Blätter riechen angenehm würzig, sie schmecken herb-bitter, rosmarinähnlich.
Verwendungszweck: Für Eintopfgerichte, Hammelfleisch und teilweise für Fischgerichte (Blätter nur vor der Blüte verwenden).

Liebstöckel

Geschmack: Kräftig, würzig, an Sellerie erinnernd.
Verwendungszweck: Für Gemüseeintopf, Erbsen, Kartoffelsuppe und auch für kräftige Fleischragouts.

Majoran

Geschmack: Kräftig-aromatisch, minzähnlich.
Verwendungszweck: Für Kartoffeln, Hülsenfrüchte, Leber-, Lamm- und Rindsgerichte und vor allem für Geflügel.

Origano

Geschmack: Ähnlich dem Majoran, jedoch kräftiger und sehr würzig.
Verwendungszweck: Für Tomatengerichte, Gemüsesuppen und die Zubereitung von Pizzas.

Pfefferminze

Geschmack: Würzig und erfrischend mit nachfolgendem Kältegefühl.
Verwendungszweck: Für Tee, Salatsaucen, zu Lammfleisch (Minzsauce), Fruchtsalaten, Eiscremes und Fruchtkaltschalen.

Pimpinelle

Geschmack: Würzig, leicht säuerlich, nach Gurken.
Verwendungszweck: Für Kräutersaucen, grüne Salate, sehr gut für gebratene Fischgerichte.

Rosmarin

Geschmack: Duftet stark aromafrisch und schmeckt leicht scharf und würzig-bitter.
Verwendungszweck: Für Schmorbraten, Kalb, Lammgerichte, Huhn, Wildragout und braune Saucen.

Salbei

Geschmack: Strenger, würzig-bitterer Geschmack (getrockneter Salbei würzt viel stärker als frischer).
Verwendungszweck: Für Nudelgerichte, gegrilltes Kalbfleisch, Leber, Nieren, zu grünem Aal und Heringen.

Bild rechts:
1 Thymian, 2 Sauerampfer, 3 Ysop (blühend), 4 Rosmarin, 5 Origano (teils blühend), 6 Kamille, 7 Thymian (teils blühend), 8 Wermut, 9 Wasserkresse, 10 Estragon, 11 Kerbel (teils blühend), 12 Majoran, 13 Salbei, 14 Pfefferminze, 15 Lavendel, 16 Dillkrone, 17 Dill, 18 Beifuß, 19 Kerbel, 20 Basilikum.

Sauerampfer

Geschmack: Schmeckt saftig, angenehm säuerlich (nur frisch verwenden).
Verwendungszweck: Für Kräuter- und Gemüsesuppen, Kopfsalat. Sehr gut eignet sich Sauerampfer für weiße Fischsaucen (besonders zu Seezunge und Lachs).

Thymian

Geschmack: Ein starkes, pfiffig-mildes Aroma.
Verwendungszweck: Für Gemüsesuppen, Kartoffeln, Tomaten, Rindsbraten, Leber, Wildbret, gebratenen Fisch und Muscheln.

Wasserkresse

Geschmack: Etwas herber und strenger als die Brunnenkresse.
Verwendungszweck: Für grünen Salat und Lamm, eignet sich besonders gut zu allen Grillgerichten als Beigabe.

Wermut

Geschmack: Sehr bitter.
Verwendungszweck: Für fette und schwere Gerichte, wie Hammelfleisch, Schweinsbauch, Eisbein und Fleischeintopf.

Ysop

Geschmack: Riecht angenehm, schmeckt herb und leicht bitter (nur junge Blätter verwenden).
Verwendungszweck: Für Bohnensuppe, Kartoffelsuppe, Tomatengerichte, Fleischragout und Eintopfgerichte.

Zitronenmelisse

Geschmack: Zart erfrischender Geschmack – nach frischer Zitronenschale.
Verwendungszweck: Für Salatmarinaden, Kräutersuppen, besonders gut für Kalbfleisch, pochierte Fische und Hummer (Melisse darf nie mitkochen).

Bild Seite 11

Mundbissen

Verschiedene Gemüsecanapés
Canapés aux légumes

Topfencreme mit Joghurt auf Paprikavierteln:

1 roter oder grüner Paprika, ca. 3 Teile Topfen, ca. 1 Teil Joghurt, Minze, Schnittlauch, Zitronenmelisse, Salz, Pfeffer aus der Mühle.

Den Paprika halbieren, das Kerngehäuse entfernen und mit der Hautoberseite auf die Herdplatte oder unter den Salamander legen. In kaltem Wasser abschrecken, die Haut abziehen und die Paprikahälften nochmals halbieren. Passierten Topfen mit etwas Joghurt glattrühren. Minze, Schnittlauch und Zitronenmelisse hacken und in die Topfencreme mischen. Mit Salz und Pfeffer würzen. Die Topfencreme wird auf die Paprikaviertel gegeben und nach Belieben dekoriert.

Gemüsebouquet auf halben Tomaten:

Tomaten, Salz, Pfeffer aus der Mühle, Gemüse der Saison (Karotten, Karfiol, Brokkoli, Radieschen, Gurken, Pilze).

Abgezogene Tomaten halbieren, entkernen und mit Salz und Pfeffer würzen. Die Tomaten mit rohem Gemüse, je nach Saison, füllen.

Prinzeßbohnen in Sherrydressing auf Champignonköpfen:

Prinzeßbohnen, Sherrydressing (Grundrezept siehe Seite 227), Champignons, Butter, Salz, Zitronensaft, Tomaten.

Die gekochten Prinzeßbohnen werden mit Sherrydressing mariniert. Aus festen Champignons werden die Stiele herausgebrochen. Die Champignonköpfe in Butter etwas anziehen lassen und mit Salz und Zitronensaft würzen. Mit den marinierten Bohnen und Tomatenwürfeln garnieren.

Wachsweiche Wachteleier auf Kohlrabischeiben:

1 Kohlrabi, Salz, 5 Wachteleier, 30 g Karotten.

Junger Kohlrabi wird in Scheiben ausgestochen, kurz blanchiert und gesalzen. Mit gekochten Wachteleiern (Kochzeit zwei Minuten) und feinen rohen Karottenstreifen beliebig garnieren.

Bild Seite 15

Kleine Räucherlachskipferln
Petits croissants au saumon fumé

Räucherlachsreste, Zitronensaft, gehackter Dill, Blätterteig (Grundrezept siehe Seite 232), 1 Eidotter.

Räucherlachsreste werden kleingehackt und mit Zitronensaft und gehacktem Dill mariniert.
Den Blätterteig sehr dünn ausrollen, in kleine Dreiecke schneiden und in diese Einschnitte machen.
Die Fülle auf die Dreiecke geben und diese zu Kipferln drehen. Kipferln mit Eidotter bestreichen und bei starker Hitze, je nach Größe, fünf bis zehn Minuten im Ofen backen.

Diese Kipferln – oder auch eine andere Form aus Blätterteig – kann man mit verschiedenen Füllungen zubereiten, zum Beispiel mit Schinken, Lamm-, Wild- oder Kalbfleisch.

Gebackene oder pochierte Champignonköpfe mit verschiedenen Füllungen
Champignons frits ou pochés farcis

*Für 6 Stück:
12 mittelgroße, feste Champignons, Fülle (Rezept siehe Seite 16), Salz, Pfeffer aus der Mühle, Zitronensaft, etwas Mehl und ein Ei zum Panieren, geriebenes, nicht getrocknetes Weißbrot (Mie de pain), 1/2 l Öl zum Backen.*

Die Champignons werden gehäutet und die Stiele komplett herausgebrochen. Die Fülle in sechs mit Salz und Pfeffer gewürzte Champignonköpfe geben, die restlichen sechs Köpfe darüberstülpen, anpressen und mit Zitronensaft beträufeln. Die Champignonköpfe durch das Mehl ziehen, in ein versprudeltes Ei geben und dann in frischen Weißbrotbröseln wälzen. In Öl herausbacken, abtrocknen, ein kleines Spießchen hineinstecken und auf einer Serviette servieren.

Gefüllte Champignonköpfe kann man auch im jeweiligen Fond pochieren oder braten und mit einer passenden Sauce servieren.

Bild rechts: Verschiedene Gemüsecanapés

1. *Topfencreme mit Joghurt auf Paprikavierteln*
2. *Gemüsebouquet auf halben Tomaten*
3. *Prinzeßbohnen in Sherrydressing auf Champignonköpfen*
4. *Wachsweiche Wachteleier auf Kohlrabischeiben
   Im Hintergrund: Gemüseblumen*

1   2   3   4

Verschiedene Gemüsecanapés

50 g gekochter Schinken, 40 g Champignonstiele, 20 g Butter, 20 g Schalotten, 1 Teelöffel gehackte Petersilie, 1 Teelöffel Fleischglace (Grundrezept siehe Seite 220), 1 Eidotter, Salz, 1 Spritzer Zitronensaft, Pfeffer aus der Mühle.

Schinkenfülle:

Den gekochten Schinken und die Champignonstiele schneidet man in kleine Würfel und läßt sie in Butter mit den geschnittenen Schalotten anziehen. Man gibt die gehackte Petersilie, die Fleischglace und zuletzt einen Eidotter für die Bindung dazu und würzt mit Salz, Zitronensaft und Pfeffer. Das Ganze vom Feuer nehmen und kalt werden lassen.

½ grüner Paprika, 10 g Champignonstiele, 10 g Butter, Salz, 150 g Hühner- oder Kalbfleisch oder Wildfarce.

Fleischfülle:

Vom Paprika das Kerngehäuse entfernen und ihn mit der Hautoberseite auf die Herdplatte oder unter den Salamander legen. In kaltem Wasser abschrecken, die Haut abziehen und den Paprika in kleine Würfel schneiden.
Die Champignonstiele werden ebenfalls in kleine Würfel geschnitten, in Butter rasch sautiert, die Paprikawürfel dazugegeben und gesalzen. Dann erkalten lassen und mit Hühnerfleisch, Kalbfleisch oder Wildfarce mischen.

Kaltschalen und geeiste Suppen

Sie eignen sich besonders gut für heiße Sommertage.

Ananaskaltschale mit Kirschwasser und Zitronenmelisse
Soupe froide à l'ananas au kirsch et à la mélisse citronnée

Für 6 Personen:
500 g Ananasfruchtfleisch, ¼ l Mineralwasser, ½ Zitrone, 2 cl Kirschwasser, 6 Zitronenmelissenblätter.

Das Ananasfruchtfleisch in den Mixer geben und durchmixen. Mit Mineralwasser auffüllen, mit Zitronensaft und Kirschwasser abschmecken und kalt stellen. In kalte Gläser oder in die ausgehöhlte Ananas füllen und mit Melissenblättern servieren.

Kaltschale von Muskattrauben
Soupe froide aux raisins muscat

Für 6 Personen:
500 g weiße Muskattrauben, ¼ l Mineral- oder Sodawasser, etwas Muskatnuß.

Die Trauben schälen, halbieren und entkernen. Zirka 100 Gramm für die Einlage aufheben.
Die restlichen Trauben in den Mixer geben und durchmixen. Mit Mineral- oder Sodawasser auffüllen, etwas Muskatnuß hineinreiben und mit den Trauben garnieren.

Melonenkaltschale
Soupe froide au melon

Für 6 Personen:
600 g reifes Melonenfruchtfleisch ohne Kerne,

500 Gramm Melonenfruchtfleisch in den Mixer geben und kurz durchmixen. Das Püree kalt stellen, mit Mineralwasser auffüllen und mit Portwein abschmecken. Das restliche Me-

¼ l Mineralwasser, 2 cl roter Portwein, 1 Orange.

lonenfruchtfleisch in kleine Würfel schneiden, in die Masse geben und diese in schöne Gläser füllen. Mit Orangenscheiben garnieren und eiskalt servieren.

Anstelle von Mineralwasser kann man auch Sekt oder spritzigen Weißwein verwenden. Wenn Sie kleine Melonen haben, können Sie die Kaltschale darin servieren.

Geeiste Avocadocreme
Soupe glacée à la crème d'avocat

*Für 6 Personen:
2 bis 3 reife Avocados (ca. 300 g Fruchtfleisch), ¼ l heller Hühnerfond (Grundrezept siehe Seite 222), ¼ l Kaffeeobers, Salz, Pfeffer aus der Mühle, 1 Spritzer Zitronensaft.*

Die geschälten Avocados im Mixer mit etwas Hühnerfond mixen. Den restlichen Hühnerfond langsam beigeben und dann die Masse in Ton-, Glas- oder Porzellangeschirr füllen. Das Kaffeeobers daruntermischen, mit Salz, Pfeffer und Zitronensaft abschmecken und kalt stellen.
Die Creme in spezielle Tassen abfüllen und nach Möglichkeit auf Eis servieren.

Als Einlage kann man geröstete Mandelsplitter, Krevetten oder Krebse nehmen.

Gazpacho –
geeiste Tomaten-Paprika-Suppe
Gazpacho – Soupe glacée aux tomates et aux poivrons

*Für 6 Personen:
1,25 kg weiche Tomaten,
200 g geschälte Salatgurken,
150 g rote und grüne Paprika,
50 g Zwiebel, 1 Knoblauchzehe, 1 Scheibe Weißbrot ohne Rinde (ca. 60 g), 1 Messerspitze Kümmel (nach Möglichkeit spanischer), 2 cl Olivenöl,
4 dl Tomatensaft, 1 Teelöffel Sherryessig (oder Weinessig), Salz, Pfeffer aus der Mühle.*

Die Tomaten schälen und entkernen. Gurken und Paprika entkernen. Die grobe Haut der Paprika eventuell abziehen und mit der geschälten Zwiebel in kleine Stücke schneiden. Alles zusammen mit gehacktem Knoblauch, Weißbrot, Kümmel, Olivenöl, etwas Tomatensaft und dem Sherryessig einige Zeit marinieren. Alles in den Mixer geben, gut durchmixen, salzen und pfeffern, mit dem restlichen Tomatensaft und eventuell einem Spritzer kaltem Wasser auffüllen. Kalt stellen und in geeisten Tassen servieren. Die Suppe soll etwas dicklich sein.

Als Einlage kann man gewürfelte Gurken, Paprika oder angeröstete kleine Weißbrotwürfel verwenden. Ist die Suppe zuwenig scharf, gibt man ein paar Tropfen Tabasco oder Cayennepfeffer dazu.

Geeiste Gurkensuppe mit Dill
Soupe glacée aux concombres garnie d'aneth

Für 6 Personen:
1 bis 2 junge Salatgurken (ca. 500 g), ¼ l heller Hühnerfond (Grundrezept siehe Seite 222), 125 g passierter Speisetopfen, ¼ l Kaffeeobers, 2 Becher Joghurt, Salz, Pfeffer aus der Mühle, 1 Spritzer Zitronensaft, etwas gehackter Dill und Zitronenmelisse.

Die Gurken schälen, der Länge nach halbieren, entkernen und in Scheiben schneiden. Im Mixer mit dem Hühnerfond pürieren. Den Topfen mit Obers und Joghurt verrühren und die Gurkenmasse daruntermischen. Mit Salz, Pfeffer und dem Zitronensaft würzen, die Kräuter beigeben und die Suppe anschließend kalt stellen. In ein geeignetes Geschirr füllen und eiskalt servieren.

Als Einlage kann man kleine Gurkenwürfel nehmen.

Vichysoise – geeiste Lauchcremesuppe mit Kartoffeln
Vichysoise – Soupe glacée à la crème poireaux et aux pommes de terre

Für 6 Personen:
300 g geschnittener Lauch (nur die weißen Teile), 10 g Butter, 1¼ l heller Hühner- oder Kalbsfond (Grundrezepte siehe Seite 222 und Seite 219), 1 kleines Lorbeerblatt, 1 kleiner Zweig (oder eine Messerspitze getrockneter) Majoran, Salz, Pfeffer aus der Mühle, 150 g Kartoffeln, ½ l Kaffeeobers, etwas Schnittlauch.

Den Lauch in Butter anschwitzen, nicht braun werden lassen. Mit Hühner- oder Kalbsfond auffüllen, aufkochen lassen und den Schaum an der Oberfläche abschöpfen. Die Gewürze und die rohen, in Scheiben geschnittenen Kartoffeln beigeben und das Ganze zirka eine halbe Stunde auf kleiner Flamme kochen lassen.
Dann die Suppe mixen und kalt stellen.
Abschließend gibt man das Obers dazu und schmeckt die Suppe ab. In Tassen füllen, mit Schnittlauch bestreuen und kalt servieren.

Kalte Vorspeisen

Fasanenparfait
Parfait au faisan

Für 6 Personen:
90 g Zwiebel, 40 g Karotten, 30 g Sellerie, 4 Fasanenkeulen (ca. 500 bis 600 g) oder ein ganzer Fasan, 2 cl Olivenöl, etwas Thymian und Rosmarin, 1 Lorbeerblatt, 8 Wacholderbeeren, ½ Knoblauchzehe, ⅛ l Rotwein, 2 cl Cognac, 2 cl Portwein, ⅛ l brauner Wildfond (Grundrezept siehe Seite 221), 2 dl heller Hühnerfond (Grundrezept siehe Seite 222), 100 g Hühnerleber, 2 bis 3 Blatt Gelatine, Salz, Pfeffer aus der Mühle, ⅛ l Schlagobers.

Das Gemüse wird gewaschen und in Würfel geschnitten. Fasanenkeulen in der Hälfte des Olivenöls anrösten. Das Fett abgießen, das Gemüse dazugeben und das Ganze im Ofen kurz weiterrösten lassen. Thymian, Rosmarin, Lorbeerblatt, zerdrückte Wacholderbeeren und Knoblauch beigeben, mit Rotwein aufgießen und einkochen lassen. Mit Cognac und Portwein ablöschen und mit Wild- und Hühnerfond auffüllen. Nach zirka fünf Minuten Kochzeit die Fasanenstücke herausnehmen, Knochen und Haut ablösen und diese wieder zurück in den Fond geben. Den Fond zirka 50 Minuten kochen lassen, wenn nötig, etwas Fond nachgießen, abseihen und zu einem Achtelliter Flüssigkeit reduzieren.
Die Hühnerleber wird rasch im restlichen Olivenöl angeröstet, so daß sie innen noch blutig ist.
Die aufgeweichte Gelatine in der auf ein Achtelliter reduzierten Flüssigkeit auflösen. Das Fasanenfleisch und die Hühnerleber zweimal durch die feine Scheibe des Fleischwolfs drehen und mit der Gelatine verrühren. Das Ganze durch das Haarsieb streichen und mit Salz und Pfeffer abschmecken. Dann auf Eis stellen und rasten lassen.
Kurz bevor die Masse angezogen hat, wird das geschlagene Obers daruntergezogen, nochmals nachgewürzt und in Tassen oder eine Schüssel gefüllt.
Ist die Masse fest geworden, wird sie gestürzt oder mit einem Löffel ausgestochen. Mit getoasteter Brioche oder Toast servieren.

Zur Verbesserung des Geschmacks geschnittene Morcheln, Steinpilze oder Trüffeln in die Masse geben.
Wenn vorhanden, kann man anstelle von Hühnerleber auch Wild- oder Wildgeflügelleber nehmen. Pochierte Gänseleberabschnitte könnte man ebenfalls in die Masse mischen.

Gänseleber in Himbeerdressing

Gänsebrust mit steirischem Linsensalat und Kürbis
Poitrine d'oie et salade de lentilles à la styrienne

Für 6 Personen:
150 g Linsen, ½ Zwiebel,
½ Karotte, 1 Speckschwarte zum Mitkochen, 1 Lorbeerblatt, 1 Gänsebrust, Salz, Pfeffer aus der Mühle, 2 cl Olivenöl, 6 cl steirisches Kürbiskernöl, 6 cl Weinessig, 30 g Schalotten, 500 g Kürbis, 50 g Butter, 250 g Weißkraut, 1 dl gebundene Dressing (Grundrezept siehe Seite 227), ½ Knoblauchzehe, 3 Scheiben Toastbrot, 10 g Butter.

Die Linsen gut waschen und mit Zwiebel, Karotte, Speckschwarte und Lorbeerblatt in Salzwasser kochen. Das Wasser abschütten, die Linsen auf ein Tuch geben und das mitgekochte Gemüse herausnehmen.
Die Gänsebrust wird ausgelöst, mit Salz und Pfeffer gewürzt, kurz auf beiden Seiten in Olivenöl angebraten und im Rohr bei mittlerer Hitze fertiggegart.
Kürbiskernöl mit Weinessig vermischen, wenn nötig, etwas Wasser dazugeben. In dieser Marinade die Linsen mit den geschnittenen Schalotten anmachen, salzen und pfeffern.
Den Kürbis in gleichmäßige Tranchen schneiden, salzen, in Butter kurz anschwitzen und etwas ziehen lassen.
Das Weißkraut wird in Scheiben geschnitten, in Salzwasser blanchiert und mit gebundener Dressing mariniert.
Dann eine Pfanne mit einer Knoblauchzehe einreiben und darin in Würfel geschnittenes Toastbrot mit etwas Butter goldgelb rösten.
Auf den Tellern die Linsen und das Kraut anrichten und die Brotcroûtons darübergeben. Die lauwarme Gänsebrust in Scheiben schneiden und auf die Linsen und das Kraut legen. Mit dem Kürbis garnieren.

Je nach Belieben kann man über die Brust etwas gekochten braunen Fond aus Gänseknochen geben.

Bild Seite 32

Gänseleber in Himbeerdressing
Foie gras d'oie au vinaigre de framboises

Für 6 Personen:
240 g Gänsestopfleber, 2 weiße Rübchen, Salz, 200 g grüne Bohnen, 2 schwarze Trüffeln, 8 cl Himbeerdressing (Grundrezept siehe Seite 228), etwas gezupfter Kerbel, Pfeffer aus der Mühle.

Dieses Gericht erfordert nur wenig Zeitaufwand und schmeckt vorzüglich, kann aber nur mit Gänseleber bester Qualität zubereitet werden.

Die Gänseleber enthäuten, die grünen Stellen wegschneiden und die äußeren Nervenstränge entfernen. In zwei Millimeter dünne Scheiben schneiden und kalt stellen.
Die weißen Rübchen werden in zirka drei Zentimeter lange und fünf Millimeter breite Stifte geschnitten und in Salzwasser gekocht.

Die Bohnen werden geputzt, je nach Stärke der Länge nach halbiert und ebenfalls gekocht.
Die Trüffeln bürsten, waschen und in dünne Scheiben schneiden oder hobeln.
Die Gänseleber in die kalte Himbeerdressing geben und etwa eine Minute ziehen lassen. Die lauwarmen Rübchen und Bohnen ebenfalls mit Himbeerdressing marinieren. Das Gemüse wird auf Tellern angerichtet, die Gänseleber darübergelegt und mit Kerbel garniert. Eventuell etwas nachsalzen und Pfeffer aus der Mühle darübergeben.

Auch Lauch, in Scheiben geschnitten, pochiert, in Himbeerdressing mariniert und lauwarm serviert, paßt zu diesem Gänselebergericht ausgezeichnet.
Je nach Geschmack kann man dieses Gericht auch in Sherrydressing marinieren.

Bild Seite 22

Gebeizte Forellenfilets in Dilljoghurt
Filets de truites macérés et yaourt à l'aneth

Für 6 Personen:
3 Gebirgsforellen, à ca. 330 g (es können auch 2 größere genommen werden), 50 g Salz, 10 g Zucker, 20 g gehackte Petersilie, 20 g gehackter Dill, geriebene Schale von ½ Zitrone, Marinade (Rezept siehe unten), 1 Spritzer Essig, 18 Wachteleier, 1 Prise Salz, Dilljoghurt (Rezept siehe nächste Seite), 1 Eßlöffel Kaviar, 1 Dillsträußchen.

Die Forellen filetieren und komplett entgräten. Die Beize, bestehend aus Salz, Zucker, Petersilie, Dill und Zitronenschale, bereiten, die Forellenfilets damit auf beiden Seiten einreiben und etwas andrücken.
Die Marinade in ein flaches Geschirr gießen. Die Forellenfilets werden mit der Haut nach unten zirka zwölf Stunden in der Marinade liegen gelassen. Dann werden sie umgedreht und weitere zwölf Stunden mariniert.
Wenig Wasser zum Pochieren der Wachteleier mit etwas Essig erhitzen, die Wachteleier einschlagen, diese ein bis zwei Minuten pochieren und sofort in kaltes, leicht gesalzenes Wasser geben.
Die Beize von den Forellenfilets etwas herunterwaschen, die Filets in möglichst dünne Scheiben schneiden und mit den Wachteleiern, dem Dilljoghurt, dem Kaviar und einem Dillsträußchen garnieren.

Marinade:

20 g Schalotten, 4 cl Noilly Prat, ⅛ l Weißwein, ⅛ l Wasser, Petersilienstiele, 3 Dillstiele, 10 weiße Pfeffer-

Die in Streifen geschnittenen Schalotten mit Noilly Prat und Weißwein etwas reduzieren, mit Wasser auffüllen und die Petersilien- und Dillstiele, zerdrückten Pfefferkörner und zerdrückten Wacholderbeeren beigeben.

körner, 4 Wacholderbeeren, ½ Lorbeerblatt.

Die Flüssigkeit zur Hälfte einkochen, kalt werden lassen und passieren.

Dilljoghurt:

5 cl Joghurt, 2 cl Sauerrahm, Saft von ⅙ Zitrone, 1 Eßlöffel gehackter Dill, Salz, Pfeffer aus der Mühle.

Die Zutaten werden gut vermischt, und das Joghurt wird zum Schluß abgeschmeckt.

Bild Seite 37

Gebeizter Lachs mit Kartoffelplätzchen und Kaviar
Saumon macéré et petites galettes de pommes de terre et caviar

Für 6 Personen:
1 gebeizte Lachsseite, ca. 500 g (Grundrezept siehe Seite 228), 5 cl Joghurt, 2 cl Sauerrahm, 1 Spritzer Zitronensaft, 1 Eßlöffel gehackter Dill, Salz, Pfeffer aus der Mühle, 3 mittelgroße Kartoffeln, 3 Eier, 20 g Butter, Salz, etwas geriebene Muskatnuß, 2 cl Olivenöl, 6 Teelöffel Kaviar.

Aus Joghurt, Sauerrahm, Zitronensaft und Dill das Dilljoghurt herstellen, salzen und pfeffern (siehe oben).
Die Kartoffeln in der Schale kochen, schälen und noch heiß durch ein Haarsieb drücken. Mit den Eiern und der Butter vermengen, salzen, mit Muskatnuß abschmecken und etwas rasten lassen.
In der Pfanne das Olivenöl heiß werden lassen. Die Masse mit einem Löffel zu Plätzchen von zirka fünf Zentimeter Durchmesser und einem Zentimeter Höhe formen und in das heiße Olivenöl geben. Die Plätzchen auf beiden Seiten im Ofen bei starker Hitze drei bis vier Minuten backen.
Den gebeizten Lachs in dünne Scheiben schneiden. Die warmen Kartoffelplätzchen in die Mitte des Tellers geben und mit den Lachsscheiben, dem Kaviar und dem Dilljoghurt anrichten.

Bild Seite 21

Gebratene Gänseleber mit Veltliner Trauben auf Salatherzen in Sherrydressing
Foie gras d'oie rôti aux raisins sur coeurs de salade au vinaigre de sherry

Für 6 Personen:
420 g Gänsestopfleber, 20 g Olivenöl, Salz, Pfeffer aus der Mühle, verschiedene

Die Gänseleber enthäuten, in Scheiben schneiden und entnerven. Dann die Gänseleberscheiben in der Pfanne mit Olivenöl auf beiden Seiten rosa braten, auf ein Tuch legen und würzen.

Salatherzen je nach Saison, Sherrydressing (Grundrezept siehe Seite 227), 70 g Veltliner Trauben, 20 g Walnüsse.

Die Salatherzen werden gewaschen, mit der Sherrydressing mariniert und locker auf einem Teller angerichtet. Man gibt die Leber dazu, garniert mit den geschälten, entkernten Trauben und den abgezogenen Walnußkernen und serviert sofort.

Je nach Belieben kann man die Rückstände in der Pfanne mit etwas braunem Kalbsfond ablöschen, Trüffeljus dazugeben und einige Tropfen davon über die Leber nappieren.

Jakobsmuscheln in Korianderdressing
Coquilles Saint-Jacques au vinaigre de coriandre

Für 6 Personen:
12 Jakobsmuscheln, 18 Krebse, ca. 1 l Court-bouillon (Grundrezept siehe Seite 223), Korianderdressing (Rezept siehe unten), 200 g Brokkoli, Salz, 6 cl Kräuterdressing (Grundrezept siehe gebundene Dressing, Seite 227).

Die Jakobsmuscheln öffnen, aus der Schale lösen und unter kaltem fließendem Wasser gut abspülen. Die Häute etwas abziehen. Die Krebse in Court-bouillon einmal aufkochen und zirka fünf Minuten, je nach Größe, im Fond ziehen lassen. Die Krebse in ein Sieb schütten, das Fleisch ausbrechen und den Darm entfernen (Schalen und Körper können für Suppen, Fonds oder Saucen verwendet werden).
Die Jakobsmuscheln in ein bis zwei Millimeter dünne Scheiben schneiden und in der Korianderdressing zirka fünf Minuten ziehen lassen.
Die Brokkoli in Salzwasser kochen und sofort abschrecken, damit sie die schöne grüne Farbe behalten. Die Brokkoli mit der Kräuterdressing würzen und in der Mitte des Tellers anrichten. Rundherum die Jakobsmuscheln auflegen und mit Krebsen garnieren.

Korianderdressing:

1 Teelöffel Koriander, evtl. etwas Koriandergrün, 4 cl Olivenöl, Saft von ½ Zitrone, Salz, Pfeffer aus der Mühle.

Die Korianderkörner zerdrücken, wenn vorhanden, etwas Koriandergrün dazugeben und mit Olivenöl, Zitronensaft, Salz und Pfeffer verrühren. Die Dressing zirka 20 Minuten stehen lassen, damit der Geschmack des Korianders gut einzieht.
Man kann dieselbe Dressing auch mit Schalotten, Schnittlauch und passiertem grünem Pfeffer statt mit Koriander zubereiten.

Bild Seite 21

Kaninchenrücken und Taubenbrüstchen auf Salatherzen
Râble de lapin et poitrine de pigeon sur coeurs de salade

Für 6 Personen:
2 Kaninchenrücken, 3 Tauben- oder Wildentenbrüstchen, Salz, Pfeffer, 4 cl Olivenöl, 30 g Butter, 6 Kaninchennieren, 1 Spritzer Sherryessig, 6 cl Taubenglace (Grundrezept siehe Fleischglace, Seite 220), 60 g gekochter Brustspeck, 1 Scheibe Toast, etwas Radicchio-, Feld-, Eichblatt- oder gekrauster Salat (je nach Saison), 6 cl Sherrydressing (Rezept siehe Seite 227), 6 Walnüsse, etwas geschnittener Schnittlauch.

Die ausgelösten Kaninchenrücken und die Taubenbrüstchen mit den Knochen salzen, pfeffern und in getrennten Pfannen jeweils in etwas Olivenöl und der Hälfte der Butter rosa braten. Die ebenfalls mit Salz und Pfeffer gewürzten Kaninchennieren dazugeben. Dann alles auf ein Gitter legen und warm halten. Wenn nötig, nachwürzen. Die Fettrückstände abgießen, einen Spritzer Sherryessig in die Pfanne geben und mit Taubenglace aufgießen.
Die Speckscheiben in kleine Würfel schneiden und braten. Das Toastbrot ebenfalls in kleine Würfel schneiden und in der restlichen Butter goldgelb anrösten. Danach sofort auf ein Tuch geben, um ein Nachbräunen zu vermeiden.
Der Salat wird gewaschen, mit Sherrydressing mariniert und locker in die Mitte der Teller gegeben.
Die warmen Taubenbrüstchen vom Knochen lösen und mit dem Filet des Kaninchens in dünne Tranchen schneiden, die Nieren halbieren und das Ganze neben dem Salat auf den Tellern anrichten. Mit den Speckwürfeln, den Brotcroûtons und geschälten, halbierten Nüssen garnieren, den Hasenrücken mit Schnittlauch bestreuen, etwas warme Taubenglace nappieren und sofort servieren.

Krebsmousse
Mousse d'écrevisses

Für 6 Personen:
600 g rohes Fischmousse (Grundrezept siehe Hechtmousse, Seite 229), 8 cl Krebsreduktion (Rezept siehe Hummerreduktion, Seite 224), 2 dl Krebsfond (Grundrezept siehe Seite 224), 4 cl Portwein, 4 cl Cognac, 6 Blatt Gelatine, Salz, Pfeffer aus der Mühle, 1/4 l geschlagenes Obers.

Die Krebsreduktion in das Fischmousse einrühren, pochieren und erkalten lassen.
Krebsfond, Portwein und Cognac auf die Hälfte reduzieren. Das erkaltete Mousse mit dem Krebsfond mixen (vorsichtig, da es sonst gerinnt.)
Die in etwas Flüssigkeit aufgelöste Gelatine beigeben, mit Salz und Pfeffer würzen, in eine Schüssel leeren und auf Eis stellen.
Die Masse einige Minuten mit dem Schneebesen durchrühren, bis das Mousse etwas fest wird. Danach das geschlagene Obers darunterziehen und alles etwa eine Stunde kalt stellen. Das Mousse kann in beliebige kleine Porzellanförmchen oder Tortelettes abgefüllt oder mit einem Löffel ausgestochen werden.

Mit Krebsschwänzen, Hummermedaillons, grünen Spargelspitzen, Avocados usw. je nach Geschmack beliebig garnieren.

Marinierter Lachs mit grünem Pfeffer
Saumon mariné au poivre vert

Für 6 Personen:
500 g rohes Lachsfilet, Pfefferdressing (Rezept siehe unten), 1 Limone oder Zitrone, Salz, 2 Schalotten, 1 kleines Bund Schnittlauch.

Den Lachs entgräten und in zirka ein Millimeter dünne Scheiben schneiden.
Auf die kaltgestellten Teller je einen halben Eßlöffel der Pfefferdressing und einige Tropfen Limonensaft geben und salzen. Die Lachsscheiben darüberlegen, mit Limonensaft beträufeln und einige Tropfen der Dressing darauftäufeln. Mit geschnittenen Schalotten und Schnittlauch bestreuen, nachsalzen, etwas ziehen lassen und servieren.

Pfefferdressing:

1 Eßlöffel grüne Pfefferkörner, Salz, 4 cl Olivenöl.

Die grünen Pfefferkörner durch ein Sieb streichen, salzen und mit Olivenöl verrühren. Dann die Dressing probieren, ob sie nicht zu scharf ist, da sonst der Eigengeschmack des Lachses verlorengehen würde. Aus diesem Grund auch nicht die Flüssigkeit der grünen Pfefferkörner verwenden.

Marinierter Meerwolf mit Fenchel
Loup de mer mariné au fenouil

Für 6 Personen:
1 Meerwolf, ca. 700 g, 100 g Salz, 25 g Zucker, 20 g Fenchelgrün, 2 Eßlöffel gehackte Petersilie, 3 Eßlöffel Dillspitzen, 1/2 Teelöffel Koriander, Marinade (Rezept siehe nächste Seite), 6 Wachteleier, 1 Spritzer Essig, Salz, 6 Zwergtomaten, 2 Fenchelknollen, 6 cl Sherrydressing (Grundrezept siehe Seite 227), Fenchelspitzen zum Garnieren.

Den Meerwolf schuppen, filetieren und die Mittelgräten des Filets sorgfältig herausziehen. Die Haut mit einem spitzen Messer kreuzweise einschneiden, damit die Beize besser durchziehen kann. Nur am dünnen Schwanzende ist dies nicht mehr notwendig. Aus Salz, Zucker, Fenchelgrün, gehackter Petersilie, Dillspitzen und zerdrücktem Koriander eine Würzmischung bereiten und diese zur Hälfte in ein flaches, längliches Geschirr, je nach Größe der Filets, streuen. Die Meerwolffilets mit der Haut nach unten darauflegen und die restliche Mischung auf die Oberfläche der Filets geben. Die Marinade langsam dazugießen und das Ganze in einen nicht zu kalten Kühlschrank geben. Nach zirka vier Stunden die Filets umdrehen und weitere vier Stunden beizen. Danach eine Probe entnehmen. Bei zu langem Beizen wird der Fisch zu hart und zu scharf.

Den Fisch aus der Beize nehmen, die Kräuter abwischen und die Filets in ganz dünne Scheiben schneiden.
Die Wachteleier zweieinhalb Minuten in Salz-Essig-Wasser kochen, abschrecken und schälen. Die Zwergtomaten vierteln und entkernen. Den in dünne Streifen geschnittenen Fenchel mit Sherrydressing marinieren. Die Filetscheiben werden auf einem Teller angerichtet, Wachteleier, Tomaten und Fenchel als Garnitur dazugegeben, und das Ganze wird mit Fenchelspitzen garniert.

Marinade:

40 g geschnittene Schalotten, 30 g Fenchelstreifen, 20 g geschnittene Karotten, 3 bis 5 Petersilienstiele, 1/8 l trockener Weißwein, 1/8 l Wasser, 20 zerdrückte weiße Pfefferkörner, 1 Lorbeerblatt.

Schalotten, Fenchelstreifen, Karotten, Petersilienstiele, Weißwein, Wasser, Pfefferkörner und Lorbeerblatt in einen Topf geben und auf die Hälfte der Flüssigkeit einkochen. Eine halbe Stunde zugedeckt ziehen lassen, abseihen und erkalten lassen.

Bild Seite 21

Mariniertes Rindsfilet mit Spargelspitzen
Filet de boeuf mariné aux pointes d'asperges

Für 6 Personen:
900 g Spargel, 20 g Butter, Salz, Pfeffer aus der Mühle, Dressing (Rezept siehe unten), 350 g Rindsfilet, Gartenkresse, etwas Kerbel.

Der Spargel wird geschält, gebündelt, auf zehn Zentimeter Länge geschnitten und in Salzwasser mit Butter stehend gekocht. Dann nimmt man den Spargel heraus, kühlt ihn kurz ab, würzt mit Salz und Pfeffer und mariniert ihn mit einem Teil der Dressing.
Das Rindsfilet parieren, Haut und Stränge wegschneiden. Um das Filet besser schneiden zu können, gibt man es eine Stunde vor Gebrauch, in eine Folie gewickelt, in den Tiefkühlschrank. Dann mit der Maschine in dünne Scheiben schneiden.
Auf Tellern die Spargelspitzen mit den Filetscheiben anrichten, mit dem Rest der Dressing überziehen und mit Kresse und Kerbel garnieren.

Dressing:

30 g grüne Pfefferkörner, 1 dl Olivenöl, etwas gehackter Kerbel, Salz, Saft von 2 Zitronen.

Die Pfefferkörner durch ein Sieb drücken und mit dem Olivenöl verrühren. Dann gehackten Kerbel beigeben und mit Salz und Zitronensaft abschmecken.

Bild Seite 31

Rochenflügel auf gekraustem Salat mit roten Rüben
Aiguillettes de raie sur salade frisée et betteraves rouges

Für 6 Personen:
20 g Butter, 25 g Schalotten, 600 g Rochenfilets, Salz, Pfeffer aus der Mühle, 4 cl trockener Weißwein, 4 cl Fischfond (Grundrezept siehe Seite 223), 8 cl Kräuterdressing (Grundrezept siehe gebundene Dressing, Seite 227), 200 g Eierschwammerln, 1 Eßlöffel Walnußöl, 1 Spritzer Schalottenessig, 1 Teelöffel gehackte Petersilie, 200 g rote Rüben, 1 Spritzer Essig, 1 Lorbeerblatt, 1 Messerspitze Kümmel, 4 cl Himbeerdressing (Grundrezept siehe Seite 228), 1 Kopf gekrauster Salat oder Eisbergsalat (Pummerlsalat).

Ein passendes flaches Geschirr mit Butter bestreichen und mit den gehackten Schalotten bestreuen.
Die Filets des Rochens (ohne Haut) in zwölf gleiche Teile schneiden, mit Salz und Pfeffer würzen und in das Geschirr auf die Schalotten legen. Den Weißwein und den Fischfond beigeben. Das Ganze im Ofen auf den Punkt garen.
Dann die Filetstücke herausnehmen, abtropfen lassen und mit der Kräuterdressing marinieren.
Die Eierschwammerln putzen und waschen. In Walnußöl rasch anbraten, salzen und pfeffern und Schalottenessig sowie gehackte Petersilie dazugeben.
Die roten Rüben in Essigwasser mit Lorbeerblatt und Kümmel kochen, schälen und in kleine Würfel schneiden. Mit Himbeerdressing marinieren.
Den Eisbergsalat waschen und ebenfalls mit Himbeerdressing marinieren.
Die lauwarmen Rochenflügel auf den Tellern anrichten und mit Salat, roten Rüben und Eierschwammerln garnieren.

Bei Salaten dieser Art werden Fische sowie Eierschwammerln immer lauwarm serviert.

Salat von Flußkrebsen, Spargelspitzen und Prinzeßbohnen in Kerbeldressing
Salade d'écrevisses de fleuve, pointes d'asperges et haricots verts au vinaigre de cerfeuil

Für 6 Personen:
200 g dünner Stangenspargel, 10 g Butter, 200 g Prinzeßbohnen, 3 Tomaten, 24 Flußkrebse, ca. 1 l Court-bouillon zum Kochen der Krebse (Grundrezept siehe Seite 223), 2 Kopfsalate, Kerbeldressing (Rezept siehe Seite 33), Salz.

Den Spargel schälen, bündeln und in Salzwasser mit Butter stehend kochen. Da die Garzeiten der Spargelspitzen und der Mittelstücke verschieden sind, kocht man Spargel am besten stehend mit den Spitzen nach oben. Die nicht mit Wasser bedeckten Spitzen deckt man mit einem nassen Tuch zu. So werden durch den Dampf die zarten Spitzen mit den Mittelstücken zur gleichen Zeit fertig.
Ist der Spargel etwas bitter, so kocht man am besten ein Stück Weißbrot mit.
Die Prinzeßbohnen werden ebenfalls gekocht.
Die Tomaten einschneiden, einige Sekunden in kochendem Wasser blanchieren, sofort abkühlen, schälen, entkernen und in vier oder sechs Teile schneiden.

Salat von Kalbshirn mit Lauch und Brokkoli

Mariniertes Rindsfilet mit Spargelspitzen

Gänsebrust mit steirischem Linsensalat und Kürbis

Die Krebse in den kochenden Court-bouillon geben und kurz ziehen lassen. Dann herausnehmen und die Schwänze und Scheren ausbrechen.

Die gekochten Spargelenden abschneiden und die Spitzen mit dem zerteilten und gewaschenen Kopfsalat, den gekochten Prinzeßbohnen, den Tomatenvierteln und den Krebsen vermengen. Mit der Kerbeldressing marinieren.

Den Salat auf einem Teller anrichten, mit etwas Kerbel garnieren und sofort servieren.

Kerbeldressing:

1 kleines Bund Kerbel, 8 cl Wasser, 6 cl Essig, etwas Öl, Salz, Pfeffer aus der Mühle.

Den Kerbel abzupfen, fein hacken und in Wasser kurz aufkochen. Diesen Sud mit neutralem Essig und etwas Öl nach Belieben mischen, mit Salz und Pfeffer abschmecken und auskühlen lassen.

Bild Seite 146

Salat von Kalbshirn mit Lauch und Brokkoli
Salade de cervelles de veau aux poireaux et brocolis

Für 6 Personen:
600 g Kalbshirn, Salz, 1 Lorbeerblatt, 1 Spritzer Weißwein, 350 g Brokkoli, 350 g junger Lauch (nur die weißen Teile), Dressing (Rezept siehe unten).

Das Kalbshirn wässern, enthäuten und in Scheiben schneiden. Salzwasser mit einem Lorbeerblatt und einem Spritzer Weißwein in einer flachen Pfanne aufkochen und das Kalbshirn darin, je nach Größe der Scheiben, zirka zwei Minuten ziehen lassen.

Die Brokkoli in Röschen teilen und in Salzwasser weich kochen. Die weißen Teile des Lauchs in zirka ein Zentimeter breite, schräge Scheiben schneiden und bedeckt in Salzwasser pochieren. Das Kalbshirn, die Brokkoli und den Lauch mit der Dressing separat marinieren und auf den Tellern anrichten. Dieses Gericht soll lauwarm serviert werden.

Dressing:

40 g Schalotten, 6 cl Weißwein, 6 cl heller Kalbsfond (Grundrezept siehe Seite 219), 2 Eßlöffel Weinessig, 4 cl Walnußöl, 1 Eßlöffel Kerbel,

Die feingehackten Schalotten mit Weißwein einkochen. Dann den Kalbsfond dazugeben und fast ganz reduzieren. Weinessig und Walnußöl dazugeben und alles vermengen. Mit Kerbel, Petersilie, Schnittlauch, Salz und Pfeffer würzen.

1 Eßlöffel Petersilie, 1 Eßlöffel Schnittlauch, Salz, Pfeffer aus der Mühle.

Je nach Geschmack kann die Dressing natürlich schärfer oder milder zubereitet werden.

Bild Seite 31

Salat von Seeteufel auf Tomaten
Salade de lotte aux tomates

*Für 6 Personen:
600 g ausgelöster Seeteufel, Salz, Pfeffer aus der Mühle, 10 g Butter, 30 g Schalotten, 4 cl trockener Weißwein, 4 cl Fischfond (Grundrezept siehe Seite 223), 1/8 l gebundene Dressing (Grundrezept siehe Seite 227), 8 Tomaten, Saft von 1/2 Zitrone, 1 Gurke, 3 cl klare Dressing (Grundrezept siehe Seite 226), etwas Wasserkresse.*

Den Seeteufel in zirka 30 Gramm schwere Stücke teilen, salzen und pfeffern. Ein passendes Geschirr wird mit Butter etwas eingefettet und mit geschnittenen Schalotten bestreut. Die Fischstücke darauflegen, Weißwein und Fischfond dazugießen und im heißen Ofen auf den Punkt garen. Die Fischstücke herausnehmen, abtropfen lassen und mit der gebundenen Dressing marinieren.
Von den Tomaten den Strunk entfernen, die Tomaten einschneiden und zirka fünf Sekunden in kochendes Wasser geben. Dann die Tomaten in kaltem Wasser abschrecken, häuten, vierteln und die Kerne herausnehmen. Die Tomaten mit dem Mixer pürieren und mit Salz, Pfeffer und Zitronensaft abschmecken. Die Gurke in Scheiben schneiden und durch die klare Dressing ziehen.
Die gemixten Tomaten auf den Tellern verteilen, die marinierten Seeteufelmedaillons daraufgeben und mit den Gurkenscheiben und der Kresse garnieren.

Besonders geschmackvoll wird die gebundene Dressing, wenn man den Fischfond, der beim Garen übrigbleibt, passiert, nochmals reduziert und diesen anstelle von Wasser und Weißwein zur Herstellung der Dressing verwendet. Dieser Salat kann auch von anderen Fischen zubereitet werden.

Bild Seite 37

Gänseleberterrine
Terrine de foie gras d'oie

*Für 18 Personen:
1,8 kg Gänsestopfleber, 20 g Kochsalz, 5 g Pökelsalz, 5 g Zucker, 6 cl Noilly Prat, 6 cl weißer Portwein, 3 cl Arma-*

Die Lappen der gut gekühlten Gänsestopfleber trennen und mit einem kleinen Messer die Haut abziehen. Die Leber aufschneiden – je nach Verlauf der Nervenstränge – und diese vorsichtig herausziehen. Die grünen Stellen wegschneiden – nicht weiterverwenden!

gnac, 400 g grüner, ungesalzener Speck zum Auslegen der Terrine.

Die entnervte Leber und die Nervenstränge mit den kleinen Stücken, die daran hängenbleiben, getrennt in ein Porzellan- oder Tongeschirr geben (von einem Metallgeschirr würde der Geschmack angenommen werden), würzen und mit dem Alkohol marinieren. Zugedeckt zirka zwölf Stunden im Kühlschrank stehen lassen.

Den Speck in etwa zwei Millimeter dünne Scheiben schneiden und damit die Terrine (Größe 25 × 8 × 7 Zentimeter) so auslegen, daß der Speck fünf bis sieben Zentimeter über den Rand der Form hinaushängt.

Die Leber wieder etwas zusammenlegen und in die ausgelegte Form pressen.

Die Stränge und die abgeschabte Haut durch ein Haarsieb streichen und das passierte Mousse mit einem Löffel zwischen den eingelegten Schichten verteilen.

Die Terrine etwas über den Rand füllen und mit dem überhängenden Speck verschließen. In ein Wasserbad ins vorgewärmte Rohr stellen und bei zirka 110 Grad etwa 20 Minuten ziehen lassen. Das Wasser darf nicht kochen, sondern soll 75 bis 80 Grad haben. Dann die Terrine herausnehmen und abkühlen lassen. In den Kühlschrank stellen, die Form oben mit einem Gewicht beschweren und etwas pressen. In Scheiben schneiden und auf Salat oder mit getoasteter Brioche mit etwas Madeiragelee servieren.

Die Gänseleber sollte nicht ganz durchpochiert werden, sondern in der Mitte noch etwas rötlich sein.

grüner Speck, überlappend

Hühnerleberterrine
Terrine de foie de poulet

Für 18 Personen:
60 g Schalotten, ⅛ l Port-

Die geschnittenen Schalotten werden mit Portwein und Madeira fast ganz eingekocht und abgekühlt. Diese Reduktion

wein, ⅛ l Madeira, 750 g Hühnerleber, 1 Knoblauchzehe, 1 Messerspitze Muskatnuß, 1 Prise Majoran, 1 Prise Thymian, 5 Eier, 750 g Butter, Salz, Pfeffer aus der Mühle, 400 g grüner, ungesalzener Speck zum Auslegen der Form.

gibt man mit der Hühnerleber in den Mixer, püriert und schmeckt mit Knoblauch und den Gewürzen ab.

Die Eier werden nacheinander dazugegeben, und das Ganze wird durch ein Haarsieb gestrichen.

Die Butter zerlassen, nicht klären und handwarm langsam mit dem Schneebesen nach und nach in die Masse einrühren. Diese wird dann flüssig. Mit Salz, Pfeffer und den Gewürzen nochmals abschmecken.

Die Terrine (Größe 25 × 8 × 7 Zentimeter, möglichst nicht aus Stahl, da die Leber leicht den Geschmack annimmt) mit Speck so auslegen, daß er einige Zentimeter über den Rand hängt. Die Masse in die Terrine füllen und mit Speck einschlagen. Im Rohr in einem Wasserbad bei zirka 110 Grad eine Stunde 20 Minuten ziehen lassen. Das Wasser soll nicht kochen, sondern zirka 80 Grad haben.

Dann die Terrine herausnehmen, abkühlen und die Masse in der Form noch etwas pressen. Entweder mit einem Löffel ausstechen oder in Scheiben schneiden und mit Toast servieren.

Die Masse kann auch in Kaffee- oder Mokkatassen gefüllt und darin pochiert werden. Die Garzeit im Ofen wird natürlich kürzer, je kleiner die Form ist.

Landterrine mit Thymian
Terrine paysanne au thym

Für 18 Personen:
600 g fettes Schweinefleisch (Göderl, Wangerl, Wange oder Backe), 600 g Schweins- oder Geflügelleber, 3 cl Weißwein, 2 dl roter Portwein, 2 cl Cognac, 25 g Salz, 5 g geriebener Pfeffer, 1 Messerspitze Zucker, etwas Muskatnuß, etwas Thymian, Rosmarin, Majoran, 40 g Schalotten, 2 cl Olivenöl, 1 Ei, 8 cl Obers, 60 g Pistazien oder Pinienkerne.

Das Schweinefleisch wird in grobe Würfel geschnitten. Von der Leber schneidet man etwa ein Drittel in ein Zentimeter große Würfel, die man als Einlage verwendet. Der Rest wird in gröbere Würfel geschnitten. Man gibt sowohl das Fleisch als auch die verschieden großen Leberstücke in je eine Schüssel und mariniert sie gleichmäßig mit dem Alkohol. Salz, geriebener Pfeffer, Zucker und Muskatnuß werden miteinander vermischt. Mit dieser Gewürzmischung sowie den Kräutern und den geschnittenen Schalotten das Fleisch, die großen und die kleineren Leberstücke vermischen und das Ganze vier bis fünf Stunden ziehen lassen.

Dann wird die für die Einlage verwendete Leber auf ein Sieb geschüttet und der Alkohol mit den Schalotten zum anderen Fleisch gegeben. Die Leber etwas abtrocknen und rasch in heißem Olivenöl anbraten, so daß sie innen noch blutig ist. Auf ein Gitter geben und kalt stellen.

Gebeiztes Forellenfilet in Dilljoghurt

Salat von Seeteufel auf Tomaten

Terrine von gefüllten Seezungen mit Hechtmousse

Steinpilzconsommé in überbackener Blätterteighaube

Das Schweinefleisch wird mitsamt den Gewürzen, den Schalotten und der Marinade zweimal durch die grobe Scheibe des Fleischwolfs gedreht, die grobgeschnittene Leber mit der Marinade einmal.

Die beiden Massen werden mitsammen vermischt, das Ei und das Obers dazugegeben und die Einlage – Pistazien und Leberwürfel – mit dem Kochlöffel gut daruntergemischt. Das Ganze nochmals abschmecken und in eine Terrinenform (Größe 25 × 8 × 7 Zentimeter), die nicht mit Speck ausgelegt wird, einfüllen.

Mit einer zugeschnittenen Aluminiumfolie oder, falls vorhanden, mit einem Deckel zudecken und die Terrine im Rohr in einem Wasserbad bei zirka 140 Grad eine Stunde 40 Minuten pochieren. Das Wasser darf nicht kochen.

Anschließend wird die Terrine herausgenommen, etwas beschwert und in den Kühlschrank gestellt. Wenn sie erkaltet ist, kann man sie – je nach Belieben – mit etwas Aspik auffüllen. Die Terrine in Scheiben schneiden und servieren.

Wenn Sie Pinienkerne als Einlage verwenden, sollen diese vorher in Olivenöl gut angeröstet werden, bis sie braun sind. Sie haben dann einen besseren Geschmack.

Terrine von Fasanen und Gänseleber
Terrine de faisan et de foie gras d'oie

Für 18 Personen:
2 Fasane, 350 g Schweinefleisch vom Rücken, 350 g mageres Kalbfleisch, 450 g grüner, ungesalzener Speck, Marinade (Rezept siehe Seite 41), 300 g Gänseleber, 40 getrocknete (oder 150 g frische) Morcheln, 30 g Butter, ⅛ l Madeira, ⅛ l starker brauner Hühner- oder Fasanenfond (Grundrezepte siehe Seite 222), ⅛ l Obers, Salz, Pfeffer aus der Mühle, 220 g Eierschwammerln, 20 g Butter, 4 cl Olivenöl, 250 g Hühnerleber, 3 Eidotter, 4 cl Blut (vom Hasen oder Kalb), etwas fein geriebene Wacholderbeeren, 40 Pistazien,

Die Fasane enthäuten und ausnehmen, die Brüste von den Knochen lösen, die Keulen auslösen und die Sehnen entfernen. Das Fleisch der ausgelösten Keulen, das Schweine- und das Kalbfleisch sowie der Speck werden in nußgroße Würfel geschnitten und mariniert.

Die Gänseleber wird enthäutet, die Nervenstränge werden herausgezogen, und die Leber wird ebenfalls mariniert (siehe auch Gänseleberterrine, Seite 34). Die Nervenstränge und die abgeschabte Haut durch ein Haarsieb passieren und dieses Püree zur Leber dazugeben.

Man stellt alles für einen Tag in den Kühlschrank, damit der Geschmack einziehen kann.

Die Morcheln gut in Wasser einweichen, dann ausdrücken, in Butter kurz anziehen lassen und mit Madeira ablöschen. Das Ganze wird fast eingekocht, mit Hühner- oder Fasanenfond aufgefüllt und abermals reduziert. Dann gibt man Obers dazu, läßt die Sauce zu einer cremigen Konsistenz einkochen und würzt mit Salz und Pfeffer. Anschließend erkalten lassen.

Die Eierschwammerln putzen und waschen, in etwas Butter

400 g grüner, ungesalzener Speck zum Auslegen der Form.

rasch anbraten, mit Salz und Pfeffer abschmecken und kalt stellen.

Die Fasanenbrüste salzen, pfeffern und auf beiden Seiten ganz kurz in der restlichen Butter anbraten, dann kalt stellen. Das marinierte Fleisch und den Speck läßt man auf einem Gitter abtropfen. Das Fleisch (ohne Speck) wird in heißem Olivenöl kurz angebraten, auf einem Gitter ausgebreitet und kalt gestellt.

Den Fleischwolf in einen Tiefkühlschrank stellen und anschließend das kalte Fleisch zweimal sowie den gewürfelten Speck einmal durch die feine Scheibe des Fleischwolfs drehen. Die Marinade dazugeben (eventuell vorher einkochen). Die Hühnerleber durch ein Haarsieb streichen, kalt stellen und anschließend mit den Eidottern und dem Blut mixen. Das faschierte Fleisch in den Cutter geben und den Speck sowie ein Drittel der Gänseleber nach und nach dazugeben. Dann kommt die gemixte Hühnerleber mitsamt den Dottern und dem Blut dazu. Man läßt den Cutter noch einige Umdrehungen laufen und würzt mit Salz, Pfeffer und etwas feingeriebenen Wacholderbeeren. Die Masse aus dem Cutter nehmen, kurze Zeit kalt stellen und danach durch ein Haarsieb streichen. Die kalte Morchelsauce vorsichtig mit einem Kochlöffel darunterrühren, die Pistazien und Eierschwammerln beigeben, nochmals abschmecken und im Kühlschrank rasten lassen.

Die Terrine (Größe 25 × 8 × 7 Zentimeter) wird mit Speck ausgelegt (siehe auch bei Gänseleberterrine, Seite 34) und ein Drittel hoch mit der Masse gefüllt.

Aus der restlichen Gänseleber formt man eine Rolle, legt sie in die Mitte der Form, bestreicht sie mit ein wenig Farce und legt links und rechts die Fasanenbrüste darauf, so daß ein Dreieck entsteht (siehe Bild Seite 126). Mit dem Rest der Masse verschließen und den Speck darüberklappen.

Die Terrine in einem Wasserbad im Rohr bei zirka 85 Grad Wassertemperatur eineinhalb Stunden pochieren. Dann auskühlen lassen, mit einem Brettchen etwas beschweren und in den Kühlschrank stellen. In Scheiben schneiden und mit verschiedenen Blattsalaten, Eierschwammerln und Morcheln beliebig garniert servieren.

Getrocknete, fein geriebene Morchelstiele oder Steinpilze geben der Terrine einen intensiven Pilzgeschmack.
Um einen stärkeren Kontrast zwischen Füllung und Fasanenbrust zu erzielen, kann man die kurz angebratene Brust einen Tag in Blut legen.

Marinade:

Das Fleisch wird mit Cognac, Noilly Prat, Chartreuse, Thymian, Rosmarin, Knoblauch, Wacholderbeeren und Pökelsalz vermischt und mit Salz und Pfeffer gewürzt.

Bild Seite 126

3 cl Cognac, 6 cl Noilly Prat, 3 cl grüner Chartreuse, 1 Zweig Thymian, 1 Zweig Rosmarin, 2 Knoblauchzehen, einige Wacholderbeeren, 10 g Pökelsalz, Salz, Pfeffer.

Terrine von gefüllten Seezungen mit Hechtmousse
Terrine de soles farcies et mousse de brochet

*Für 18 Personen:
8 Seezungenfilets, Salz, Pfeffer aus der Mühle, Saft von ½ Zitrone, 1,1 kg Hechtmousse (Grundrezept siehe Seite 229), 8 cl stark eingekochter Hummer- oder Krebsfond (Grundrezepte siehe Seite 224), 1 Karotte, 1 Lauch (nur die weißen Teile), 100 g Brokkoli, 20 g Butter, 400 g grüner, ungesalzener Speck zum Auslegen der Form.*

Die Seezungenfilets in eine Plastikfolie geben und leicht klopfen. Salzen, pfeffern und mit Zitronensaft beträufeln. Mit der Außenseite nach oben Seite an Seite ohne Zwischenraum auf eine Silberfolie legen.
Zirka 150 Gramm vom Hechtmousse in eine Schüssel geben und den kalten Hummerfond (dieser muß gelieren) darunterrühren. Das nun rötliche Hechtmousse auf die einzelnen Seezungenfilets streichen, diese wie kleine Biskuitrouladen einrollen und kalt stellen.
Die Karotte und die weißen Teile des Lauchs in zirka zwei Millimeter kleine Würfel schneiden. Die Brokkoli in kleine Rosen teilen. Das Gemüse getrennt in Salzwasser mit etwas Butter kochen, auf ein Tuch legen und auskühlen lassen.
Lauch- und Karottenwürfel mit dem Rest des weißen Hechtmousses verrühren. Die Terrine (Größe 25 × 8 × 7 Zentimeter) mit Speck auslegen und bis zu einem Viertel der Höhe mit Hechtmousse bestreichen. In die Mitte die gefüllten Seezungenfilets geben und diese wieder mit Hechtmousse bestreichen. Die Brokkolirosen einlegen und mit Hechtmousse abschließen. Den Speck darüberklappen.
Die Terrine wird in einem Wasserbad im Rohr bei zirka 130 Grad eine Stunde 25 Minuten pochiert. Das Wasser darf dabei nicht kochen, sondern soll zwischen 80 und 90 Grad haben. Dann die Form herausnehmen, auskühlen lassen und mit einem Gewicht beschweren.

Anstelle von Hummerreduktion kann man dem Hechtmousse auch einen anderen Geschmack und eine andere Farbe, zum Beispiel mit Kräutern, geben und dieses in die Seezungenfilets einrollen.

Bild Seite 37

Wachtelterrine mit Gänseleber
Terrine de cailles et foie gras d'oie

Für ca. 18 Personen:
10 Wachteln, 700 g Schweinefleisch (vom Rücken), 700 g grüner, ungesalzener Speck (oder ⅔ Speck und ⅓ Hühnerleber), Marinade (Rezept siehe nächste Seite), Salz, Pfeffer aus der Mühle, Pökelsalz, 400 g Gänseleber, 40 g Butter, 6 cl Öl, 3 dl brauner Wildfond (Grundrezept siehe Seite 221), 2 dl Portwein, 4 cl Chartreuse, 30 g Pistazien, 30 g eingeweichte (= 20 g getrocknete) Morcheln, 20 g Butter, 400 g grüner, ungesalzener Speck zum Auslegen der Form, 20 g Trüffeln.

Die Schenkel der Wachteln werden ausgelöst und entsehnt. Das Schweinefleisch und den Speck schneidet man in große Würfel, gibt sie zusammen mit den Wachtelschenkeln zirka zwölf Stunden in die Marinade und würzt mit Salz, Pfeffer und Pökelsalz.

Die Gänseleber wird – wie bei der Gänseleberterrine (Seite 34) beschrieben – geputzt und entnervt. Die großen Stücke der Gänseleber werden ebenfalls mariniert, während man die Abschnitte durch ein Haarsieb streicht und für die Farce verwendet.

Die Wachtelbrüstchen von den Knochen lösen, die Haut abziehen und mit Salz und Pfeffer würzen. Dann in Butter etwas ziehen lassen und auf ein Tuch legen.

Die Wachtelknochen und -sehnen rasch in Öl anbraten, mit Wildfond aufgießen, etwas salzen und zirka 30 Minuten einkochen lassen. Der Fond wird durch ein Tuch passiert, bis auf zirka ein zehntel Liter Flüssigkeit eingekocht und kalt gestellt. Dann den Wachtelfond mit Portwein und Chartreuse weiter einkochen, bis die Reduktion etwas dickflüssig ist.

Der Fleischwolf wird in den Tiefkühlschrank gestellt, und dann werden das marinierte, kalte Fleisch und die Kräuter der Marinade zweimal mit der feinen Scheibe faschiert. Den Speck faschiert man einmal separat.

Anschließend kommt das Fleisch in den Cutter (Blitz), und man gibt nach und nach den Speck und die passierte Gänseleber (von den Abschnitten) dazu.

In diese Masse vorsichtig die kalte Reduktion einrühren, abschmecken und in einer Schüssel auf Eis setzen.

Die Pistazien werden geschält, die eingeweichten Morcheln kurz in Butter sautiert und mit Salz und Pfeffer gewürzt. Wenn sie erkaltet sind, mischt man beides unter die Masse und schmeckt nochmals ab.

Die Form (Größe 25 × 8 × 7 Zentimeter) mit Speck auslegen (siehe Seite 34) und zwei Drittel hoch mit der Masse füllen. Die marinierte Gänseleber breitet man auf einer Silberfolie aus, legt die in Stifte geschnittenen Trüffeln der Länge nach hinein und rollt die Gänseleber zusammen (Durchmesser zwei bis drei Zentimeter).

Danach nimmt man sie aus der Folie, legt sie in die Mitte der Form, bestreicht sie mit wenig Farce und legt links und rechts die Wachtelbrüstchen darauf – es entsteht dabei ein Dreieck. Mit dem Rest der Masse verschließen und die Speckscheiben darüberklappen.

Die Terrine läßt man am besten nach dem Pochieren einen Tag ziehen.

Auf die gleiche Art kann man Terrinen von anderem Wildgeflügel herstellen. Je nach Geschmack werden Gewürze, Kräuter und Alkohol geändert. Man kann die Terrine auch ohne Gänseleber zubereiten.

Marinade:

4 cl Cognac, 4 cl Noilly Prat, 3 Lorbeerblätter, 10 Wacholderbeeren, 1 Sträußchen Thymian, 1 Zweig Rosmarin.

Cognac, Noilly Prat, Lorbeerblätter, Wacholderbeeren, Thymian und Rosmarin werden miteinander vermengt.

Wildhasenpastete
Pâté de lièvre

Für 18 Personen:
450 g Wildhasenfleisch ohne Sehnen, 200 g Schweinefleisch (Rücken), 200 g grüner, ungesalzener Schweinsrückenspeck, 250 g Hühnerleber, 4 cl Madeira, 4 cl Cognac, Salz, Pökelsalz, 25 bis 30 zerdrückte Pfefferkörner, 1 Messerspitze Pastetengewürz, 10 bis 15 zerdrückte Wacholderbeeren, Pfeffer aus der Mühle, 1 Thymian- und 1 Rosmarinzweig, 1 Lorbeerblatt, Knochen und Sehnen vom Hasen, 6 cl Olivenöl, eventuell Morcheln, Pistazien oder Trüffeln als Einlage, 4 Filets vom Hasenrücken oder ein ausgelöster Hasenrücken als Einlage, Pastetenteig (Grundrezept siehe Seite 234), 400 g grüner, ungesalzener Schweinsrückenspeck zum Auslegen der Form, 1 Eidotter, 4 bis 6 Blatt Gelatine, 1/4 l starker brauner

Das Hasenfleisch, das Schweinefleisch und den Speck in grobe Würfel schneiden, die Hühnerleber putzen und alles zusammen mit Madeira, Cognac, Salz, Pökelsalz, Pfefferkörnern, Pastetengewürz, Wacholderbeeren, Pfeffer, Thymian, Rosmarin und einem Lorbeerblatt marinieren. Im Kühlschrank ein bis zwei Tage stehen lassen.
Die Knochen und Sehnen des Hasen in Öl kurz anbraten und einen braunen Wildfond zubereiten (Grundrezept siehe Seite 221). Den Fond durch ein Tuch passieren, bis auf einen zehntel Liter der Flüssigkeit einkochen und kalt stellen.
Den Fleischwolf in den Tiefkühlschrank stellen und das marinierte Hasen- und Schweinefleisch samt den Gewürzen zweimal durch die feine Scheibe des Fleischwolfs drehen. Die Leber und den Speck separat faschieren. Dann das Faschierte für zehn Minuten in den Tiefkühlschrank stellen.
Anschließend wird das Hasen- und das Schweinefleisch kurz in den Cutter (Blitz) gegeben, die Leber und der faschierte Speck werden dazugemischt und nochmals gecuttert. Zu dieser Masse gibt man den reduzierten Wildfond, würzt nach, nimmt das Ganze aus der Maschine und läßt es zirka eine halbe Stunde im Kühlschrank rasten.
Wenn man will, kann man Morcheln, Pistazien oder Trüffeln als Einlage unter die Masse mischen.
Die Filets vom Hasenrücken werden gewürzt und rasch auf allen Seiten angebraten. Sie müssen innen jedoch noch roh sein. Dann erkalten lassen.

43

Wildfond (Grundrezept siehe Seite 221), 2 cl Madeira.

Die Pastetenform (Größe 25 × 8 × 7 Zentimeter) etwas befetten, den drei bis vier Millimeter dick ausgerollten Pastetenteig einlegen und auf allen Seiten zwei bis drei Zentimeter überhängen lassen. Den Rest des Teiges wegschneiden. Dann mit zirka zwei Millimeter dicken Speckscheiben auskleiden, den Speck sechs bis acht Zentimeter über den Teig hängen lassen.

Den Pastetendeckel etwas größer als die Form ausrollen und zwei fingerhutgroße Löcher ausstechen. Diese rundherum mit Ei bestreichen und mit Teigringen verstärken.

Die Hasenrückenfilets werden mit den restlichen Speckscheiben eingewickelt.

Die Form bis etwas über die Hälfte mit der Masse füllen, die Rückenfilets darauflegen und etwas anklopfen, damit sich keine Hohlräume bilden. Den Rest der Masse darübergeben, gut verstreichen und nochmals anklopfen. Die Speckscheiben der einen Seite über die Masse geben, die zweite Seite darüberschlagen.

Der überhängende Teigrand wird mit Dotter bestrichen, der Pastetendeckel locker darübergegeben, und die Enden werden angepreßt. Den Teigrand mit der Schere außerhalb der Pastetenform abschneiden und mit der Pastetenzange oder dem Finger eindrücken.

Den Deckel mit Eidotter, vermischt mit ein paar Tropfen Wasser, bestreichen, trocknen lassen und den Vorgang wiederholen. Mit einer Gabel Muster ziehen. In die Löcher des Pastetendeckels werden zwei kleine Kamine aus Silberpapier gesteckt, damit das Fett beim Backen nicht auf den Teig rinnt.

Dann die Pastete im Backofen zehn Minuten bei 220 Grad backen, anschließend auf 190 Grad zurückschalten und weitere 40 bis 50 Minuten, je nach Größe der Form, backen lassen. Wird der Teig zu braun, deckt man ihn ab.

Die Terrine aus dem Rohr nehmen und erkalten lassen.

Inzwischen wird das Aspik bereitet. Man vermischt die aufgeweichte Gelatine mit einem Viertelliter heißem Wildfond, schmeckt mit Madeira oder anderem Alkohol ab und läßt das Aspik auskühlen. Dann wird es bei den zwei Öffnungen des Pastetendeckels eingefüllt.

Die Pastete rasten lassen, bis das Aspik fest wird. Anschließend aus der Form nehmen, in Stücke schneiden und mit Apfel- oder Selleriesalat servieren.

Der Teig darf nicht zu dick ausgerollt werden. Beim Backen muß die Pastete genügend Unterhitze haben, sonst ist der Teig nicht durch.

Wenn die Pastete schwer aus der Form geht, da etwas Fett zwischen Teig und Geschirr gekommen ist, die Form ein

bis zwei Minuten in ein warmes Wasserbad stellen.
Sollte die Pastete beim Aspikeinfüllen undicht sein, verklebt man die undichte Stelle mit fester Butter und nimmt sie nach dem Einfüllen wieder weg.

Reh-, Gams-, Springbock- oder Hirschpastete kann auf dieselbe Art zubereitet werden.

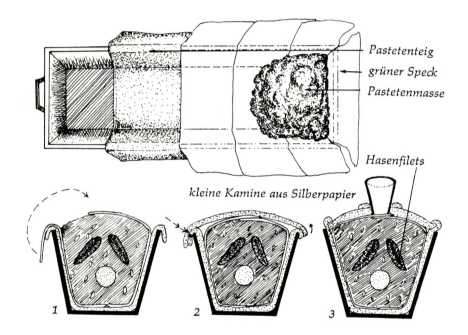

Suppen

Fenchelcreme mit Steinbuttstreifen
Crème au fenouil et tranches de turbot

Für 6 Personen:
500 g Fenchel, 40 g Butter, 1 dl Weißwein, 4 dl heller Hühnerfond (Grundrezept siehe Seite 222), ³/₈ l Obers, 200 g Steinbuttfilet, Salz, Pfeffer aus der Mühle, 1 Tomate.

Der Fenchel wird geputzt und das Grün für die Dekoration aufbewahrt. Die Fäden werden abgezogen, der Fenchel in Streifen geschnitten und in Butter angeschwitzt.
Den Weißwein dazugeben und weiterdämpfen. Mit Hühnerfond auffüllen und kochen lassen. Das Obers daruntermengen.
Wenn der Fenchel weich ist, wird die Suppe mit dem Mixer püriert und anschließend durch ein Sieb passiert.
Die Steinbuttfilets in zirka vier Zentimeter lange und einen Zentimeter breite Streifen schneiden. Etwas mit Salz und Pfeffer würzen und in der heißen Suppe garen.
Die Tomate fünf Sekunden überbrühen, in kaltem Wasser abschrecken, schälen, entkernen und in Würfel schneiden.
Die Würfel kurz in Butter sautieren und in die Suppe geben.
Die Suppe abschmecken und in Suppentellern mit Fenchelgrün servieren.

Je nach Geschmack kann man auch einen Spritzer Pernod in die Suppe geben.
Auch Lachs, Jakobsmuscheln oder Seezunge eignet sich sehr gut als Einlage anstatt der Steinbuttstreifen.

Forellenvelouté
Velouté de truite

Für 6 Personen:
100 g Gemüse (Zwiebeln, Lauch, Karotten), 30 g Butter, ¹/₈ l Riesling, 500 g Gebirgsforellen, Salz,

Das Gemüse fein schneiden, in einem flachen Geschirr kurz in Butter anschwitzen und mit dem Weißwein aufgießen.
Die ausgenommenen rohen Forellen salzen, pfeffern und auf das Gemüse darauflegen. Mit Fischfond auffüllen und das Ganze ziehen lassen, bis die Forellen fast durch sind.

Pfeffer, 1 l nicht zu starker Fischfond (Grundrezept siehe Seite 223), ½ l Obers, 100 g geräucherte Forellenfilets (Abschnitte), 1 Eßlöffel Kartoffelstärke, 2 Eidotter, ½ Eßlöffel gehackter Dill, etwas gehackter Estragon, 1 Spritzer Zitronensaft.

Die Forellen werden herausgenommen und filetiert. Den Kopf und die Mittelgräten gibt man wieder in den Fond, füllt mit drei achtel Litern Obers auf und läßt zirka zehn Minuten langsam kochen. Dann die Suppe abseihen und die Hälfte der pochierten Forellenfilets sowie 40 Gramm der geräucherten Forellen hineingeben. Die Kartoffelstärke mit wenig Weißwein oder kaltem Fond glattrühren und in die Suppe geben. Diese aufkochen lassen und dann vom Feuer nehmen.

Die Suppe samt dem Forellenfleisch in den Mixer geben und gut pürieren. Dann durch ein Spitzsieb passieren, gut durchdrücken. Die zweite Hälfte der pochierten und 60 Gramm der geräucherten Filets werden in kleine Würfel geschnitten und als Einlage in die Suppe gegeben.

Das restliche Obers mit den Eidottern versprudeln und zusammen mit den gehackten Kräutern und dem Zitronensaft in die Suppe einrühren. Nochmals abschmecken, aber nicht mehr kochen lassen und servieren.

Froschschenkelvelouté
Velouté de cuisses de grenouille

*Für 6 Personen:
12 Froschschenkel (ca. 450 g), 30 g Butter, 40 g Schalotten, 1 Knoblauchzehe, Salz, Pfeffer aus der Mühle, ¼ l trockener Weißwein, 2 cl Noilly Prat, 1 l heller Geflügelfond (Grundrezept siehe Seite 222), ¼ l Obers, 2 Eßlöffel Stärkemehl, etwas feiner Kräutersenf, 2 Eßlöffel Schlagobers, 1 Eidotter, 1 Eßlöffel Kerbel, 1 Eßlöffel Petersilie, 1 Eßlöffel Estragon.*

Von den Froschschenkeln die Flossen abschneiden und die Schenkel kurz in etwas Butter ziehen lassen, grob geschnittene Schalotten und gehackten Knoblauch dazugeben, salzen und pfeffern. Den Weißwein und Noilly Prat dazugeben und auf kleiner Flamme kochen lassen.

Nach zirka fünf Minuten werden die Froschschenkel herausgenommen, und das Fleisch wird von den Knochen gelöst.

Die Flüssigkeit reduzieren, mit dem Geflügelfond aufgießen und zirka zehn Minuten weiterkochen lassen. Obers dazugeben. Das Stärkemehl mit wenig kaltem Wasser verrühren und in die kochende Flüssigkeit geben.

Die Suppe im Mixer pürieren, die restlichen kalten Butterflocken und Senf dazugeben und in das Geschirr zurückleeren.

Das Schlagobers verrührt man mit einem Eidotter und mengt es ebenfalls ein. Die Kräuter hacken und dazugeben. Die Suppe darf nicht mehr kochen. Das Froschschenkelfleisch wird klein geschnitten und als Einlage verwendet.

Je nach Geschmack kann man in die Suppe Safran und einen Spritzer Pernod geben.

Gebundene Pfahlmuschelsuppe
Soupe de moules

Für 6 Personen:
1 kg Pfahl- oder Miesmuscheln, 100 g Zwiebeln, 70 g Butter, 1/8 l trockener Weißwein, 3/4 l Fisch- oder Muschelfond (Grundrezepte siehe Seite 223), 1 gehackte Knoblauchzehe, 1 kleiner Thymianzweig, 1 Lorbeerblatt, 50 g geräucherter Brustspeck, 10 g Stangensellerie, 50 g Mehl, 100 g Kartoffeln, Salz, Pfeffer aus der Mühle, 1/2 Eßlöffel gehackte Petersilie, 1/2 Eßlöffel gehackter Dill, etwas Cayennepfeffer, 1/8 l Obers.

Die Muscheln gut bürsten, waschen und den Bart herausziehen. Zirka 30 Gramm Zwiebel in kleine Würfel schneiden und in 20 Gramm Butter glasig werden lassen. Mit Weißwein und Fisch- oder Muschelfond aufgießen, aufkochen lassen und den Knoblauch, Thymian, das Lorbeerblatt sowie die Muscheln hineingeben. Zugedeckt zirka sechs Minuten, je nach Größe der Muscheln, kochen, bis sie sich öffnen. Muscheln, die sich nicht von selbst öffnen, werden weggegeben. Die Muscheln herausnehmen, aus der Schale lösen und nötigenfalls nochmals entbarten.
Die übriggebliebene Butter läßt man im Geschirr zergehen, röstet die restliche Zwiebel sowie Speck- und Selleriewürfel glasig an und staubt mit Mehl.
Mit dem Fisch- oder Muschelfond aufgießen, aufkochen lassen und den Schaum, der sich an der Oberfläche bildet, abschöpfen. Die rohen, geschälten Kartoffeln in Würfel schneiden, dazugeben und die Suppe zirka 20 Minuten leicht kochen lassen.
Mit Salz, Pfeffer aus der Mühle und den gehackten Kräutern abschmecken, das Obers und die ausgelösten Muscheln dazugeben und servieren.

Vorsicht bei rohen, bereits offenen Muscheln! Kontrollieren Sie, ob sie noch leben. Wenn man die Muschel zudrückt und sie bleibt geschlossen, kann man sie verwenden.

Gratinierte Zwiebelsuppe
Soupe à l'oignon gratinée

Für 6 Personen:
600 g Zwiebeln, 4 cl Öl, 1/8 l trockener Weißwein, 2 l Bouillon, 2 Knoblauchzehen, 1 Lorbeerblatt, 1 kleiner Thymianzweig, 30 weiße, zerdrückte Pfefferkörner, 12 kleine Scheiben französisches Weißbrot, 10 g Butter, 50 g geriebener Parmesan.

Die Zwiebeln in feine Streifen schneiden und in Öl goldgelb rösten. Mit Weißwein und Bouillon auffüllen. Eine gehackte Knoblauchzehe dazugeben, aufkochen lassen und den Schaum an der Oberfläche abschöpfen. Ein Gewürzsäckchen, bestehend aus Lorbeerblatt, Thymian und Pfefferkörnern, dazugeben und das Ganze zirka 30 Minuten langsam kochen lassen. Die Suppe soll nicht trüb werden. Dann abschmecken und das Gewürzsäckchen herausnehmen. Die Suppe etwas stehenlassen und das Fett abschöpfen. Währenddessen die Weißbrotscheiben auf beiden Seiten in Butter anrösten und mit Knoblauch einreiben.

Die Suppe in große Tassen abfüllen, das geröstete Brot darauflegen, mit Parmesan bestreuen und im Salamander überbacken.

Je nach Geschmack kann man der Suppe ein wenig englischen Senf, verrührt mit einem Eßlöffel Weißwein, beigeben.

Hummersuppe mit Hechtnockerln
Crème de homard aux quenelles de brochet

Für 6 Personen:
Ca. 800 g Hummerschalen (nach Möglichkeit rohe Körper, da der Geschmack der Suppe intensiver wird), 80 g Butter, 20 g Schalotten, 1 Knoblauchzehe, etwas Thymian, 2 cl Cognac, 4 cl Noilly Prat, 4 cl Portwein, 2 Tomaten, 40 g Tomatenmark, 1/8 l trockener Weißwein, 1 l heller Kalbs- oder Hühnerfond (Grundrezepte siehe Seite 219 und Seite 222), einige zerdrückte Pfefferkörner, 1 Lorbeerblatt, 2 bis 3 Estragonblätter (je nach Größe), 2 dl Obers, Salz, 1 Prise Cayennepfeffer, 180 g Hechtmousse (Grundrezept siehe Seite 229), 2 dl Fischfond (Grundrezept siehe Seite 223), 1 Spritzer Weißwein, 2 Eßlöffel Schlagobers.

Die Hummerschalen zerkleinern, das vorhandene Mark (Corail) aus dem Körper herausnehmen und durch ein Haarsieb streichen, den Magen entfernen. Das Corail befindet sich bei Hummern, Krebsen oder Langusten oberhalb des Magens (jedoch nur bei weiblichen Tieren vor der Laichzeit). Zwei Drittel der Butter in einem Topf zerlaufen lassen und auf kleiner Flamme die zerkleinerten Hummerschalen auf allen Seiten anrösten. Sie dürfen nicht zu heiß geröstet und auch nicht zu lange gekocht werden, da die Suppe sonst bitter wird. Die grob geschnittenen Schalotten sowie Knoblauch und Thymian dazugeben und das Ganze weiterrösten. Mit Cognac ablöschen und flambieren, mit Noilly Prat und Portwein aufgießen und einkochen.
Die Tomaten werden blanchiert und enthäutet, entkernt, in Würfel geschnitten (= Tomates concassées), zusammen mit dem Tomatenmark in den Topf dazugegeben und etwas mitgeröstet.
Dann mit Weißwein auffüllen und abermals einkochen. Den Kalbs- oder Hühnerfond dazugeben, mit Pfefferkörnern, Lorbeerblatt und Estragonblättern würzen und die Suppe zirka 20 Minuten auf kleiner Flamme kochen lassen. Anschließend das Obers einrühren und das Ganze weitere 20 Minuten kochen.
Die Suppe einige Zeit stehenlassen, dann durch ein Sieb passieren und mit Salz und Cayennepfeffer abschmecken.
Aus Hechtmousse kleine Nockerln formen und in etwas Fischfond mit einem Spritzer Weißwein langsam pochieren. Die Suppe in den Mixer geben, pürieren und mit kalten Butterflocken (= restliche Butter) montieren. Das vorhandene Hummermark dazugeben und das Schlagobers darunterziehen.
Die Nockerln werden in einen Teller gegeben, mit der Suppe übergossen und serviert.

Kalbsbriesvelouté
Velouté aux ris de veau

Für 6 Personen:
300 g Kalbsbries, 1 Lorbeerblatt, Salz, Pfeffer aus der Mühle, 40 g Butter, 20 g Schalotten, ¼ l trockener Weißwein, ¾ l heller Kalbs- oder Hühnerfond (Grundrezepte siehe Seite 219 und Seite 222), ⅜ l Obers, 2 Eidotter, 2 Eßlöffel Schlagobers, etwas gehackter Kerbel.

Das Bries in Salzwasser mit einem Lorbeerblatt rosa kochen. Die Flachsen und die Haut wegnehmen. Das Bries in gleichmäßige Stücke zupfen, salzen und pfeffern. Die Hälfte davon in 20 Gramm Butter anziehen lassen, die fein geschnittenen Schalotten beigeben und kurz sautieren.
Mit Weißwein ablöschen, einkochen lassen, mit Kalbs- oder Hühnerfond auffüllen und auf zirka zwei Drittel reduzieren. Das Obers dazugeben und noch etwas weiterkochen lassen. Die Suppe in den Mixer geben, pürieren und je nach Belieben durch ein Sieb passieren.
Das restliche gewürzte Kalbsbries läßt man ebenfalls in Butter anziehen und gibt es als Einlage in die Velouté. Die Eidotter werden mit dem Schlagobers verrührt und mit dem Kerbel der Suppe beigegeben.
Die Suppe abschmecken, nicht mehr kochen lassen.

Geschnittene, kurz in Butter sautierte Champignons verleihen der Kalbsbriesvelouté einen besonderen Geschmack.

Krebsessenz
Essence d'écrevisses

Für 6 Personen:
200 g Abschnitte von Plattfischen (Seezunge, Steinbutt, Rotzunge etc.), 40 g Lauch (nur die weißen Teile), 1 bis 2 Eiklar, ⅛ l kaltes Wasser, ca. 1 l starker Krebsfond (Grundrezept siehe Seite 224), Salz, gehackter Kerbel oder Dill, das vorhandene Mark (Corail) von den Krebsen, 4 Eßlöffel Schlagobers, ½ Eidotter.

Die Abschnitte von den Plattfischen mit dem Lauch durch die mittlere Scheibe des Fleischwolfes drehen, mit dem Eiklar sowie mit kaltem Wasser mischen und kurz ziehen lassen.
Das Ganze in ein Geschirr geben und mit kaltem Krebsfond auffüllen. Ganz langsam zum Kochen bringen, so daß sich die Poren nicht zu schnell schließen. Zirka 20 bis 30 Minuten langsam wie eine Consommé kochen lassen. Die Essenz muß ganz klar sein. Dann etwas ziehen lassen und vorsichtig durch ein Passiertuch seihen.
Die Essenz mit Salz abschmecken und je nach Belieben gehackten Kerbel oder Dill dazugeben.
Das vom Krebsfond vorhandene fast rohe Corail (= Mark aus den Krebsen) durch ein Haarsieb drücken und mit geschlagenem Obers und einem halben Eidotter vermengen.
Die Essenz in Mokkatassen füllen, das Corailobers daraufgeben und im Salamander kurz überbacken.

Dieselbe Essenz kann man auch von Hummer-, Langusten- oder Krabbenkarkassen zubereiten.

Sauerampfervelouté
Velouté à l'oseille

Für 6 Personen:
20 g Schalotten, 20 g Butter, 1/8 l trockener Weißwein, 3/4 l heller Geflügelfond (Grundrezept siehe Seite 222), 60 g Sauerampfer ohne Stiele, 1/4 l Obers, 2 Eidotter, 2 Eßlöffel Kartoffelstärke, 3 Eßlöffel Schlagobers, Salz, Pfeffer aus der Mühle, 1 Spritzer Zitronensaft.

Die feingeschnittenen Schalotten in Butter glasig werden lassen, mit Weißwein ablöschen und fast ganz reduzieren. Den Geflügelfond und die Hälfte des in feine Streifen geschnittenen Sauerampfers beigeben und zirka 15 Minuten kochen lassen.
Ein wenig Obers mit den Eidottern verrühren. Das restliche Obers in die Suppe geben und zehn Minuten weiterkochen lassen. Die Kartoffelstärke mit etwas kaltem Geflügelfond oder Weißwein glattrühren und die Suppe damit binden. Dann aufkochen lassen und vom Feuer nehmen.
Die Suppe wird im Mixer kurz püriert und durch ein Sieb passiert. Kurz vor dem Servieren die restlichen Sauerampferstreifen dazugeben und das Obers mit den Dottern sowie das geschlagene Obers darunterziehen.
Mit Salz, Pfeffer und Zitronensaft abschmecken. Nicht mehr kochen lassen!

Ein pochiertes Wachtelei oder das Fleisch von Froschschenkeln paßt gut als Einlage.

Schneckenvelouté
Velouté aux escargots

Für 6 Personen:
24 Weinbergschnecken, 20 g Schalotten, 30 g Butter, 30 g Lauch (nur die weißen Teile), 30 g Champignons, 20 g Karotten, 20 g Stangensellerie, 1/2 gehackte Knoblauchzehe, Salz, Pfeffer aus der Mühle, 2 cl Noilly Prat, 1/4 l Riesling, 3/4 l heller Geflügelfond (Grundrezept siehe Seite 222), 2 Eidotter, 1/4 l Obers, 1 Eßlöffel Kartoffelstärke, 3 Eßlöffel Schlagobers, 1/2 Eßlöffel gehackter Kerbel, 1/2 Eßlöffel gehackte Petersilie.

Die Weinbergschnecken blanchieren und je nach Größe halbieren oder vierteln.
Das Gemüse feinwürfelig schneiden. Die geschnittenen Schalotten in Butter glasig werden lassen, dann den Lauch, die Champignons und das restliche Gemüse gut anschwitzen. Die Schnecken und den Knoblauch beigeben, gut durchschwenken, salzen und pfeffern. Mit Noilly Prat und Riesling wird aufgegossen und dann eingekocht. Man gibt den Geflügelfond dazu, läßt das Ganze einige Minuten kochen und schöpft dann den Schaum, der sich an der Oberfläche bildet, ab.
Die Eidotter mit etwas Obers verrühren. Das restliche Obers in die Suppe geben und diese zirka fünf Minuten kochen lassen. Das Stärkemehl mit ein wenig kaltem Geflügelfond oder Weißwein glattrühren, in die Suppe geben, nochmals kurz aufkochen lassen und vom Herd nehmen.
Das mit den Dottern versprudelte Obers und das geschla-

gene Obers darunterziehen und mit den Kräutern und Gewürzen abschmecken. Die Suppe darf nach der Legierung nicht mehr kochen.

Steinpilzconsommé in überbackener Blätterteighaube
Consommé aux cèpes recouvert de pâte feuilletée gratinée au four

Für 6 Personen:
40 g getrocknete Steinpilze (haben kräftigen Geschmack), einige Petersilienstiele, 2 l Consommé (Grundrezept siehe Seite 221), 200 g frische Steinpilze oder Champignons, 1 Eßlöffel geschnittener Schnittlauch, 400 g Blätterteig (Grundrezept siehe Seite 232), 2 Eidotter.

Getrocknete Steinpilze und Petersilienstiele werden in die Consommé gegeben, und diese läßt man zugedeckt zirka 20 Minuten ziehen. Dann wird sie durch ein Tuch passiert, je nach Geschmack nachgewürzt und kalt gestellt.
Die Consommé in Suppentassen abfüllen und rohe Steinpilz- oder Champignonscheiben sowie Schnittlauch dazugeben.
Den Blätterteig zirka zwei Millimeter dick ausrollen und eineinhalb Zentimeter größer als den Tassendurchmesser rund ausstechen. Die Oberfläche des Teiges mit Eidotter bestreichen und je nach Belieben mit einer Gabel Muster ziehen. Der äußere Rand der Tasse wird ebenfalls mit Eidotter bestrichen, und zwar so weit, als der Teig über den Tassenrand hängt. Den Blätterteig mit der bestrichenen Seite nach oben auf die Tasse legen und den überhängenden Teil gut andrücken. Im Rohr bei zirka 180 Grad zehn Minuten goldgelb backen, bis der Teig aufgegangen ist. Der Teig muß gut durchgebacken sein, sonst fällt er beim Servieren zusammen.
Bei Tisch den Deckel abschneiden oder dies den Gästen selbst überlassen.

Für diese Suppe eignen sich auch Morcheln (anstelle von Steinpilzen) gut. Je nach Geschmack kann man etwas Trüffeljus oder einen guten Cognac in die Suppe geben.

Bild Seite 38

Tomatensuppe mit Champignons und Basilikum
Crème de tomates aux champignons et au basilic

Für 6 Personen:
1,2 kg reife Tomaten, 70 g

Die Tomaten fünf Sekunden in kochendem Wasser blanchieren, rasch abkühlen, schälen, vierteln und entkernen.

Butter, 2 Eßlöffel Tomatenmark, 2 dl heller Kalbsfond (Grundrezept siehe Seite 219), 1 dl Obers, Salz, Pfeffer aus der Mühle, 6 mittelgroße Champignonköpfe, 6 bis 8 Basilikumblätter, 2 Toastbrotscheiben, 20 g Butter.

Die Hälfte der Butter in einem Geschirr zergehen lassen, die Tomatenviertel und Tomatenmark dazugeben und zirka 20 Minuten langsam schmoren lassen. Den Kalbsfond und das Obers beimengen und aufkochen lassen.

Die Suppe wird in den Mixer gegeben, püriert und die restliche Butter (kalte Butterflocken) daruntergemixt. Dann das Ganze in das Geschirr zurückleeren und mit Salz und Pfeffer abschmecken.

Die Champignonköpfe enthäuten und in dünne Streifen schneiden. Die Basilikumblätter ebenfalls in Streifen schneiden und beides in die Suppe geben. Die Suppe darf nicht mehr kochen.

Die Toastbrotscheiben würfelig schneiden und in etwas Butter anrösten. Die Suppe in vorgewärmte Tassen füllen und mit den Brotcroûtons servieren.

Junge, ganz kurz pochierte Spinatblätter oder Avocadowürfel passen ebenfalls sehr gut als Einlage.

Wachtelessenz im Nest
Essence de caille au nid

Für 6 Personen:
50 g Glasnudeln, 200 bis 300 g magere Wildfleischabschnitte von Hals oder Schulter (Reh oder Hirsch), 60 g Röstgemüse (Karotten, Lauch, Sellerie), 12 ausgelöste Wachtelkeulen, 1 bis 2 Eiklar, 1 l kräftiger brauner Wildfond (Grundrezept siehe Seite 221), der ohne Tomatenmark, Rotwein und Rosmarin zubereitet wird, 1 Lorbeerblatt, einige zerdrückte Pfefferkörner, etwas Muskatnuß, Salz, 1/4 Zwiebel mit Schale, 6 Wachteleier.

Die rohen Glasnudeln werden einen Tag vorher zirka 10 bis 15 Minuten in lauwarmes Wasser, das mit viel Zwiebelschalen gefärbt wurde, gelegt. Dann die Nudeln herausnehmen, zu Nestern formen und längere Zeit gut trocknen lassen.

Die Wildfleischabschnitte mit dem Röstgemüse und dem Fleisch der Wachtelkeulen durch die mittlere Scheibe des Fleischwolfs drehen.

Die Masse gut mit ein bis zwei Eiklar und einem achtel Liter kaltem Wasser vermischen und das Ganze etwas ziehen lassen.

Die Fleischmasse in einen Suppentopf geben, mit einem Liter kaltem Wildfond auffüllen und langsam zum Kochen bringen. Dabei einige Male vorsichtig umrühren. Die Gewürze und die auf der Herdplatte gebräunte Zwiebel beigeben.

Die Suppe auf kleiner Flamme eine Stunde kochen lassen und dabei ständig den Schaum von der Oberfläche abschöpfen. Dann durch ein Tuch passieren, abfetten und abschmecken.

Die Essenz in Mokkatassen füllen, die Dotter der Wachteleier in die Suppe geben und in einem Nest aus Glasnudeln servieren.

Je nach Belieben kann man die Essenz mit einigen Tropfen Trüffeljus oder Cognac verbessern. Essenzen von anderem Wildgeflügel können auf dieselbe Art zubereitet werden. Als Einlage kann man auch feine Gemüsewürfel, Morcheln, Steinpilze oder kleine Nockerln verwenden.

Bild Seite 146

Weinsuppe mit Zimtstangerln
Soupe au vin et bâtonnets de canelle

Für 6 Personen:
¼ l trockener Weißwein, 20 g Schalotten, ½ l heller Kalbsfond (Grundrezept siehe Seite 219), ½ l fettfreie Bouillon (Grundrezept siehe Seite 220), 2 Eßlöffel Kartoffelmehl, etwas Zimtrinde, ¼ l Obers, Salz, Pfeffer aus der Mühle, 6 kleine Zimtstangerln (Rezept siehe unten).

Den Weißwein mit den geschnittenen Schalotten bis auf einen Eßlöffel Flüssigkeit einkochen. Die Reduktion mit Kalbsfond und Bouillon auffüllen und zirka zehn Minuten kochen lassen.
Das Kartoffelmehl mit etwas kalter Bouillon anrühren, in die Suppe geben und diese weitere zehn Minuten kochen. Die Zimtrinde mitziehen lassen, das Obers dazugeben, mit Salz und Pfeffer abschmecken und mixen. Die Suppe mit Zimtstangerln aus Blätterteig servieren.
Je nach Geschmack können Sie die Suppe noch mit einem Eidotter beim Mixen legieren.

Blätterteig (Grundrezept siehe Seite 232), 1 Eidotter, etwas Zimtpulver.

Zimtstangerln:
Blätterteig wird dünn ausgerollt, mit Eidotter bestrichen und etwas Zimtpulver daraufgestreut. Dann wird der Teig in zwei Zentimeter breite und sechs bis acht Zentimeter lange Streifen geschnitten, auf beiden Seiten eingedreht und zirka fünf Minuten goldgelb im Ofen gebacken.

Saisongemüse
auf Blätterteigpolster

Blätterteigvariationen als Garnitur

Gemüsestrudel mit Kräutersauce

Lammstrudel mit Kohl

Hirnstrudel mit Blattspinat

Schwarzwurzelstrudel

Warme Vorspeisen

Eierschwammerln mit Briesknödeln
Chanterelles et quenelles de ris de veau

Für 6 Personen:
ca. 600 g geputzte Eierschwammerln (oder Champignons bzw. Steinpilze), 50 g Butter, 30 g Schalotten, Salz, Pfeffer aus der Mühle, ⅛ l Weißwein, ⅛ l starker Geflügelfond (Grundrezept siehe Seite 222), ¼ l Obers, 1 Spritzer Zitronensaft, 10 g gehackte Petersilie, 6 Briesknödel (Rezept siehe Seite 143).

Die gehackten Pilze werden in Butter scharf angeröstet, die geschnittenen Schalotten dazugegeben, kurz sautiert, gesalzen und gepfeffert.
Mit Weißwein auffüllen und reduzieren. Den Geflügelfond beigeben und zirka auf die Hälfte einkochen. Dann mengt man der Sauce das Obers bei und läßt sie weitere zehn Minuten einkochen, bis sie eine cremige Konsistenz erhält – jedoch nicht zu lange kochen, da sonst das Obers gerinnt. Man gibt Zitronensaft und gehackte Petersilie dazu, würzt nochmals nach und richtet die Pilze mit den Briesknödeln an.

Anstelle von Briesknödeln kann man die Pilze auch auf einem frisch gebackenen Blätterteigpolster (Rezept siehe Seite 68) mit etwas Blattspinat servieren.

Forellenmousse in Sauerampfersauce
Mousse de truite à l'oseille

Für 6 Personen:
550 g Forellenfilets (ca. 1 kg ganze Forellen), Salz, Pfeffer aus der Mühle, ¾ l Obers, Saft von ½ Zitrone, Sauerampfersauce (Rezept siehe nächste Seite).

Die Forellen enthäuten, entgräten, filetieren und kalt stellen, den Fleischwolf in den Tiefkühlschrank geben.
Die eiskalten Forellenfilets werden zweimal mit der feinen Scheibe des Fleischwolfs faschiert und mit Salz und Pfeffer gewürzt. Dann die Masse mit einem Kochlöffel gut durchrühren und auf gestoßenem Eis kalt stellen. Sie nimmt dadurch mehr Flüssigkeit auf und wird leichter.
Das kalte Obers rührt man nach und nach unter das Mousse, je nachdem, wie es anzieht. Vorsicht! Nicht zuviel auf einmal dazugeben, sonst gerinnt es. Anschließend die Masse durch ein Haarsieb streichen, nochmals abschmecken und etwas

Zitronensaft dazugeben. Dann werden Formen oder Mokkatassen mit Butter bestrichen, die Masse wird eingefüllt und jede einzelne Form mit Butterpapier abgedeckt. Im Rohr in einem Wasserbad bei zirka 170 Grad 20 Minuten ziehen lassen. Das Wasser darf jedoch nicht kochen. Das fertige Forellenmousse auf einen Teller stürzen, die Sauce rundherum nappieren und servieren.

Da das Mousse ohne Eier und mit viel Flüssigkeit zubereitet wird, ist darauf zu achten, daß sowohl die Forellenfilets und das Obers als auch der Fleischwolf bei der Verwendung sehr kalt sind. Die Masse zieht dadurch besser an.
Je nach Geschmack kann man auch stark reduzierten Krebs-, Hummer- oder Krabbenfond in die rohe Masse geben und dafür etwas weniger Obers nehmen (siehe auch Mousse von Langusten, Seite 89).
Man kann das Mousse auch füllen, indem man vor dem Pochieren in die Mitte der rohen Masse mit einem Mokkalöffel kleine Vertiefungen macht, einen Löffel starken reduzierten Fond hineingibt, einen pochierten Krebsschwanz oder eine Krevette in die Vertiefung steckt und mit dem Rest der Masse wieder verschließt.

Sauerampfersauce:

40 g Sauerampfer, 1 dl trockener Weißwein, 4 cl Noilly Prat, ¼ l Fischfond (Grundrezept siehe Seite 223), 2 dl Obers, 30 g Butter, 2 Eßlöffel Schlagobers, Salz, Pfeffer aus der Mühle, Saft ¼ Zitrone.

Den Sauerampfer entstielen und in fünf Millimeter breite Streifen schneiden. Trockener Weißwein, Noilly Prat und Fischfond werden zur Hälfte eingekocht, das Obers wird dazugegeben und die Sauce so lange weitergekocht, bis sie etwas Bindung bekommt. Dann wird sie passiert. Anschließend wird die Sauce in den Mixer gegeben und mit kalten Butterflocken gemixt. Sie wird dadurch sehr leicht.
Die Sauce nicht mehr aufkochen, sondern nur noch mit Salz, Pfeffer, Zitronensaft abschmecken, den Sauerampfer dazugeben und das Schlagobers darunterziehen.

Froschschenkel mit Kressesavarin
Cuisses de grenouilles et savarin au cresson

Für 6 Personen:
500 g Froschschenkel, Salz, Pfeffer aus der Mühle, etwas Mehl, 30 g Butter, 30 g Schalotten, 1 dl Riesling, 2 dl heller Hühnerfond (Grundrezept siehe Seite 222),

Die Froschschenkel teilen, die Flossen abschneiden. Dann mit Salz und Pfeffer würzen und in wenig Mehl wenden. Die Butter in einer Pfanne heiß werden lassen, die Froschschenkel darin kurz sautieren und die geschnittenen Schalotten dazugeben. Mit Weißwein ablöschen, mit Hühnerfond auffüllen und die Froschschenkel zirka zehn Minuten weiterdünsten lassen.

¼ l Obers, 1 Knoblauchzehe, ½ Eßlöffel Dijonsenf, Saft von ¼ Zitrone, ½ Eßlöffel gehackter Kerbel, ½ Eßlöffel gehackte Petersilie, etwas gehackter Estragon und Schnittlauch, 6 Kressesavarins (Rezept siehe Seite 143).

Wenn die Froschschenkel gar sind, nimmt man sie aus der Flüssigkeit und läßt diese bis auf die Hälfte einkochen. Das Obers dazugeben und etwa zehn Minuten weiterkochen lassen, bis eine sämige, aber nicht zu dicke Sauce entsteht. Dann schält man den Knoblauch, halbiert diesen, steckt ihn auf eine Gabel und zieht ihn einige Male durch die Sauce. Diese mixt man anschließend im Mixer und schmeckt mit Salz, Pfeffer, Senf und Zitronensaft ab. In das Geschirr zurückleeren, mit den gehackten Kräutern verfeinern, das Froschschenkelfleisch von den Knochen lösen und dazugeben.
Die heißen Kressesavarins in die Mitte von Suppentellern legen und rundherum das Froschschenkelfleisch mit der Sauce verteilen.

Geflügelleberpudding mit Madeirasauce
Pouding aux foies de volaille au madère

*Für 6 Personen:
200 g Geflügelleber ohne Stränge, 2 Eier, 1 Eidotter, 50 g Butter, ½ l Milch, Salz, Pfeffer aus der Mühle, ½ Knoblauchzehe, etwas Majoran,
Madeirasauce (Rezept siehe unten).*

Die Geflügelleber im Mixer oder Cutter pürieren, nach und nach Eier und Dotter sowie die zerlaufene Butter dazugeben und zum Schluß die lauwarme Milch einrühren. Mit Salz, Pfeffer, dem zerdrückten Knoblauch und etwas Majoran würzen. Die Masse durch ein Haarsieb streichen.
Das flüssige Mousse in mit Butter bestrichene Kaffeetassen füllen und im Rohr in einem Wasserbad bei zirka 130 Grad 30 Minuten ziehen lassen. Das Wasser darf nicht kochen.
Dann den Pudding aus der Form stürzen, auf einem Teller anrichten und mit Madeirasauce servieren.

Den Geflügelleberpudding kann man auch kalt servieren. Man läßt dann die Sauce weg und garniert mit Apfel- oder Birnenstreifen.

Madeirasauce:

4 cl Madeira, 15 cl Fleischglace oder starker brauner Kalbsfond (Grundrezepte siehe Seite 219 und Seite 220), 20 g Butter, Salz, Pfeffer aus der Mühle.

Man läßt den Madeira langsam einkochen und füllt dann mit der Fleischglace oder dem braunen Kalbsfond auf. Das Ganze wird mit Butter montiert und mit Salz, Pfeffer und eventuell noch einem Spritzer Madeira abgeschmeckt.

Gemüsestrudel mit Kräutersauce
Strudel aux légumes et sauce aux fines herbes

Für 6 Personen:
180 g Kohlrabi, 180 g Karotten, 100 g Zucchini, 200 g Brokkoli, 180 g Karfiol, 30 g Butter.
Für die Bindung:
20 g Karotten, 20 g Kohlrabi, 20 g Stangensellerie, 20 g Karfiol, 20 g Lauch, 20 g Butter, Salz, Pfeffer, ½ l Obers, 2 Eier, Strudelteig (Grundrezept siehe Seite 235) oder 100 g fertige Strudelteigblätter (40 × 40 Zentimeter), 30 g Butter zum Bestreichen, Kräutersauce (Rezept siehe unten).

Das Gemüse wird geputzt, Kohlrabi, Karotten und Zucchini schneidet man in Stifte, Brokkoli und Karfiol zerteilt man in Rosen.
Die Gemüsesorten einzeln in etwas Salzwasser mit wenig Butter kochen (unterschiedliche Garzeiten) und dann abkühlen lassen.
Das Gemüse für die Bindung wird ebenfalls geputzt. Karotten, Kohlrabi, Stangensellerie und Karfiol schneidet man in feine Scheiben, den Lauch in Streifen.
Den Lauch in Butter schwenken, das restliche Gemüse dazugeben, salzen und pfeffern. Mit dem Obers aufgießen und einkochen lassen, bis das Obers bindet, dann kalt stellen. Das Gemüse wird mit dem reduzierten Obers in den Mixer gegeben, fein püriert und mit den Eiern vermischt.
Diese Masse mit dem vorgekochten Gemüse vermengen und abschmecken.
Auf einem Tuch den Strudelteig sehr dünn ausziehen und drei Viertel der Fläche mit ein wenig flüssiger Butter bestreichen. Das Gemüse wird auf zirka einem Viertel des Strudelteiges verteilt, der Strudel wie ein Apfelstrudel eingerollt und auf ein Backblech gelegt.
Den Strudel noch etwas mit flüssiger Butter bestreichen und zirka 40 Minuten bei 180 Grad goldgelb backen.
In Portionen schneiden und mit der Kräutersauce servieren.

Man kann für dieses Gericht ohne weiteres fertigen dünnen Strudelteig verwenden.
Für die Bindung lassen sich auch Gemüseabschnitte bzw. der Strunk des Karfiols verwenden.

Kräutersauce:

60 g Schalotten, 1 dl heller Kalbsfond (Grundrezept siehe Seite 219), 2 dl Obers, 1 dl trockener Weißwein, 20 g Butter, 5 g Kerbel, 5 g Estragon, 5 g Zitronenmelisse, Salz, Pfeffer aus der Mühle, 2 Eßlöffel Schlagobers.

Schalotten fein schneiden und mit Kalbsfond zur Hälfte einkochen. Dann wird mit Obers aufgefüllt und reduziert, bis eine cremige Konsistenz entsteht.
Den Weißwein separat reduzieren und dazugeben. Nicht zu lange kochen, da sonst das Obers gerinnt.
Die Sauce in den Mixer geben und mit kalten Butterflocken mixen.
Kerbel, Estragon und Zitronenmelisse fein hacken und der Sauce beimengen. Mit Salz und Pfeffer abschmecken und das geschlagene Obers darunterziehen.

Bild Seite 56

Geräuchertes Forellenfilet auf Toast
Filet de truite fumé sur toast

Für 6 Personen:
3 geräucherte Forellen, 60 g Butter, 1 Ei, 1 Spritzer Zitronensaft, Salz, Pfeffer aus der Mühle, 1 Eßlöffel geriebener Kren, 6 kleine Scheiben Graubrot, 12 Scheiben von jungen Salatgurken mit Schale.

Die Forellen enthäuten, entgräten und filetieren. Das dünne Schwanzende jeweils von den Filets wegschneiden und durch ein Haarsieb streichen.
Die schaumig gerührte Butter wird mit dem Ei vermengt, und die passierten Schwanzenden werden dazugegeben. Mit Zitronensaft, Salz, Pfeffer und fein geriebenem Kren würzen.
Die Graubrotscheiben in die Größe der Filets schneiden und toasten. Dann Gurkenscheiben darauflegen, salzen und etwas pfeffern. Auf die Gurken gibt man die Forellenfilets und bestreicht sie gleichmäßig mit der Buttermischung.
Sofort in den Salamander oder ins Backrohr (bei starker Oberhitze) geben, goldbraun überbacken, beliebig garnieren und servieren.

Auf die Gurkenscheiben kann man auch gewürzte Tomatenscheiben legen.
Das Forellenfilet muß die Gurkenscheiben komplett bedecken.

Gratinierte Lachsscheiben in Riesling
Tranches de saumon gratinées au Riesling

Für 6 Personen:
90 g Blattspinat, 20 g Butter, Salz, Pfeffer aus der Mühle, 600 g Lachsfilet ohne Gräten, Sauce (Rezept siehe unten).

Den Blattspinat putzen, entstielen und blanchieren. Kurz in brauner Butter schwenken, mit Salz und Pfeffer abschmecken und auf ein Tuch legen.
Das Lachsfilet wird in zirka zwei Millimeter dünne Scheiben geschnitten und leicht mit Salz und Pfeffer gewürzt.
Die Teller mit Butter leicht bestreichen und die Lachsscheiben reihenweise mit dem Spinat anrichten. Die Lachsscheiben dürfen nicht übereinanderliegen. Mit der Sauce überziehen, bei starker Hitze im Salamander rasch eine Minute goldgelb gratinieren und sofort servieren.

Dieses Gericht eignet sich besonders gut als warme Vorspeise, da fast keine Vorbereitungen nötig sind und das Gericht sofort fertig ist.

Sauce:

3 cl Noilly Prat, 6 cl Riesling, 1/4 l Fischfond (Grundrezept siehe Seite 223), 2 dl Obers,

Noilly Prat, Riesling und Fischfond werden auf ein Drittel eingekocht, dann gibt man das Obers dazu und reduziert die Sauce wieder, bis sie etwas bindet. Sie darf nicht zu dick

2 Eßlöffel geschlagenes Obers, Salz, Pfeffer.

sein. Das geschlagene Obers darunterziehen und abschmecken. Die Sauce darf jetzt nicht mehr kochen.

Hirnstrudel mit Blattspinat
Strudel de cervelle aux épinards

Für 6 Personen:
800 g Kalbshirn, Salz, Pfeffer aus der Mühle, etwas Mehl zum Wenden, 80 g Butter, 20 g Schalotten, 500 g Blattspinat, ½ Knoblauchzehe, 2 Eier, Strudelteig (Grundrezept siehe Seite 235) oder 100 g fertige Strudelteigblätter (40×40 Zentimeter), 30 g Butter zum Bestreichen.

Das Kalbshirn gut wässern und die Haut abziehen. Zirka 360 Gramm davon salzen, pfeffern, bemehlen und in etwas Butter auf allen Seiten kurz anbraten.
Das restliche Hirn hacken, mit den geschnittenen Schalotten in etwas Butter anschwitzen und mit Salz und Pfeffer würzen.
Der Blattspinat wird gewaschen, kurz blanchiert, überkühlt und abgeseiht. Anschließend hackt man ihn etwas, sautiert ihn in brauner Butter und würzt ebenfalls mit Salz und Pfeffer. Eine halbe Knoblauchzehe wird auf eine Gabel gesteckt und einige Male durch den Spinat gezogen.
Den Blattspinat mit dem gehackten Hirn mischen, kalt stellen und anschließend die Eier dazugeben.
Den Strudelteig zieht man, wie im Grundrezept beschrieben, auf einem bemehlten Tuch hauchdünn aus und bestreicht drei Viertel der Fläche mit flüssiger Butter. Auf den Rest des Teiges verteilt man die Spinatmasse und legt in die Mitte das in Butter gebratene Hirn der Länge nach ein. Mit dem Rest der Masse verschließen.
Der Strudel wird eingerollt, auf ein Blech gelegt und mit der übrigen flüssigen Butter bestrichen. Bei zirka 180 Grad 45 Minuten backen. Dann in Portionen schneiden und je nach Belieben mit Kalbsjus servieren.

Bild Seite 56

Kalbfleischauflauf mit Bries
Soufflé de veau et ris de veau

Für 6 Personen:
180 g Kalbsbries, 3 dl heller Geflügelfond (Grundrezept siehe Seite 222), 60 g Butter, 1 Eßlöffel gehackte Trüffeln oder andere Pilze (Morcheln, Eierschwammerln, Champi-

Das gewässerte Kalbsbries kocht man auf kleiner Flamme im Geflügelfond, es sollte jedoch nicht ganz durch sein. Dann die Haut abziehen und das Bries in kleine Stücke zupfen. In etwas Butter schnell anbraten, abschmecken und auf ein Tuch legen.
Die Trüffeln oder anderen Pilze werden geschnitten, in Butter angeröstet, mit einem Deziliter Obers aufgegossen und

gnons), 1 dl Obers, 90 g Blattspinat, Salz, Pfeffer aus der Mühle, 200 g mageres Kalbfleisch ohne Sehnen und Flachsen, 50 g Geflügelleber, 3 dl Obers, Muskatnuß, 1 Spritzer Madeira.

eingekocht, bis die Sauce etwas bindet. Das Bries dazugeben, abschmecken und kalt stellen.

Den Blattspinat blanchieren, in der restlichen Butter etwas sautieren, auf einem Tuch abtrocknen, hacken und mit Salz und Pfeffer abschmecken.

Das Kalbfleisch und die Hühnerleber werden zweimal durch die feine Scheibe eines im Tiefkühler gekühlten Fleischwolfs gedreht. Die Masse auf Eis stellen und langsam das gekühlte Obers darunterrühren. Durch ein Haarsieb streichen, mit Salz, Pfeffer, etwas Muskatnuß und einem Spritzer Madeira abschmecken und den kalten, gehackten Blattspinat dazugeben.

Sechs Mokkatassen werden leicht mit Butter bestrichen und zur Hälfte mit der Kalbfleischmasse gefüllt. In die Mitte macht man mit einem kleinen Löffel jeweils Vertiefungen und füllt das kalte Bries mit den Pilzen und dem eingekochten Obers ein. Mit dem Rest der Kalbfleischmasse abdecken und Butterpapier darübergeben. In einem Wasserbad im Rohr zirka 15 Minuten ziehen lassen. Das Wasser darf dabei nicht kochen, sondern soll 80 bis 90 Grad haben.

Den Auflauf aus der Form stürzen und mit der Sauce servieren.

Sauce:

1/8 l Weißwein, 3 cl Noilly Prat, 20 g Schalotten, 1/4 l starker heller Geflügelfond (Grundrezept siehe Seite 222), 1/8 l trockener Sekt, 1/4 l Obers, Salz, Pfeffer aus der Mühle, 20 g Butter, 1 Eßlöffel geschlagenes Obers.

Weißwein, Noilly Prat, gehackte Schalotten und Geflügelfond einkochen. Zwei Drittel des Sekts dazugeben und die Sauce weiterkochen lassen. Das Obers beimengen und die Sauce einkochen, bis sie bindet. Die Sauce wird passiert und abgeschmeckt. In den Mixer geben, mit einigen kalten Butterflocken mixen, das geschlagene Obers beimengen und den restlichen Sekt dazugeben.

Kalbsbries in überbackener Blätterteighaube
Ris de veau sous pâte feuilletée gratinée au four

*Für 6 Personen:
300 g gut gewässertes Bries, 2 Lorbeerblätter, 60 g Butter, 12 Champignonköpfe, Salz, Pfeffer aus der Mühle, 4 cl Madeira, 1/4 l brauner Kalbs-*

Das Bries in Salzwasser mit Lorbeerblättern rosa kochen. Dann auskühlen lassen, die Haut abziehen und das Bries in kleine Stücke zupfen. Das Bries in 40 Gramm Butter mit den geviertelten Champignonköpfen kurz anrösten, mit Salz und Pfeffer würzen und auf ein Tuch geben.

Das Fett wird abgegossen, mit Madeira abgelöscht und mit

fond (Grundrezept siehe Seite 219), 6 cl Trüffeljus, 60 g Gänseleberterrine oder Abschnitte von roher Gänseleber, 1 kleine Trüffel, 150 g Blätterteig aus 1/4 der im Grundrezept angegebenen Masse (Grundrezept siehe Seite 232), 1 Eidotter.

Kalbsfond sowie Trüffeljus aufgefüllt. Das Ganze etwas einkochen lassen und den Fond mit den restlichen kalten Butterflocken montieren. Nun gibt man das Bries, die in Würfel geschnittene Gänseleber sowie die in Julienne geschnittene Trüffel dazu, schmeckt ab und läßt das Ganze abkühlen. Die Masse wird in sechs feuerfeste Förmchen (Durchmesser acht Zentimeter, Höhe vier Zentimeter) gefüllt.

Der Blätterteig wird zirka einen Millimeter dick ausgerollt, etwas größer als die Töpfchen ausgestochen und mit Eidotter bestrichen. Der äußere Rand der Töpfchen wird ebenfalls mit Dotter bestrichen. Den Blätterteig mit der bestrichenen Seite nach oben auf die Förmchen legen und den überhängenden Teil gut andrücken (siehe auch Seite 52).

Im Rohr bei 240 Grad zirka zehn Minuten backen.

Beim Einfüllen in die Förmchen ist darauf zu achten, daß die Sauce kalt und das Bries noch nicht ganz durchgegart ist. Die Sauce darf beim Backen nicht mehr kochen, daher achtgeben auf die Unterhitze im Rohr.

Kalbshirn auf Artischockenböden
Cervelle de veau sur fonds d'artichauts

Für 6 Personen:
500 g Kalbshirn, etwas Mehl zum Wenden, 2 Eier, 100 g Butter, 6 mittelgroße Artischocken, Saft von 2 Zitronen, 1 Spritzer Essig, 2 Tomaten, Salz, Pfeffer aus der Mühle, 6 Wachteleier, 3 bis 5 Portionen Petersilienpüree, je nach Größe der Artischocken (Rezept siehe Seite 141), Schnittlauchsauce (Grundrezept siehe Seite 226).

Das gut gewässerte Kalbshirn wird in 24 sechs Millimeter dicke Scheiben geschnitten, in Mehl gewendet, durch die versprudelten Eier gezogen und auf beiden Seiten in etwas Butter goldgelb gebraten. Von den Artischocken die Stiele abbrechen, die Böden formen, die Blume herausnehmen und die Böden mit Zitronensaft einreiben. In Salzwasser mit Zitronensaft und einem Spritzer Essig kochen.

Die Tomaten werden geschält, entkernt, gehackt, in Butter geschwenkt und mit Salz und Pfeffer abgeschmeckt.

Die Wachteleier zweieinhalb Minuten in etwas Salz-Essig-Wasser kochen, dann abschrecken und schälen. Vor dem Anrichten werden sie in Salzwasser warm gemacht.

Schließlich gibt man die warmen Artischocken auf Suppenteller und füllt sie mit Petersilienpüree. Das Kalbshirn sternförmig anrichten und in die Mitte ein Wachtelei setzen. Auf das Kalbshirn die Tomaten verteilen und die Schnittlauchsauce danebennappieren.

Artischocken bleiben weiß, wenn man in das Kochwasser zirka einen Eßlöffel Mehl, das in kaltes Wasser eingerührt wird, gibt. Von den größeren Artischocken die Stiele immer brechen, da beim Schneiden harte Fäden im Boden bleiben.

Zanderfilet
auf gedämpften Zwiebelstreifen
und Paprika

Lachsmittelstück
mit Forellenmousse
in Champagner

St. Petersfisch auf Fenchel in Safranbutter

Lammstrudel mit Kohl
Strudel d'agneau au chou

Für 6 Personen:
600 g Lammfleisch (Schulter),
30 g Schalotten, 5 cl Öl,
2 Pfefferminzblätter, etwas
Rosmarin, ½ Knoblauchzehe,
Salz, Pfeffer aus der Mühle,
4 Eier,
800 g Wirsingkohl,
3 dl Obers,
Strudelteig (Grundrezept siehe Seite 235) oder 100 g tiefgekühlte Strudelteigblätter (40 × 40 Zentimeter),
20 g Butter zum Bestreichen.

Das Lammfleisch wird entsehnt, in Stücke geschnitten und durch die mittlere Scheibe des Fleischwolfs gedreht. Die geschnittenen Schalotten kurz in heißem Öl anbraten, zwei Drittel des Lammfleisches dazugeben und zirka zwei Minuten rösten. Gehackte Minze, Rosmarin und gehackten Knoblauch dazugeben, salzen, pfeffern und anschließend kalt stellen. Die Masse wird mit dem rohen Lammfleisch vermischt, zwei Eier werden dazugegeben. Etwas nachwürzen. Den Kohl putzen, waschen und die größeren Blätter (zirka 200 Gramm) wegnehmen. Diese werden ohne den Strunk kurz in Salzwasser gekocht, in kaltem Wasser abgekühlt und auf einem Tuch abgetrocknet. Das Innere vom Kohl schneidet man in Streifen, blanchiert diese kurz und läßt sie auskühlen. Dann mit Obers einkochen, vom Herd nehmen, die restlichen Eier dazugeben, abschmecken und kalt stellen. Den Strudelteig auf einem bemehlten Tuch dünn ausziehen, mit flüssiger Butter bestreichen und mit den Kohlblättern zwei Drittel der Fläche belegen. Die Kohlblätter würzt man mit Salz und Pfeffer, verteilt darüber den eingekochten Kohl, streicht die Lammfülle darüber und rollt den Strudel ein. Auf ein Blech geben, mit der restlichen Butter bestreichen und bei 180 Grad zirka 45 Minuten backen.
Der Strudel wird in Stücke geschnitten und je nach Belieben mit etwas Tomaten- oder Lammjus serviert.

Lammfleisch darf nur ganz kurz angeröstet werden, sonst bindet es nicht und ist trocken. Man könnte auch das in Stücke geschnittene Lammfleisch zuerst kurz anrösten und nachher faschieren.
Anstelle von Wirsingkohl kann man auch Blattspinat verwenden. Diesen kann man mit dem Fleisch mischen.
Je nach Belieben könnte man den Strudel auch kleiner formen und als Mundbissen servieren.

Bild Seite 56

Lauchkuchen
Tarte aux poireaux

Für 12 Personen:
20 g Schalotten, 250 g Lauch (nur die weißen Teile),

Schalotten und Lauch in Streifen schneiden, in Butter gut anschwitzen lassen, salzen und pfeffern. Auf ein Sieb geben, das Fett etwas abtropfen lassen und kalt stellen.

20 g Butter, Salz, Pfeffer aus der Mühle, 200 g geriebener Teig (Grundrezept siehe Seite 233), Eierguß (Grundrezept siehe Seite 228).

Eine niedrige, befettete Tortenform (Durchmesser 23 Zentimeter) wird mit geriebenem Teig, der zwei Millimeter dick ausgerollt ist, so ausgelegt, daß der Rand drei Zentimeter hoch mit Teig bedeckt ist. Mit einer Gabel den Teigboden stupfen. Lauch und Schalotten gleichmäßig darüber verteilen und den gewürzten Eierguß eingießen.
Bei zirka 190 Grad 20 bis 25 Minuten backen. Mehr Unterhitze einschalten, damit der Teigboden gut durch ist.
Den Kuchen etwas rasten lassen und in beliebige Portionen schneiden.

Lauchpalatschinken
Crêpes aux poireaux

Für 6 Personen:
250 g Lauch (nur die weißen Teile), 20 g Schalotten, 50 g Butter, Salz, Pfeffer aus der Mühle, etwas Muskatnuß, 1 dl trockener Weißwein, ⅛ l starker heller Kalbsfond (Grundrezept siehe Seite 219), 2 dl Obers, 6 Palatschinken (Grundrezept siehe Seite 230).

Die weißen Teile vom Lauch werden in zirka fünf Millimeter breite Streifen geschnitten.
Die geschnittenen Schalotten und den Lauch in Butter anschwitzen lassen, mit Salz, Pfeffer und Muskatnuß würzen und mit Weißwein ablöschen. Das Ganze reduzieren, mit Kalbsfond auffüllen und wieder einkochen.
Man gibt das Obers dazu und reduziert die Sauce so lange, bis sie eine cremige Konsistenz bekommt. Dann nochmals abschmecken.
Die Palatschinken mit der Lauchmasse füllen, zu Dreiecken oder Rollen zusammenlegen und servieren.

Je nach Wunsch kann man die Palatschinken auch mit einer leichten weißen Veltliner Sauce überziehen und kurz backen. Gefüllte Palatschinken schmecken auch mit Blattspinat, der mit Kalbshirn vermischt ist, sehr gut.

Saisongemüse auf Blätterteigpolster
Légumes de saison sur pâte feuilletée

Für 6 Personen:
200 g Blätterteig (Grundrezept siehe Seite 232), 1 Eidotter, 250 g Blattspinat, 250 g junge Erbsenschoten (Kaisererbsen, Schnee-Erbsen, Pois mangetout), 18 Spargelspitzen, ½ Stangensellerie, 6 Karfiol-

Der Blätterteig wird vier Millimeter dick ausgerollt und mit Dotter bestrichen. Die Oberfläche trocknen lassen und sechs Formen je nach Wunsch ausschneiden. Den Teig goldgelb backen.
Das Gemüse putzen, waschen, in die gewünschte Form schneiden und separat, je nach Garzeit, in Salzwasser kochen. Anschließend in wenig Butter schwenken und gut abschmecken.

röschen, 12 junge Karotten, 6 gelbe Rüben, 6 kleine Brokkolirosen, 80 g Butter, Salz, Pfeffer aus der Mühle, Kräutersauce (Rezept siehe unten).

Man halbiert die sechs Blätterteigpolster, setzt den Boden jeweils auf einen Teller, füllt etwas Spinat ein und verteilt dann das restliche Gemüse. Die Kräutersauce teilweise über das Gemüse ziehen, den Deckel des Blätterteigpolsters daraufsetzen und heiß servieren.

Den Blätterteig schneidet man am besten mit Hilfe von Schablonen aus. Er darf erst kurz vor dem Gebrauch gebacken werden.

Kräutersauce:

60 g Schalotten, 1 dl trockener Weißwein, 1 dl heller Kalbsfond (Grundrezept siehe Seite 219), 2 dl Obers, 20 g Butter, 1 Eßlöffel Kerbel, 1 Eßlöffel Estragon, 1 Eßlöffel Zitronenmelisse, Salz, Pfeffer aus der Mühle, 1 Spritzer Zitronensaft, 2 Eßlöffel geschlagenes Obers.

Die geschnittenen Schalotten mit Weißwein zur Hälfte einkochen, mit Kalbsfond auffüllen und reduzieren. Das Obers beigeben und weiterkochen, bis eine cremige Konsistenz erreicht ist. Vorsicht: Nicht zu lange kochen, da sich sonst das Fett scheidet und die Sauce gerinnt. Man gibt die Sauce in den Mixer, montiert mit einigen kalten Butterflocken und mengt die gehackten Kräuter bei. Mit Salz, Pfeffer und etwas Zitronensaft würzen und das Schlagobers darunterziehen.

Bild Seite 55

Schneckenragout
Ragoût d'escargots

Für 6 Personen:
30 g Karotten, 30 g geschälter Stangensellerie, 40 g Lauch, 60 g Champignonköpfe, 30 g Butter, 40 g Schalotten, 42 gekochte Weinbergschnecken, Salz, Pfeffer aus der Mühle, 3 cl Noilly Prat, 1 dl Weißwein, 2 dl heller Hühnerfond (Grundrezept siehe Seite 222), ¼ l Obers, 1 Knoblauchzehe, 1½ Eßlöffel gehackte Petersilie, ½ Eßlöffel gehackter Estragon, 1 Eßlöffel gehackter Kerbel, 1 Spritzer Zitronensaft, ½ Eßlöffel Senf, 12 Scheiben französisches Weißbrot, 3 cl Olivenöl, 30 g Butter, ½ Knoblauchzehe.

Man schneidet das Gemüse in ganz kleine Würfel (= brunoise), die Champignons in etwas größere Würfel.
Die Butter in einem Geschirr erhitzen, die geschnittenen Schalotten glasig werden lassen, die Gemüsebrunoise und die Champignons dazugeben und alles gut anrösten.
Dann gibt man die Schnecken dazu, schwenkt sie durch und würzt mit Salz und Pfeffer. Mit Noilly Prat und Weißwein ablöschen und einkochen lassen. Mit Hühnerfond aufgießen und abermals fast ganz reduzieren.
Schließlich wird das Obers dazugegeben und bei geringer Hitze zirka sechs Minuten eingekocht, bis die Sauce eine Bindung bekommt. Nicht zu lange kochen, da sonst das Obers gerinnt.
Die geschälte Knoblauchzehe halbieren, auf eine Gabel stecken und einige Male durch das Ragout ziehen. Die gehackten Kräuter, einen Spritzer Zitronensaft und den Senf dazugeben und abschmecken.
Das Ragout in ein passendes Geschirr abfüllen und mit Weißbrotscheiben, die in Olivenöl und Butter goldgelb gerö-

stet und anschließend mit Knoblauch eingerieben wurden, servieren.

Man kann das Schneckenragout auch in ein Töpfchen oder eine kleine Cocotte füllen und diese mit einer Blätterteighaube abdecken (siehe Kalbsbries in überbackener Blätterteighaube Seite 63).

Schwarzwurzelkuchen mit Blattspinat
Tarte aux salsifis et épinards

Für ca. 12 Personen:
500 g Schwarzwurzeln,
3 dl Milch, 100 g Blattspinat,
Salz, Pfeffer aus der Mühle,
200 g geriebener Teig (Grundrezept siehe Seite 233),
Eierguß (Grundrezept siehe Seite 228).

Die Schwarzwurzeln werden geschält und in Salzwasser mit Milch kernig gekocht.
Der Blattspinat wird blanchiert, etwas durchgehackt und mit Salz und Pfeffer gewürzt.
Eine etwas befettete Tortenform (Durchmesser 23 Zentimeter) wird mit zwei Millimeter dickem geriebenem Teig ausgelegt und in diesen mit einer Gabel Löcher gestupft.
Am Rand soll der Teig drei bis vier Zentimeter hoch sein.
Die Schwarzwurzeln werden in etwa zwei Zentimeter lange Stücke geschnitten und mit dem Blattspinat in die ausgelegte Form gegeben. Den Eierguß darüberschütten und 25 bis 30 Minuten bei zirka 220 Grad backen. Dann etwas rasten lassen, in beliebige Stücke schneiden und servieren.

Schwarzwurzelstrudel
Strudel aux salsifis

Für 6 Personen:
1,8 kg Schwarzwurzeln, 3 dl Milch, Salz, 100 g Butter, 360 g Semmelbrösel, Strudelteig (Grundrezept siehe Seite 235) oder 100 g fertige Strudelteigblätter (40 × 40 Zentimeter).

Die Schwarzwurzeln werden geschält, die Enden etwas abgeschnitten und in Salzwasser mit Milch kernig gekocht. Dann in fünf bis acht Zentimeter lange Stücke schneiden.
Etwa 70 g Butter werden erhitzt, mit den Bröseln vermengt und kalt gestellt.
Den Strudelteig zieht man auf einem bemehlten Tuch aus und bestreicht drei Viertel der Fläche mit der restlichen zerlassenen Butter. Auf das letzte Viertel des Teiges verteilt man die Brösel und darüber die Schwarzwurzeln.
Den Strudel einrollen, auf ein Blech legen und mit Butter bestreichen. Dann im Rohr zirka 45 Minuten bei 180 Grad backen.
Den Strudel in Portionen schneiden und mit einer Kräutersauce (siehe Seite 60) servieren.

Bild Seite 56

Soufflé von geräuchertem Lachs und Avocados
Soufflé de saumon fumé et avocats

Für 6 Personen:
285 g Milch, 30 g Butter, 30 g Mehl, 10 g Weizenpuder, 1 Ei, 2 Eidotter, 30 g pürierter Räucherlachs, Salz, Pfeffer aus der Mühle, 4 Eiklar, 50 g würfelig geschnittene Avocados, 40 g würfelig geschnittener Räucherlachs.

Drei Viertel der Milch läßt man mit der Butter aufkochen. Die restliche kalte Milch rührt man mit dem gesiebten Mehl und dem Weizenpuder glatt und mengt die Masse in die kochende Milch ein. So lange auf der Flamme stehen lassen und mit dem Kochlöffel umrühren, bis sich der Teig vom Rand des Geschirrs löst (wie beim Brandteig).
Den Teig auskühlen lassen und das Ei sowie die Dotter nacheinander einrühren. Das Lachspüree daruntermischen, salzen und pfeffern. Die Eiklar zu Schnee schlagen (nicht zu fest, da die Masse beim Mischen sonst zusammenfällt). Gleichzeitig die Avocado- und Lachswürfel mit dem Schneebesen unter die Masse ziehen. Nochmals nachwürzen.
Die Soufflèformchen mit Butter bestreichen und leicht bemehlen. Die Masse drei Viertel hoch einfüllen und in einem Wasserbad im Rohr 25 bis 30 Minuten bei zirka 220 Grad backen. Das Wasser darf nicht kochen.
Sofort servieren.

Die Eiklar dürfen nicht überschlagen werden, da die Masse beim Mischen zu stark zusammenfallen würde.

Überbackene Palatschinken mit verschiedenen Meeresfrüchten
Crêpes aux fruits de mer gratinées

Für 6 Personen:
2 Seezungen, 200 g Lachs, 6 Krebse (oder Scampi, Hummer etc.), 1 l Court-bouillon (Grundrezept siehe Seite 223), 6 Jakobsmuscheln, Salz, 50 g Butter, 10 g Schalotte, 1/8 l Weißwein, 6 cl Noilly Prat, 2 dl Fischfond (Grundrezept siehe Seite 223), 1/8 l dickflüssige Krebssauce (Grundrezept siehe Seite 224),

Die Fische werden enthäutet, filetiert und in zirka zwei Zentimeter dicke Streifen oder Würfel geschnitten.
Die Krebse kocht man in Court-bouillon und bricht anschließend die Schwänze und Scheren aus. Die Jakobsmuscheln werden mit einem Messer geöffnet, das Fleisch mit einem Löffel gelöst und in zwei bis drei Scheiben geschnitten (nur das Weiße verwenden).
Die Fischfilets und die Jakobsmuscheln werden gesalzen und in ein flaches, mit Butter bestrichenes Geschirr mit der geschnittenen Schalotte gegeben. Mit Weißwein, Noilly Prat und Fischfond auffüllen und kurz auf die Flamme oder – mit weniger Flüssigkeit – unter den Salamander stellen und zirka

30 g Butter, ¼ l Obers, Pfeffer aus der Mühle, Saft von ⅛ Zitrone, 3 Eßlöffel geschlagenes Obers, 6 Palatschinken (Grundrezept siehe Seite 230).

ein bis zwei Minuten ziehen lassen. Die Filets dürfen nicht durch sein. Dann die gekochten Krebse dazugeben.
Die etwas dickflüssige Krebssauce wird erwärmt und mit einigen Butterflocken montiert. Die Sauce nicht mehr kochen lassen.
Die Fischfilets, Krebse und Muscheln aus dem Fond nehmen, gut abtropfen lassen, in die Krebssauce geben und zur Seite stellen.
Den Fond läßt man einkochen und gießt mit Obers auf. Die Sauce wird so lange reduziert, bis die gewünschte Konsistenz erreicht ist. Dann mit Salz und Pfeffer abschmecken, in den Mixer geben und zuletzt das geschlagene Obers darunterziehen.
Die Palatschinken werden ausgebreitet, mit der Krebssauce und den Meeresfrüchten gefüllt und zu Dreiecken gefaltet. In ein Gratiniergeschirr oder in Suppenteller geben, mit der Weißweinsauce überziehen und im Salamander kurz goldgelb backen.

Zwiebelspeckkuchen
Quiche lorraine

*Für 12 Personen:
250 g Zwiebeln, 20 g Butter, 100 g geräucherter Brustspeck, 200 g geriebener Teig (Grundrezept siehe Seite 233), 50 g geriebener Gruyère, 50 g geriebener Emmentaler, Eierguß (Grundrezept siehe Seite 228).*

Die Zwiebeln in Butter hellbraun anrösten. Dann in ein Sieb schütten, damit das Fett abtropft und auskühlen lassen.
Den Speck in fünf Millimeter breite Streifen schneiden, kurz überkochen und ebenfalls in ein Sieb schütten. Der geriebene Teig wird zwei Millimeter dick ausgerollt. Die etwas befettete Tortenform (Durchmesser 23 Zentimeter) damit auslegen. Am Rand soll der Teig etwa drei bis vier Zentimeter hoch sein. Mit einer Gabel den Teigboden stupfen, Zwiebeln und Speck vermischen und die Tortenform damit gleichmäßig auslegen. Den grob geriebenen Käse darüberstreuen und den Eierguß einfüllen. Im heißen Ofen den Zwiebelspeckkuchen bei zirka 200 Grad 20 bis 25 Minuten goldbraun backen. Zuerst mehr Unterhitze geben, damit der Teigboden durchgebacken ist. Dann den Kuchen in beliebige Stücke schneiden und servieren.

Der Speck kann auch weggelassen werden. Macht man einen Zwiebelkuchen, nimmt man für den Eierguß statt eines achtel Liter Obers einen achtel Liter Sauerrahm und einen achtel Liter Obers.

Fische und Krustentiere

Gebratene Angler mit Zucchini und Auberginen
Baudroie rotie aux courgettes et aubergines

Für 6 Personen:
2 Angler (à 1 kg), Salz, Pfeffer aus der Mühle, etwas Paprika, etwas Mehl zum Wenden, 1 dl Olivenöl, 60 g Butter, 2 Knoblauchzehen, 2 Sträußchen Thymian, 250 g Zucchini (= 2 Stück), 300 g Auberginen (= 2 Stück), 5 Tomaten, 30 g Schalotten, ½ Eßlöffel Tomatenmark.

Von den Anglern die Rückenflossen abschneiden. Dann werden sie enthäutet, vom Knochen gelöst und in 18 Medaillons von etwa 50 Gramm pro Stück geschnitten. Die Medaillons mit Salz, Pfeffer und Paprika würzen und auf beiden Seiten leicht bemehlen. Man brät die Medaillons in zirka fünf Zentiliter heißem Olivenöl auf beiden Seiten an, gibt etwas Butter dazu und streut eine zerdrückte Knoblauchzehe und Thymian auf die Filets. Zum Schluß im Rohr zirka fünf Minuten bei mäßiger Hitze auf den Punkt braten.
Die Zucchini und Auberginen werden geschält und in sieben Millimeter große Würfel geschnitten. Dann getrennt im restlichen heißen Olivenöl ansautieren, mit Salz und Pfeffer würzen und auf ein Tuch legen.
Aus den Tomaten Tomates concassées bereiten. In eine Pfanne etwas Butter geben, darin die geschnittenen Schalotten und Tomates concassées anschwitzen, Zucchini, Auberginen und Tomatenmark beigeben und mit Salz und Pfeffer eventuell nachwürzen.
Eine geschälte Knoblauchzehe halbieren, auf eine Gabel stecken und diese einige Male durch das Gemüse ziehen.
Das Gemüse gibt man in die Mitte der Teller und legt darauf die Anglermedaillons.

Gefülltes Hechtfilet im Salatblatt
Filet de brochet farci au vert de laitue

Für 6 Personen:
120 g Karotten, 100 g Lauch

Karotten, Lauch und Kohlrabi werden in feine Streifen geschnitten und knackig gekocht.

(nur die weißen Teile), 120 g Kohlrabi, 6 große grüne Salatblätter,
1 kg Hecht, Salz, Pfeffer aus der Mühle, 30 g Butter, 20 g Schalotten, 3 cl Noilly Prat, 2 dl Weißwein, 2 dl Fischfond (Grundrezept siehe Seite 223), 50 g Butter zum Montieren.

Die Salatblätter einige Sekunden in Salzwasser blanchieren, in Eiswasser abschrecken und auf ein Tuch legen. Mit einem Lappen trockentupfen und den Strunk herausschneiden.
Der Hecht wird filetiert, enthäutet, entgrätet und in sechs zirka 80 Gramm schwere Stücke geschnitten. In diese Filets schneidet man eine Tasche, in die ein Teil der Gemüsestreifen gefüllt wird.
Die Filets einzeln mit Salz und Pfeffer würzen und jeweils in ein Salatblatt einwickeln.
In einem flachen Geschirr etwas Butter zergehen lassen, die geschnittenen Schalotten dazugeben und die eingewickelten Filets hineinlegen. Mit Noilly Prat, Weißwein und Fischfond untergießen und im Rohr zirka fünf Minuten auf den Punkt pochieren.
Dann nimmt man die Filets heraus, passiert und reduziert die Flüssigkeit auf zirka einen Deziliter. Mit kalten Butterflocken montieren und mit Salz und Pfeffer würzen. Zum Schluß die restlichen Gemüsestreifen beigeben. Die Hechtfilets werden in der Mitte schräg durchgeschnitten und mit dem Fond auf Tellern angerichtet.

Als Beilage zu diesem Gericht eignet sich vorzüglich wilder Reis.

Bild Seite 126

Hechtnockerln in Dillsauce
Quenelles de brochet à l'aneth

Für 6 Personen:
600 g Hechtfilets ohne Gräten, 50 g Schalotten, 20 g Butter, 130 g Weißbrot ohne Rinde, 6 dl Obers, 1 Ei, Salz, Saft von ½ Zitrone, Pfeffer aus der Mühle, 1 Prise Muskatnuß, ¾ l Fischfond (Grundrezept siehe Seite 223), 2 dl trockener Weißwein.

Die Hechtfilets werden kalt gestellt.
Die geschnittenen Schalotten in etwas Butter glasig werden lassen. Das Brot in Scheiben schneiden, mit einem Achtelliter Obers vermischen, die Schalotten und das versprudelte Ei dazugeben und kalt stellen.
Man salzt das Hechtfleisch und dreht es mit der Brotmasse einmal durch die feine Scheibe des Fleischwolfs, den man vorher in den Tiefkühlschrank stellt. Die Masse wieder kalt stellen und diesen Vorgang nach zehn Minuten wiederholen.
Dann stellt man die Masse in einer Schüssel auf gesalzenes Eis, rührt das restliche Obers nach und nach darunter, gibt Zitronensaft dazu und würzt mit Salz, Pfeffer und einer Prise Muskatnuß. Die Hechtmasse durch ein feines Haarsieb streichen und wieder etwas rasten lassen. Je nach Festigkeit kann man noch etwas Obers oder eventuell reduzierten Fond – je nach Geschmack – dazugeben.

Pochierte Meeresfrüchte mit Gemüse und Kerbel

Anschließend stellt man den Fischfond in einem flachen Topf zum Pochieren auf den Ofen, gibt etwas Salz und den Weißwein dazu und läßt ihn aufkochen.
Einen Suppenlöffel taucht man in heißes Wasser und formt damit aus der Hechtmasse zirka 70 Gramm schwere Nokkerln, die man im Fond acht bis zehn Minuten zugedeckt ziehen läßt.
Man nimmt die Nockerln aus dem Fond – dieser wird für die Sauce weiterverwendet – und läßt sie auf einem Tuch abtropfen. Die Nockerln in ein geeignetes Geschirr geben, mit der Sauce überziehen und servieren.

Hechtfleisch eignet sich besonders gut für Nockerln, da es eine gute Bindung ergibt. Man kann die Nockerln auch ohne Brot oder mit wenig Brandteig herstellen.
Um eine noch bessere Bindung zu erhalten, stellt man das Hechtfleisch und das Obers für einige Minuten in den Tiefkühlschrank.
Wenn Sie stark reduzierten kalten Hummer-, Krebs- oder Krabbenfond in die Masse geben, sollte man eine andere Sauce zu den Nockerln servieren.

Sauce:

30 g Schalotten, 3 dl Fischfond (Zubereitung siehe oben), 4 dl Obers, 20 g Butter, 3 Eßlöffel Schlagobers, 1 Eßlöffel gehackte Dillspitzen, Saft von 1/4 Zitrone, Salz, Pfeffer aus der Mühle.

Die geschnittenen Schalotten mit dem Fischfond auf etwa ein achtel Liter reduzieren. Dann das Obers beigeben und etwas einkochen, bis die Sauce eine cremige Konsistenz hat – aber nicht zu lange kochen, da sonst das Obers gerinnt. Anschließend wird die Sauce passiert und mit kalten Butterflocken montiert. Das geschlagene Obers darunterziehen und mit den gehackten Dillspitzen, Zitronensaft, Salz und Pfeffer abschmecken. Die Sauce darf nicht mehr kochen.

Gratinierter Karpfen
Carpe gratinée

*Für 6 Personen:
2 kleine Karpfen (à ca. 700 g),
1 cl Olivenöl, 60 g Butter,
1 dl trockener Weißwein, 1/16 l Noilly Prat, 1 dl Wasser, 20 g Schalotten, 4 Pfefferkörner,
1/2 Lorbeerblatt, 2 dl Obers,*

Den Karpfen filetieren, enthäuten und alle Gräten – eventuell mit einer Pinzette – entfernen. Mit einem Filetmesser schneidet man hauchdünne Streifen vom Karpfenfilet und verteilt sie ganz flach auf kalte, mit Olivenöl dünn bestrichene Teller.
Den Kopf, aus dem die Augen entfernt wurden, und die Rückengräten zerkleinern und in Butter kurz dämpfen. Mit

2 Tomaten, 20 g Butter zum Montieren, 3 Eßlöffel Schlagobers, Salz, Pfeffer aus der Mühle, 1 Prise Cayennepfeffer, 3 Paprikaschoten in verschiedenen Farben, 100 g Champignonköpfe.

Weißwein und Noilly Prat ablöschen und das Ganze etwas einkochen lassen. Mit kaltem Wasser auffüllen, die geschnittenen Schalotten, zerdrückten Pfefferkörner und das halbe Lorbeerblatt dazugeben und zirka 20 Minuten langsam kochen lassen. Der Fond wird abgeseiht, auf die Hälfte eingekocht (nicht zu stark reduzieren) und mit Obers aufgefüllt. Aus den Tomaten Tomates concassées bereiten, diese zusammen mit der Sauce in den Mixer geben und mit einigen kalten Butterflocken montieren.

Die Sauce wird in das Geschirr zurückgeleert und geschlagenes Obers daruntergezogen, damit die Sauce beim Überbacken schneller etwas Farbe bekommt. Die Sauce mit Salz, Pfeffer aus der Mühle und etwas Cayennepfeffer abschmecken, nicht mehr kochen lassen.

Die geschnittenen Karpfenfilets werden mit der warmen Sauce dünn überzogen und im Backrohr bei starker Oberhitze oder im Salamander zirka eine Minute gratiniert. Die Filets sollen nicht ganz durch sein.

Schließlich Paprikaschoten und Champignons enthäuten und in Würfel oder Streifen schneiden. Alles kurz in etwas Butter schwenken und zu den gratinierten Karpfen servieren.

Bild Seite 66

Gebratenes Lachsfilet auf Sherrysauce mit Markscheiben
Filet de saumon rôti au Sherry et à la moelle

Für 6 Personen:
800 g Lachsfilet, Salz, Pfeffer aus der Mühle, 2 cl Olivenöl, 1 Zucchini, 30 g Butter, 2 Tomaten, 180 g gut gewässertes Rindsmark, 40 g Schalotten, 1 dl trockener Sherry, 2 cl Sherryessig, 1 Eßlöffel Fleischglace (Grundrezept siehe Seite 220), 1 Teelöffel geschnittener Schnittlauch, 30 g Butter zum Montieren.

Das Lachsfilet wird entgrätet und in sechs gleiche Stücke geschnitten. Mit Salz und Pfeffer würzen, in Olivenöl auf den Punkt braten und warm halten. Die Zucchini schneidet man in Stifte, schwenkt sie kurz in Butter und würzt mit Salz und Pfeffer. Aus den Tomaten bereitet man Tomates concassées, das Rindsmark wird in Scheiben geschnitten.

Die fein geschnittenen Schalotten und den Sherry auf die Hälfte einkochen, Sherryessig und Fleischglace dazugeben, dann die Tomatenwürfel, die Markscheiben und den geschnittenen Schnittlauch beigeben und mit Butter montieren. Etwas salzen und pfeffern und, wenn nötig, noch etwas Sherryessig dazugeben.

Die Sauce wird in Suppenteller gegeben, die Lachsschnitten darauf angerichtet und die Zucchini rundherum gelegt.

Lachsmittelstück mit Forellenmousse in Champagner
Suprême de saumon et mousse de truite au champagne

Für 6 Personen:
10 Spinatblätter, Salz, Pfeffer aus der Mühle, 600 g Lachsfilets ohne Haut, 400 g Forellenmousse (Rezept siehe Seite 57), 20 g Butter, 20 g Schalotten, 1 dl trockener Weißwein, 1/4 l Fischfond (Grundrezept siehe Seite 223), 4 cl Noilly Prat, 2 dl Obers, 20 g Butter zum Montieren, 1 Spritzer trockener Champagner.

Die Spinatblätter werden ganz kurz blanchiert, abgeschreckt und mit Salz und Pfeffer gewürzt.
Das Lachsfilet entgräten, salzen, pfeffern und mit den Spinatblättern belegen. Dann das Forellenmousse zirka zwei Zentimeter dick auf das Filet aufstreichen.
In ein längliches Geschirr gibt man Butter und geschnittene Schalotten, legt das Lachsfilet hinein und untergießt mit wenig Weißwein und Fischfond. Im vorgeheizten Rohr bei guter Oberhitze zirka 10 bis 13 Minuten auf den Punkt pochieren. Dann nimmt man das Filet heraus, gießt die Flüssigkeit in ein kleineres Geschirr, gibt den restlichen Weißwein und Fischfond sowie Noilly Prat dazu und läßt das Ganze einkochen. Die Sauce wird passiert, mit Obers aufgefüllt und auf die gewünschte Konsistenz eingekocht. Dann im Mixer mit einigen kalten Butterflocken und einem Schuß Champagner mixen.
Die Sauce gibt man auf warme Teller, schneidet den Lachs in sechs Portionen und richtet diese auf der Sauce an.

Den Lachs unbedingt mit sehr wenig Flüssigkeit im Ofen bei guter Hitze pochieren, da sonst der Lachs durch und das Mousse noch halb roh sein kann.

Bild Seite 65

St. Petersfisch auf Fenchel in Safranbutter
Saint-Pierre au fenouil et beurre de safran

Für 6 Personen:
900 g Filets vom Petersfisch, Salz, Pfeffer aus der Mühle, 200 g Butter, 20 g Schalotten, 4 cl Noilly Prat oder Wermut (je nach Geschmack), 8 cl trockener Weißwein, 2 dl Fischfond (Grundrezept siehe Seite 223), 1 Prise Safran, 500 g Fenchel, 6 cl Obers.

Die Filets werden in zirka 150 Gramm schwere Stücke geschnitten, gesalzen und gepfeffert.
In ein Geschirr gibt man etwas Butter, die geschnittenen Schalotten und die Filetstücke. Noilly Prat, Weißwein und etwas Fischfond dazugießen und im Rohr einige Minuten auf den Punkt pochieren. Dann die Filets herausnehmen und warm halten. Den restlichen Fischfond dazugeben, das Ganze passieren und etwas einkochen. Den Safran beigeben, mit den restlichen kalten Butterflocken montieren und abschmecken.

Der Fenchel wird der Länge nach geteilt und der Strunk herausgenommen. Man schneidet den Fenchel in dünne Streifen, läßt ihn in Salzwasser etwas dünsten und schüttet dann das Wasser ab.
Das Obers dazugeben, mit Salz und Pfeffer würzen und fertiggaren. Auf den Tellern richtet man den Fenchel an, legt den Petersfisch darüber und serviert ihn mit Safranbutter.

Bild Seite 65

Schleien blau in Wurzelgemüse
Tanches bleues aux légumes

Für 6 Personen:
100 g geschälter Stangensellerie, 100 g Lauch (nur die weißen Teile), ½ Knoblauchzehe, 50 g Karotten, 100 g junge Zwiebeln, ½ l Wasser, ¼ l trockener Weißwein, 1 Lorbeerblatt, 5 zerdrückte Pfefferkörner, 1 Nelke, 1 Thymianzweig, 1 Eßlöffel Estragonblätter, 3 fangfrische Schleien, Salz, Pfeffer aus der Mühle, 100 g Butter.

Das Gemüse blättrig schneiden und mit Wasser, Weißwein und Gewürzen zirka 15 Minuten kochen lassen.
Die Schleien ausnehmen und auswaschen, ohne die Schleimhaut zu verletzen. In den kochenden Sud geben und je nach Größe 10 bis 15 Minuten ziehen lassen.
Man seiht etwa einen viertel Liter des Fonds, in dem die Schleien gekocht wurden, ab, würzt ihn mit Salz und Pfeffer und montiert mit kalten Butterflocken. Anschließend gibt man das Gemüse dazu. Die Sauce nicht mehr kochen lassen, da sie sonst gerinnt.
Die Schleien aus dem Sud nehmen, filetieren und in Suppentellern anrichten. Den gebundenen Fond mit dem Gemüse über die Filets geben und servieren.

Forelle oder Karpfen blau können auf dieselbe Art zubereitet werden.

Bild Seite 66

Seezungenstreifen mit Krebsschwänzen und Kohlrabiflan
Goujonettes de sole aux queues d'écrevisses et flan de chou-rave

Für 6 Personen:
24 Flußkrebse, 3 l Courtbouillon (Grundrezept siehe Seite 223), 3 Seezungen (à 300 bis 350 g), 30 g Butter,

Die Flußkrebse läßt man in Court-bouillon einmal aufkochen und drei Minuten ziehen, dann bricht man die Schwänze aus.
Die Seezungen enthäuten, filetieren und in ein Zentimeter breite und zwei Zentimeter lange, schräge Streifen schnei-

20 g Schalotten, 2 cl Noilly Prat oder trockener Wermut, 1 dl Weißwein, 2 dl Fischfond (Grundrezept siehe Seite 223), ⅛ l Obers, Salz, Pfeffer aus der Mühle, etwas Kerbel, Kohlrabiflan (Rezept siehe Seite 142), 4 dl Krebssauce (Grundrezept siehe Seite 224), etwas Kerbel.

den. Die Streifen mit etwas Butter und den geschnittenen Schalotten in eine flache Pfanne geben, mit Noilly Prat, Weißwein und Fischfond auffüllen und die Seezungenstreifen auf den Punkt pochieren.

Dann nimmt man die Streifen heraus und reduziert den Fond. Mit Obers auffüllen und zu einer cremigen Konsistenz einkochen. Die Sauce wird passiert, kurz gemixt und mit Salz, Pfeffer und etwas gehacktem Kerbel abgeschmeckt. In diese Sauce gibt man die Seezungenstreifen und die Krebsschwänze.

Die Kohlrabiflan stürzt man jeweils in die Mitte eines Suppentellers und überdeckt sie mit der etwas dicker eingekochten warmen Krebssauce. Außen herum gibt man die weiße Sauce mit den Seezungen und den Krebsen und garniert mit Kerbel.

Den Kohlrabiflan können Sie auch in eine Savarinform füllen und darin pochieren. In dieser Form kann man das Gericht schöner anrichten.

Steinbuttfilet mit Tomaten
Filet de turbot aux tomates

Für 6 Personen:
6 bis 10 große grüne Salatblätter, 6 Tomaten, 1 Steinbutt (ca. 1,3 kg), Salz, Pfeffer aus der Mühle, Saft von ¼ Zitrone, ½ Eßlöffel Dijonsenf, 300 g Hechtmousse (Grundrezept siehe Seite 229), 30 g Butter, 20 g Schalotten, 1 dl Weißwein, 3 dl Fischfond (Grundrezept siehe Seite 223), ¼ l Obers, Saft von ¼ Zitrone, 1 Eßlöffel gehackter Kerbel.

Die Salatblätter werden einige Sekunden überkocht und in Eiswasser abgeschreckt. Danach legt man sie auf ein Tuch, schneidet den groben Strunk heraus und trocknet die Oberfläche ab. Die Tomaten schälen und vierteln.

Den Steinbutt enthäuten, entgräten und in sechs gleichmäßige Filets teilen. Mit Salz, Pfeffer und Zitronensaft würzen und mit etwas Senf bestreichen. Dann legt man sie auf die gesalzenen Salatblätter, verteilt auf die Filets die Tomatenviertel und streicht darauf gleichmäßig das Hechtmousse. Die Salatblätter über den Filets zusammenschlagen.

In ein Geschirr die Butter und die geschnittenen Schalotten geben, die Fischfilets einlegen und mit Weißwein und der Hälfte des Fischfonds aufgießen. Das Ganze aufkochen lassen und im Rohr bei zirka 220 Grad 10 bis 12 Minuten langsam auf den Punkt pochieren.

Dann nimmt man die Fische aus der Pfanne, gießt den restlichen Fond dazu und reduziert die Flüssigkeit auf einen Deziliter ein. Mit Obers auffüllen, die Sauce auf die gewünschte Konsistenz einkochen, passieren und mixen.

Schließlich wird die Sauce abgeschmeckt, ein Spritzer Zitronensaft, der Kerbel und etwas Senf beigegeben.

Die Filets werden zwei- bis dreimal schräg durchgeschnitten und mit der Sauce serviert.

Statt des Hechtmousses kann man aus den Steinbuttabschnitten auch Steinbuttmousse nach demselben Rezept zubereiten (siehe Seite 229).
Sie können dem rohen Mousse auch zwei bis drei Löffel stark reduzierten Krebs-, Hummer- oder Krabbenfond beigeben. Anstelle von Steinbutt- kann man auch Zanderfilets verwenden.

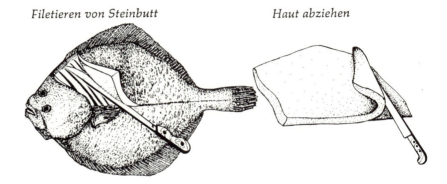

Filetieren von Steinbutt   *Haut abziehen*

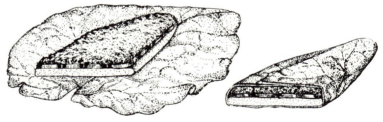

Filet im Salatblatt einschlagen

Waller auf Brunnenkresse
Silure sur cresson

Für 6 Personen:
1 kleiner Waller (ca. 1,7 kg), Salz, Pfeffer aus der Mühle, 60 g Butter, 30 g Schalotten, 1 dl trockener Weißwein, 2 Karotten, 2 Kartoffeln, 20 g Butter, Kressepüree (Rezept siehe Seite 141).

Den Waller portionieren, die Haut abziehen, salzen und pfeffern.
Ein flaches Geschirr mit Butter bestreichen, die fein geschnittenen Schalotten hineingeben, den Waller darauflegen und mit Weißwein untergießen. Auf den Punkt pochieren.
Dann den Waller herausnehmen, den Fond reduzieren und etwas davon in das warme Kressepüree geben.
Die Karotten und die Kartoffeln schälen und in fünf Zentimeter lange und fünf Millimeter breite Stäbchen schneiden.

Diese werden in Salzwasser gekocht und in Butter geschwenkt.
Den Waller auf dem Kressepüree anrichten, mit den Karotten- und Kartoffelstäbchen garnieren.

Bild Seite 66

Gebratene Zanderschnitten mit roten Rüben und Petersilie
Tranches de sandre rôties aux betteraves rouges et ragines de persil
(nach Eckart Witzigmann)

Für 6 Personen:
900 g Zanderfilets, Salz, Pfeffer aus der Mühle, Saft von 1 Zitrone, etwas Mehl zum Wenden, 3 cl Olivenöl, 60 g Butter, 300 g junge rote Rüben, 100 g Petersilienwurzeln, 3 cl Estragonessig, 1 Eßlöffel gehackte Petersilie.

Das Zanderfilet wird in 18 Scheiben geschnitten, diese mit Salz, Pfeffer und Zitronensaft gewürzt und leicht bemehlt. In heißem Öl und der Hälfte der Butter auf beiden Seiten goldbraun braten. Die rohen roten Rüben schälen und mit den Petersilienwurzeln in feine Streifen schneiden. In der restlichen Butter die roten Rüben anschwitzen lassen, mit Estragonessig ablöschen und reduzieren. Die Petersilienwurzelstreifen dazugeben und etwas Wasser nach und nach eingießen. Mit Salz und Pfeffer würzen und das Gemüse fertigkochen, so daß es noch knackig ist. Die grob gehackte Petersilie dazugeben. Das Gemüse auf warme Teller verteilen, die Zanderfilets darauflegen und die Sauce rundherum nappieren.

Sauce:

1/8 l trockener Weißwein, 2 dl Fischfond (Grundrezept siehe Seite 223), 20 g Schalotten, 1/4 l Obers, Salz, Pfeffer aus der Mühle, 3 Eßlöffel geriebener Kren, 3 Eßlöffel geschlagenes Obers.

Weißwein, Fischfond und die geschnittenen Schalotten werden auf zirka einen achtel Liter Flüssigkeit reduziert. Das Obers dazugeben, nochmals etwas einkochen und mit Salz und Pfeffer würzen. Dann in den Mixer geben.
Vor dem Servieren den geriebenen Kren sowie das geschlagene Obers darunterrühren.

Zanderfilet auf gedämpften Zwiebelstreifen und Paprika
Filet de sandre aux oignons et piment doux

Für 6 Personen:
900 g Zanderfilet, Salz, Pfeffer

Das Zanderfilet wird in zirka 150 Gramm große Stücke geteilt, gesalzen und gepfeffert. In ein flaches Geschirr gibt

aus der Mühle, 120 g Butter, 1 dl trockener Weißwein, 3 dl Fischfond (Grundrezept siehe Seite 223), 1 Teelöffel süßer Paprika, ¼ l Obers, 60 g geriebenes weißes Toastbrot, 360 g Zwiebeln, 30 g Butter.

man etwas Butter, legt die gewürzten Fischfilets hinein und gibt etwas Weißwein und Fischfond dazu. Dann stellt man das Ganze ins vorgeheizte Rohr und pochiert es bei 180 Grad auf den Punkt. Die Filets herausnehmen, mit Butterpapier bedecken und warm halten. In den Fond gibt man den restlichen Weißwein und Fischfond sowie Paprika, läßt ihn einkochen und füllt mit Obers auf. Reduzieren, bis die gewünschte Konsistenz erreicht ist. Die Sauce in den Mixer geben und mit einigen kalten Butterflocken montieren.

Die Zanderfilets mit geriebenem Weißbrot bestreuen, nachwürzen und mit etwas zerlassener Butter bestreichen. Bei starker Oberhitze kurz im Salamander bräunen.

Die Zwiebeln werden in Streifen geschnitten, in Butter und einigen Löffeln Wasser weichgedünstet und mit Salz und Pfeffer abgeschmeckt. Dann gibt man die gedünsteten Zwiebeln auf einen Teller, setzt die Filets darauf und gibt die Sauce daneben.

Je nach Belieben kann man unter das geriebene Weißbrot auch frische Kräuter und etwas Knoblauch mischen.

Bild Seite 65

Jakobsmuscheln in Gemüsesabayon
Coquilles Saint-Jacques au sabayon de légumes

*Für 6 Personen:
24 große Jakobsmuscheln (ca. 130 g pro Person), 80 g Butter, 30 g Schalotten, Salz, Pfeffer aus der Mühle, 2 cl Noilly Prat, 1 dl Weißwein, 2 dl Fischfond (Grundrezept siehe Seite 223), 500 g Blattspinat, etwas Kerbel.*

Die Jakobsmuscheln werden mit einem Messer geöffnet und mit einem Löffel aus der Schale gelöst. Die Muscheln unter kaltem, fließendem Wasser waschen und die Haut abziehen. Dann in der Mitte ein- bis zweimal durchschneiden, so daß gleichmäßige Scheiben entstehen.

Ein flaches Geschirr oder Blech wird mit der Hälfte der Butter bestrichen, die geschnittenen Schalotten werden daraufgestreut und die Muscheln so eingeschichtet, daß sie nicht übereinander liegen. Mit Salz und Pfeffer würzen. Das Ganze wird mit Noilly Prat, Weißwein und Fischfond so aufgefüllt, daß die Muscheln gerade bedeckt sind. Das Geschirr auf die Herdplatte stellen und die Muscheln ein bis zwei Minuten auf den Punkt ziehen lassen. Nicht umdrehen, die Muscheln sollen nicht durch sein, da sie sonst zäh werden. Dann wird der Fond in ein kleines Geschirr umgeleert und fast ganz eingekocht. Diesen Fond verwendet man zur Zubereitung der Sabayon.

Der entstielte, gewaschene Blattspinat wird blanchiert, abgeschreckt und abgeseiht. Die Spinatblätter noch etwas aus-

Miesmuscheln
mit Kräutern und Schalotten

Fine-Claire-Austern
im Spinatblatt

Belonaustern
im eigenen Fond mit Gemüsestreifen
und Safran

drücken und in der restlichen Butter anschwitzen. Mit Salz und Pfeffer würzen.

Den Blattspinat auf Tellern anrichten, in der Mitte die Jakobsmuscheln gleichmäßig auflegen, die warme Sabayon darüberziehen und mit Kerbel garnieren.

Zu den Jakobsmuscheln kann man neben der Sabayon auch drei bis vier Löffel Rotweinsauce (Grundrezept siehe Seite 226) servieren. Man gibt sie an die Seite der Jakobsmuscheln und nappiert die Muscheln mit der Sabayon.

Gemüsesabayon:

20 g Karotten, 20 g Stangensellerie, 10 g Lauch (nur die weißen Teile), 1/8 l Muschelfond (Grundrezept siehe Seite 223), 3 Eidotter, 1 Spritzer Weißwein, 40 g Butter, Salz, Pfeffer aus der Mühle.

Das Gemüse wird in feine Würfel geschnitten (= brunoise) und jede Gemüsesorte separat in Salzwasser gekocht.
Muschelfond, Eidotter und Weißwein im heißen Wasserbad zu einer Sabayon aufschlagen, dann vom Herd nehmen und mit kalten Butterflocken montieren. Mit Salz und Pfeffer würzen und das Gemüse dazugeben.
Je nach Belieben kann man auch den Gemüsefond stark einkochen und in die Sabayon geben.
Zum Schluß gibt man den reduzierten Fond, der bei der Zubereitung der Muscheln entstand, hinein.

Diese Sabayon, mit oder ohne Gemüse, können Sie auch für andere Fische verwenden. Dabei ist es immer wichtig, daß Sie einen starken, guten Fond verwenden.

Belonaustern im eigenen Fond mit Gemüsestreifen und Safran
Huîtres belon et julienne de légumes et safran

*Für 6 Personen:
24 Belonaustern, 1/8 l trockener Weißwein, 1/4 l Muschel- oder Fischfond (Grundrezepte siehe Seite 223), einige Safranfäden, 100 g Butter, Salz, Pfeffer aus der Mühle, Saft von 1/2 Zitrone, 80 g Gemüsestreifen (Karotten, Lauch, Stangensellerie).*

Die Austern werden gebürstet, geöffnet, aus der Schale genommen und mit dem eigenen Fond in ein kleines flaches Geschirr oder eine feuerfeste Schüssel gegeben.
Den Weißwein läßt man separat einkochen, gießt mit Muschel- oder Fischfond auf und gibt den Safran dazu. Auf die Hälfte einkochen, mit kalten Butterflocken montieren und mit Salz, Pfeffer und Zitronensaft würzen. Die Austern einmal kurz aufkochen lassen und mit etwas Fond auf die Teller geben. Die Safranbutter darüberträufeln und mit den in Salzwasser gekochten Gemüsestreifen garnieren.

Bild Seite 85

Fine-Claire-Austern im Spinatblatt
Huîtres fines-claires en feuille d'épinard

*Für 6 Personen:
48 Fine-Claire-Austern, 24 große Spinatblätter, Sauce (Rezept siehe unten).*

Die Austern öffnen und den darin enthaltenen Austernsaft (zirka ein viertel Liter) aufbewahren.
Die Spinatblätter entstielen und den Mittelstrunk mit dem Zeigefinger etwas plattdrücken. Je zwei Austern in ein Spinatblatt einwickeln. In ein passendes Geschirr geben und mit dem kalten Austernsaft bedecken.
Das Ganze wird am Herd kurz erwärmt und zirka eine halbe Minute in das Rohr gegeben.
Dann nimmt man die Austern aus dem Fond. Die Hälfte des Fonds verwendet man für die Sauce (siehe unten).
Die warmen Austern gibt man in einen Suppenteller und serviert sie mit der Sauce.

Den Fond nicht salzen, da das Austernwasser schon salzhaltig ist.

*Austernfond (siehe oben),
1 Spritzer Weißwein, Saft von 1 Zitrone, 80 g Butter, Pfeffer aus der Mühle.*

Sauce:

In den Fond gibt man einen Spritzer Weißwein und Zitronensaft je nach Geschmack. Man montiert mit kalten Butterflocken und schmeckt mit Pfeffer ab.

Bild Seite 85

Miesmuscheln mit Kräutern und Schalotten
Moules aux fines herbes et échalottes

*Für 6 Personen:
24 große Miesmuscheln,
1 Knoblauchzehe, 1 dl trockener Weißwein, 1 dl Muschel- oder Fischfond (Grundrezepte siehe Seite 223), 20 g geschnittene Schalotten,
1 Eßlöffel gehackte Petersilie, ½ Eßlöffel Kerbel, 100 g Butter, Salz, Pfeffer aus der Mühle, 6 Tomaten, 6 Toastbrotscheiben, gebackene Petersilie.*

Die Muscheln gut bürsten und den Bart herausziehen. Den gehackten Knoblauch in ein Geschirr geben, mit Weißwein und Muschel- oder Fischfond aufgießen und die Muscheln hineingeben.
Zugedeckt zirka zehn Minuten auf kleiner Flamme kochen lassen, bis sich die Muscheln öffnen. Dann die Muscheln herausnehmen, den Fond passieren und mit den geschnittenen Schalotten auf die Hälfte einkochen. Die Kräuter hineingeben, mit zirka 60 Gramm kalten Butterflocken montieren und mit Salz und Pfeffer abschmecken. Die Sauce darf nicht mehr kochen.
Aus den Tomaten Tomates concassées bereiten, diese in der restlichen Butter etwas anschwitzen und abschmecken.

Die Muscheln werden aus der Schale genommen und auf Dreieckstoasts angerichtet. Die Tomatenwürfel in die Mitte des Tellers geben und die Muscheln mit der Sauce überziehen. Mit Petersilie, die in heißem Öl gebacken wurde, garnieren.

Muscheln, die sich beim Kochen nicht öffnen, muß man unbedingt wegwerfen. Sie sind verdorben.
Die Muscheln können auch in der Schale serviert und mit der Sauce überzogen werden. Anstelle von Kräutern, Schalotten, Knoblauch und Butter kann man auch Schneckenbutter zum Binden des Fonds verwenden.

Bild Seite 85

Langustenmousse und -medaillons in Basilikum
Mousse et médaillons de langoustes au basilic

Für 6 Personen:
2 Langusten (à ca. 400 g), 2 l Court-bouillon (Grundrezept siehe Seite 223), 80 g Butter, 30 g Schalotten, 1/2 Knoblauchzehe, etwas Thymian, 3 cl Cognac, 4 cl Noilly Prat, 4 cl Portwein, 1 Eßlöffel Tomatenmark, 2 dl Weißwein, 1 l heller Geflügelfond (Grundrezept siehe Seite 222), Salz, Pfefferkörner, etwas Estragon, 600 g Forellenmousse (Rezept siehe Seite 57) oder Hechtmousse (Grundrezept siehe Seite 229), einige Basilikumblätter, Basilikumsauce (Rezept siehe Seite 90).

Die Langusten zusammenbinden und zirka eine halbe Minute in kochendes Salzwasser geben – so werden sie abgetötet.
Die Schwänze bricht man aus dem Körper aus und kocht sie zirka 10 Minuten in Court-bouillon. Mit einer Fischschere oder einem Messer die Schwanzinnenseite aufschneiden und das Fleisch im ganzen herausnehmen. Dann den Langustenkörper teilen und eventuell vorhandenes Mark (Corail) herausnehmen, es wird für das Mousse oder die Sauce aufbewahrt. Der Magen wird entfernt und der Langustenkörper sowie die Schwanzknochen zerkleinert. Diese zerkleinerten Langustenschalen röstet man in Butter langsam an, gibt die grob geschnittenen Schalotten, den gehackten Knoblauch und Thymian dazu und läßt das Ganze weiterrösten. Mit Cognac ablöschen und flambieren, mit Noilly Prat und Portwein aufgießen und einkochen lassen. Dann kommt das Tomatenmark dazu und wird bei geringer Hitze langsam mitgeröstet. Mit Weißwein ablöschen und wiederum einkochen lassen. Man füllt mit dem Geflügelfond auf, gibt Salz, Pfefferkörner und Estragonstiele bei und läßt den Fond etwa 30 Minuten weiterkochen.
Dann etwas stehen lassen, durch ein feines Tuch abseihen und bis auf zwei bis drei Eßlöffel Flüssigkeit reduzieren. Diese Reduktion läßt man erkalten und rührt sie dann unter das Forellen- oder Hechtmousse.

89

Das Mark der Langusten durch ein Haarsieb streichen und ebenfalls unter das Mousse rühren.
Zuletzt bestreicht man Soufléförmchen oder Mokkatassen mit Butter, füllt die Masse ein und deckt jede Form mit Butterpapier ab. Im Rohr in einem Wasserbad bei zirka 170 Grad 20 Minuten pochieren.
Die Langustenschwänze werden in gleichmäßige Scheiben geschnitten, die man in wenig Court-bouillon warm macht und mit dem Mousse und der Basilikumsauce anrichtet. Zum Schluß das Mousse mit Basilikumblättern garnieren.

Hummer-, Krebs- oder Krabbenmousse wird auf dieselbe Art zubereitet, wenn genügend Schalen vorhanden sind.

Languste mit ausgestrecktem Schwanz zum Kochen auf ein Brett binden.

Mit der Schere die untere Seite aufschneiden, den Schwanz entfernen und in zirka 5 mm breite Medaillons schneiden.

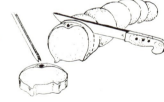

Mit der Pinzette den Darm herausnehmen

30 g Schalotten, ⅛ l Weißwein, 3 cl Noilly Prat, 2 dl Fischfond (Grundrezept siehe Seite 223), ¼ l Obers, 8 bis 10 Basilikumblätter, etwas Kerbel, 20 g Butter, 2 Eßlöffel Schlagobers, Salz, Pfeffer aus der Mühle, Saft von ¼ Zitrone.

Basilikumsauce:

Die Schalotten werden mit Weißwein und Noilly Prat eingekocht, mit Fischfond aufgegossen und auf ein Viertel reduziert.
Dann das Obers dazugeben und wieder einkochen, bis die gewünschte Konsistenz erreicht ist.
Man gibt die Sauce mit den Basilikum- und den Kerbelblättern in den Mixer, montiert mit kalten Butterflocken und mischt das geschlagene Obers darunter. Mit Salz, Pfeffer und Zitronensaft abschmecken.

Bild Seite 76

Pochierte Meeresfrüchte mit Gemüse und Kerbel
Fruits de mer pochés aux légumes et au cerfeuil

Für 6 Personen:
6 Meerwolffilets (à ca. 80 g),
6 Steinbuttfilets (à ca. 40 g),
6 Anglerfilets (à ca. 60 g),
6 Rotzungenfilets (à ca. 40 g),
6 Jakobsmuscheln, 120 g Butter, 30 g Schalotten, Salz, weißer Pfeffer, 6 cl Noilly Prat, 2 dl trockener Weißwein, 2 dl Fischfond (Grundrezept siehe Seite 223),
3 Scampi, 3 bis 4 Dillstiele, 2 gelbe Rüben (200 g), 2 Zucchini (200 g), 2 Stk. Lauch (160 g, nur die weißen Teile), 150 g Stangensellerie, 200 g grüne Bohnen, 1 Bund Kerbel.

Die Fische werden portioniert.
In einem Geschirr läßt man etwas Butter zergehen, gibt die geschnittenen Schalotten bei und legt die einzelnen Fischsorten sowie die Muscheln je nach Garzeit ein. Mit Salz und etwas weißem Pfeffer würzen. Mit Noilly Prat, Weißwein und Fischfond auffüllen und die Fische auf den Punkt pochieren.
Dann werden die Fischstücke herausgenommen, der Fond abgeseiht und auf zwei Deziliter reduziert. Die restlichen kalten Butterflocken in den Fond einschlagen und abschmecken.
Die Sauce nicht mehr kochen lassen.
Die Scampi werden in Salzwasser mit Dillstielen zwei bis drei Minuten auf kleiner Flamme gekocht und halbiert.
Das Gemüse putzen (beim Stangensellerie die Fäden abziehen) und nach Belieben schneiden.
Die einzelnen Gemüsesorten werden separat – je nach Garzeit – in Salzwasser gekocht.

Man richtet die Meeresfrüchte auf Tellern oder in einer Suppenschüssel an, gibt das Gemüse und den Fond dazu und garniert mit Kerbel.

Bild Seite 75

Scampi in Blauburgunder auf Chicorée
Langoustines aux pinot noir sur endives

Für 6 Personen:
30 Scampi, 1/8 l trockener Weißwein, 2 dl Fischfond (Grundrezept siehe Seite 223), 4 cl Noilly Prat, 4 dl Obers, 4 Stk. Chicorée, Saft von 2 Zitronen, Salz, Pfeffer aus der Mühle, Rotweinsauce (Grundrezept siehe Seite 226).

Die Schwänze der Scampi ausbrechen und den Darm entfernen. Scheren und leere Schwanzkörper können für Fonds, Suppen und Reduktionen verwendet werden.
In einem flachen Geschirr Weißwein, Fischfond und Noilly Prat aufkochen lassen und die Scampi dazugeben. Im Fond zirka zwei Minuten auf jeder Seite leicht ziehen lassen, sie sollen nicht ganz durch sein. Die Scampi auf ein Tuch legen und warm halten. Der Fond wird weiter eingekocht, die Hälfte des Obers dazugegeben und der Fond so lange reduziert, bis die gewünschte Konsistenz erreicht ist. Dann passieren und abschmecken.

24 Chicoréeblätter werden in Salzwasser mit etwas Zitronensaft zwei Minuten überkocht und kalt abgeschreckt. Die restlichen Chicoréeblätter schneidet man in fünf Millimeter breite Streifen, kocht sie im restlichen Obers ein und schmeckt mit Salz und Pfeffer ab. Die Chicoréeblätter warm machen, mit den Chicoréestreifen auf Tellern anrichten, die Scampi daraufsetzen und mit der weißen Sauce ein wenig überziehen. Zum Schluß die Rotweinsauce zwischen den Scampi verteilen.

Dieses Rezept eignet sich auch sehr gut für Seezungen-, Steinbutt- oder Meerwolffilets.
Anstelle von Chicorée kann auch Wirsingkohl verwendet werden.

Bild Seite 76

Scampi in Dill mit tournierten Salatgurken
Langoustines à l'aneth et aux concombres

Für 6 Personen:
36 Scampi ohne Schale, 40 g Butter, 20 g Schalotten, 15 cl Weißwein, 3 cl Noilly Prat, 2 dl Fischfond (Grundrezept siehe Seite 223), Salz, weißer Pfeffer aus der Mühle, 1 dl heller Hühnerfond (Grundrezept siehe Seite 222), 1 Sträußchen Dill, 3 dl Obers, Saft von ½ Zitrone, 1 Salatgurke.

Aus den Scampi den Darm nehmen.
Ein flaches Geschirr oder kleines Blech wird dünn mit Butter bestrichen, die gehackten Schalotten gleichmäßig darauf verteilt und die Scampi so darüber gereiht, daß sie nicht aufeinander liegen. Mit Weißwein, Noilly Prat und etwas Fischfond auffüllen, so daß die Scampi gerade bedeckt sind, und etwas mit Salz und Pfeffer würzen.
Man stellt das Geschirr auf den Herd und läßt die Scampi auf jeder Seite etwa zwei bis drei Minuten ziehen. Sie dürfen nicht kochen und sollen auch nicht durch sein. Durch diese Zubereitung bleiben sie sehr saftig.
Die Scampi werden aus dem Geschirr genommen und warm gestellt. Den Fond schüttet man in eine Kasserolle, kocht ihn ein, füllt mit dem restlichen Fischfond auf und gibt schließlich den Hühnerfond und vier bis sechs Dillstiele aus dem Dillsträußchen dazu. Das Ganze wird stark reduziert, mit Obers aufgefüllt und weiter eingekocht, bis die Sauce cremig ist. Sie darf jedoch nicht zu lange kochen, da sie sonst gerinnt.
Die Sauce passieren, kurz in den Mixer geben und mixen. Mit Zitronensaft, Salz, Pfeffer und abgezupften Dillspitzen abschmecken.

Die Gurken schneidet man in drei Zentimeter lange Stücke und je nach der Dicke aus jedem Stück sechs bis acht Stäbchen. Diese schnitzt man olivenförmig zurecht (= tournieren) und überkocht sie in Salzwasser. Dann werden sie in der restlichen Butter geschwenkt und mit Salz und Pfeffer gewürzt.

Die Gurken werden mit den Scampi kurz in die Sauce gegeben und sofort auf Tellern oder in einer Cocotte serviert.

Man kann die Scampi auch mit wenig Flüssigkeit einmal kurz auf der Herdplatte aufwallen und im Salamander fertig ziehen lassen.

Überbackene Miesmuscheln in der Schale
Moules gratinées dans leur coquille

Für 6 Personen:
12 Miesmuscheln, 20 g Butter, 10 g Schalotten, 15 cl trockener Weißwein, 1 dl Muschelfond (Grundrezept siehe Seite 223), 2 dl Obers, 2 Tomaten, 1 Knoblauchzehe, ½ Eßlöffel gehackte Petersilie, 1 Eidotter, 2 Eßlöffel geschlagenes Obers, Salz, Pfeffer aus der Mühle.

Die Muscheln gut bürsten und den Bart herausziehen. Die Hälfte der Butter zergehen lassen, die geschnittenen Schalotten darin kurz sautieren und mit Weißwein aufgießen. Das Ganze aufkochen lassen und die Muscheln sowie den Fond dazugeben. Zugedeckt zirka vier bis sechs Minuten auf kleiner Flamme kochen lassen, bis sich die Muscheln geöffnet haben. Dann herausnehmen, den Fond passieren und einkochen.
Mit Obers auffüllen und bis zur gewünschten sämigen Konsistenz weiter einkochen.
Aus den Tomaten Tomates concassées bereiten und diese in den Fond geben.
Eine geschälte, halbierte Knoblauchzehe auf eine Gabel stecken und einige Male durch die Sauce ziehen. Gehackte Petersilie dazugeben, den Eidotter mit dem Schlagobers darunterziehen und abschmecken. Die Sauce nicht mehr kochen lassen.
Die Oberschale der Muscheln abnehmen und die Muscheln, damit sie besser stehen, entweder in ein spezielles Geschirr oder auf Salz stellen.
Die Muscheln werden mit Sauce überzogen und im Salamander oder im Rohr bei starker Oberhitze einige Sekunden überbacken.

Vorsicht bei rohen, bereits offenen Muscheln! Kontrollieren Sie, ob sie noch leben, indem Sie sie zudrücken. Bleibt die Muschel geschlossen, kann man sie verwenden.

Fleisch

Kitz mit Kräutern, Mangold und Schwarzwurzeln
Chevreau aux fines herbes, bettes et salsifis

Für 6 Personen:
2 kg Kitzfleisch (Keule, Rücken oder Schulter), Salz, Pfeffer aus der Mühle, etwas Mehl zum Wenden, 150 g Butter, 40 g Schalotten, 2 Knoblauchzehen, Thymian, Rosmarin, 1 Spritzer Estragonessig, 1/4 l trockener Weißwein, 1/2 l heller Kitzfond (Grundrezept siehe Seite 222), 1/2 l Obers, 1 Eßlöffel Kartoffelmehl, 1 Eßlöffel gehackter Kerbel, 1 Eßlöffel gehackte Petersilie, 1 Eßlöffel geschnittener Schnittlauch, 1 Teelöffel gehacktes Basilikum, Saft von 1/2 Zitrone, 3 Eßlöffel Schlagobers, 400 g Schwarzwurzeln (ca. 6 Stangen), 1/8 l Milch, 400 g Mangold oder Spinat, 50 g Butter für das Gemüse.

Die Keulen und Schultern vom Kitz werden ohne Knochen in gleichmäßig große Stücke geschnitten. Der Rücken wird ausgelöst. Knochen und Bauchlappen werden zur Zubereitung von hellem Kitzfond verwendet. Man würzt die Fleischstücke mit Salz und Pfeffer und wendet sie in wenig Mehl.

In einer flachen Kasserolle zirka 100 Gramm Butter erhitzen, geschnittene Schalotten sowie gehackten Knoblauch dazugeben und das Fleisch kurz anziehen lassen. Thymian und Rosmarin beigeben, mit einem Spritzer Estragonessig ablöschen und mit Weißwein und Kitzfond aufgießen. Bei mäßiger Hitze zirka zehn bis 15 Minuten zugedeckt im Ofen garen lassen.

Während der Garzeit das Fleisch öfter kontrollieren, da der Rücken früher als die Schlögelstücke fertig sind. Dann das Fleisch herausnehmen und warm halten.

Den Fond läßt man reduzieren, gibt das Obers dazu und läßt etwa zehn Minuten auf kleiner Flamme weiterkochen.

Das Kartoffelmehl mit Wasser anrühren und ebenfalls in die Sauce geben. Anschließend wird sie passiert und im Mixer mit der restlichen Butter montiert. Die Fleischstücke, die gehackten Kräuter und den Zitronensaft dazugeben, nochmals würzen und das geschlagene Obers darunterziehen.

Die Schwarzwurzeln werden geschält, in Salzwasser mit Milch gekocht, in drei Zentimeter lange Stücke geschnitten und in Butter geschwenkt.

Vom Mangold werden die grünen Blätter heruntergenommen und wie Blattspinat zubereitet, das heißt blanchiert und in Butter geschwenkt. Von den Mangoldstielen zieht man die Fäden ab und kocht die Stiele in Salzwasser. In schräge Stücke schneiden und ebenfalls in Butter schwenken.

Kalbsmedaillons mit Zitronenmelisse, Estragon, Kerbel und Gemüse der Saison

Filetsteak vom Rind
in Schnittlauchfond

Gefüllter Lammrücken mit jungen Erbsenschoten

Das Fleisch wird mit der Sauce und dem Gemüse auf Tellern oder in einer Cocotte angerichtet.

Dieses Gericht kann man auch aus Kaninchen zubereiten.

Bild Seite 86

Kaninchen mit Eierschwammerln
Lapin aux chanterelles

Für 6 Personen:
2 junge Kaninchen (à ca. 1,2 kg), Salz, Pfeffer aus der Mühle, etwas Mehl zum Wenden, 100 g Butter, 50 g Schalotten, etwas Thymian und Rosmarin, ¼ l trockener Weißwein, ½ l Kaninchenfond (Grundrezept siehe Seite 222), ½ l Obers, 1 Eßlöffel Kartoffelmehl, 1 Knoblauchzehe, 1 Eßlöffel gehackter Kerbel, Saft von ½ Zitrone, 4 Eßlöffel Schlagobers, 250 g Eierschwammerln oder andere Pilze, 30 g Butter.

Die Kaninchen werden geteilt, man trennt Keulen und Schultern vom Körper und löst den Rücken aus. Kopf, Rippen- und Rückenknochen verwendet man für die Zubereitung von Kaninchenfond.
Die Fleischstücke werden mit Salz und Pfeffer gewürzt, leicht bemehlt und in etwas Butter auf kleiner Flamme sautiert. Dann gibt man geschnittene Schalotten, den Thymian und Rosmarin dazu und gießt mit Weißwein sowie Kaninchenfond auf. Im Rohr zugedeckt zirka zehn Minuten rosa garen lassen, dann das Fleisch herausnehmen.
Bitte, beachten Sie, daß das Fleisch vom Rücken wesentlich früher gar ist als die Keulen. Deshalb nimmt man die Filets früher heraus.
Die Fleischstücke werden von den Knochen gelöst, die Sehnen entfernt und das Fleisch in nußgroße Stücke geschnitten.
Den Fond reduzieren, mit Obers auffüllen und die Sauce einkochen lassen, bis sie eine leicht sämige Konsistenz erreicht hat. Etwas Kartoffelmehl mit Wasser anrühren und in die Sauce geben. Nochmals aufkochen lassen, passieren, in den Mixer geben und mit der restlichen Butter montieren. Den gehackten Knoblauch, Kerbel und den Zitronensaft dazugeben und die Sauce abschmecken.
Schließlich gibt man das Kaninchenfleisch in die Sauce und zieht das geschlagene Obers darunter. Nicht mehr kochen lassen.
Die Eierschwammerln oder sonstigen Pilze in 30 Gramm Butter kurz anziehen lassen und auf das Fleisch geben.

Leber und Nieren der Kaninchen können für verschiedene Salate oder Vorspeisen verwendet werden.

Gefüllter Lammrücken mit jungen Erbsenschoten
Selle d'agneau farcie et pois mange-tout

Für 6 Personen:
1 Lammrücken, Salz, Pfeffer aus der Mühle, etwas Rosmarin und Thymian, 1 Knoblauchzehe, Fülle (Rezept siehe unten), 1 Lamm- oder Schweinsnetz (50 × 60 cm), 6 cl Olivenöl, Blätterteig (Grundrezept siehe Seite 232), 1 Eidotter,
24 Schalotten, 80 g Butter, 8 cl Fleischglace (Grundrezept siehe Seite 220),
30 bis 40 junge Erbsenschoten (Kaisererbsen, Schnee-Erbsen, Pois mange-tout), 1 dl brauner Lammfond (Grundrezept siehe brauner Kalbsfond, Seite 219).

Vom Lammrücken die Haut abziehen. Das Fleisch von der unteren Seite her vom Knochen auslösen, so daß Rücken und Sattelseiten zusammenbleiben. Die Bauchlappen nicht zu kurz wegschneiden, das Fett gleichmäßig abschneiden. Die Filets herauslösen und den Rücken leicht klopfen.
Der ausgelöste Lammrücken wird mit Salz, Pfeffer, Rosmarin, Thymian und etwas Knoblauch gewürzt, die Innenseite mit Fülle bestrichen, die Filets in die Mitte gelegt und mit den Bauchlappen eingeschlagen. In das gut gewässerte, ausgebreitete Lammnetz (Schweinsnetz) einrollen, mit Salz und Pfeffer würzen und binden.
Der gerollte Rücken wird in heißem Olivenöl kurz auf allen Seiten angebraten und in den Kühlschrank gestellt. Vom gut durchgekühlten Rücken die Schnur herunternehmen und diesen in den drei bis vier Millimeter dick ausgerollten Blätterteig fest einschlagen. Mit Eidotter, der mit einigen Tropfen Wasser vermischt ist, bestreichen und zirka 30 Minuten bei 220 Grad – je nach Größe – im Rohr backen. Anschließend etwa 20 Minuten rasten lassen.
Die mit Salz und Pfeffer gewürzten Schalotten glaciert man im Ofen mit etwas Butter, Wasser und Fleischglace.
Von den jungen Erbsenschoten zieht man die Fäden ab, kocht sie kurz, schwenkt sie in 30 Gramm Butter und schmeckt ab.
Den Lammfond auf die gewünschte Stärke einkochen und mit der restlichen Butter montieren. Den Rücken schneidet man in Scheiben und richtet diese mit den Erbsenschoten, Schalotten und dem Fond an.

Sie können den gefüllten Lammrücken auch ohne Blätterteig zubereiten, er wird dann allerdings in mehr Lammnetz eingeschlagen. Auf den fertigen Lammrücken gibt man Kräuter, Weißbrotbrösel und Butter (wie bei gefülltem Roastbeef, Seite 104) und überbäckt das Ganze.

Fülle:

100 g mageres Lammfleisch, 100 g Schweinefleisch, 60 g grüner, ungesalzener Speck, 6 cl Olivenöl, Salz, Pfeffer aus der Mühle, etwas Rosma-

Das Lamm- und das Schweinefleisch sowie den Speck in Würfel schneiden, in zwei Drittel des Olivenöls kurz anbraten, mit Salz, Pfeffer, Rosmarin, Thymian und dem zerdrückten Knoblauch würzen, auf ein Gitter geben und auskühlen lassen. Das Fleisch muß innen noch roh sein.

*rin und Thymian,
1 Knoblauchzehe,
180 g Blattspinat, 20 g Butter, 20 g Schalotten, 30 g Champignons, 30 g Hühnerleber, 2 Eidotter.*

Den Blattspinat blanchieren, ausdrücken, in brauner Butter sautieren, salzen und pfeffern.
Im restlichen Olivenöl die gehackten Schalotten und die Champignons anschwitzen und die Hühnerleber rosa mitbraten, dann ebenfalls auf einem Gitter kalt stellen. Die erkalteten Zutaten zusammen durch die feine Scheibe des Fleischwolfs drehen, mit den Dottern vermischen, eventuell nochmals nachwürzen und die Masse im Kühlschrank etwas rasten lassen.

Bild Seite 96

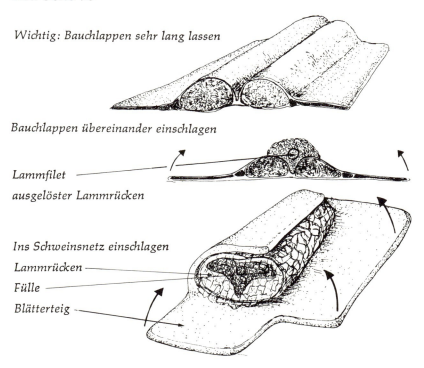

Lammkoteletts in Blätterteig mit Pilzen und Okra
Côtelettes d'agneau dans une pâte feuilletée aux champignons et okra

*Für 6 Personen:
12 dicke Lammkoteletts
(à ca. 70 g), Salz, Pfeffer aus der Mühle, 6 cl Olivenöl,
80 g Butter, 50 g Schalotten,
200 g Champignons, 1 Eßlöffel gehackte Petersilie, 2 Eidotter,*

Die Lammkoteletts salzen, pfeffern, in Olivenöl rasch auf beiden Seiten anbraten und kalt stellen.
In wenig Butter (ca. 30 Gramm) läßt man die geschnittenen Schalotten anziehen, gibt die fein geschnittenen Champignons dazu und röstet sie ebenfalls. Mit gehackter Petersilie würzen, abschmecken und auskühlen lassen. Die Masse mit einem Eidotter binden.

Blätterteig aus der 1½fachen im Grundrezept angegebenen Masse (Grundrezept siehe Seite 232), 2 cl Madeira, ½ Knoblauchzehe, etwas Thymian und Rosmarin, 2 dl brauner Lammfond (Grundrezept siehe brauner Kalbsfond, Seite 219), 6 Tomaten, 200 g blanchierter Blattspinat, 24 Okraschoten, 30 g Butter.

Den Blätterteig rollt man etwa zwei Millimeter dick aus und schneidet daraus zwölf Blätter (Größe 13 × 10 Zentimeter). Auf diese gibt man etwas von der Champignonmasse, setzt darauf die Lammkoteletts und schließt mit der Masse ab. Den Teig über die Lammkoteletts einschlagen und die wegstehenden Teigstücke mit einer Schere abschneiden. Die Teigoberfläche mit dem zweiten Dotter bestreichen und eventuell mit einer Gabel Muster ziehen.

Die Koteletts im vorgeheizten Rohr bei zirka 270 Grad neun bis zwölf Minuten rosa backen. Dann etwas rasten lassen. Der Madeira wird mit Knoblauch, Thymian und Rosmarin eingekocht, mit braunem Lammfond aufgegossen und auf die gewünschte Konsistenz eingekocht. Mit der restlichen Butter binden.

Die Tomaten enthäuten, den Strunk herausschneiden und mit gewürztem und blanchiertem Blattspinat füllen. Die Tomaten würzen und kurz in den Backofen geben. Die Okraschoten werden an den Stielen etwas gekürzt und anschließend gekocht oder gedünstet. Dann in Butter etwas anziehen lassen.

Die Koteletts werden mit dem Gemüse angerichtet und serviert.

Je nach Saison können natürlich auch andere Pilze verwendet werden.

Bild Seite 86

Lammsattelstück mit Gemüse
Selle d'agneau aux légumes

*Für 6 Personen:
2 Lammsattel (à ca. 1 kg mit Knochen), Salz, Pfeffer aus der Mühle, 1 dl Olivenöl, 6 Tomaten, 3 Lammnieren, 1 Paprika, 2 Zucchini (à ca. 150 g), 1 Aubergine, 1 Zwiebel, 1 Eßlöffel Tomatenmark, 1 Knoblauchzehe, ⅛ l Bouillon (Grundrezept siehe Seite 220), 30 g Butter, etwas Rosmarin.*

Dem Lammsattelstück wird die Haut abgezogen, die Sehnen und das gröbere Fett werden entfernt, die Lammfilets herausgeschnitten, eventuell separat gebraten, und der Lammsattel, wenn nötig, etwas zusammengebunden. Mit Salz und Pfeffer würzen und in etwas Olivenöl scharf anbraten. Dann das Fleisch ins heiße Rohr schieben und unter ständigem Begießen braten. Nach zirka zehn bis 15 Minuten den Lammsattel aus dem Rohr nehmen und warm halten.

Die Tomaten werden etwa fünf Sekunden überbrüht, kalt abgeschreckt, geschält, halbiert und entkernt.

Die Lammnieren werden halbiert, entnervt und mit Salz und Pfeffer gewürzt. Leicht rosa braten.

Den Paprika halbieren, entkernen, bei starker Oberhitze bräunen, in kaltem Wasser abschrecken und die Haut abziehen. Das ganze Gemüse in etwa ein Zentimeter große Würfel schneiden – die Auberginen jedoch ganz zum Schluß, weil sie sich sonst verfärben.

Im restlichen Olivenöl die in kleine Würfel geschnittene Zwiebel glasig werden lassen, die Zucchini und Auberginen kurz mitrösten und mit Salz und Pfeffer würzen. Tomatenmark und Knoblauch dazugeben, mit Bouillon aufgießen und das Ganze kurz kochen. Den Paprika und etwas später die Tomaten dazugeben und nochmals nachwürzen.

Das rosa gebratene Fleisch wird vom Knochen gelöst, in längliche dünne Scheiben geschnitten und mit dem Gemüse und den Nieren angerichtet. Über das Fleisch gibt man leicht gebräunte Butter mit Rosmarin.

Bild Seite 86

Kalbsmedaillons mit Zitronenmelisse, Estragon, Kerbel und Gemüse der Saison

Médaillons de veau à la mélisse citrine à l'estragon, au cerfeuil et aux légumes de saison

Für 6 Personen:
1 kg Kalbfleisch vom Filet, vom Rücken oder von der Nuß, Salz, Pfeffer aus der Mühle, 70 g Butter, 200 g Kohlrabi, 200 g Karotten, 200 g Brokkoli, 40 g Butter für das Gemüse, Kräutersauce (Rezept siehe unten).

Das Fleisch wird pariert und in zwölf kleine Stücke zu je 90 Gramm geschnitten. Salzen, pfeffern und in Butter langsam auf den Punkt braten.

Das Gemüse putzen, waschen und in beliebige Stücke schneiden oder teilen. Kohlrabi, Karotten und Brokkoli separat in Butter mit etwas Flüssigkeit glacieren, salzen und pfeffern.

Die Medaillons auf Tellern anrichten, rundherum das Gemüse verteilen und die Kräutersauce über das Fleisch nappieren.

Je nach Saison können natürlich auch Karfiol, Spargel, Schwarzwurzeln oder anderes Gemüse verwendet werden.

Kräutersauce:

30 g Schalotten, 1 dl heller Kalbsfond (Grundrezept siehe Seite 219), 2 dl Obers, 1 dl trockener Weißwein, 30 g Butter, 1 Eßlöffel Kerbel,

Die geschnittenen Schalotten mit Kalbsfond zur Hälfte einkochen. Mit Obers auffüllen und reduzieren, bis die Sauce eine cremige Konsistenz bekommt. Dann den Weißwein dazugeben. Vorsicht – nicht zu lange kochen, da sonst die Sauce gerinnt.

1 Eßlöffel Estragon, 1 Eßlöffel Zitronenmelisse, Salz, Pfeffer aus der Mühle, 1 Spritzer Zitronensaft, 2 Eßlöffel geschlagenes Obers.

Man gibt die Sauce in den Mixer, montiert mit einigen kalten Butterflocken und mengt die gehackten Kräuter bei. Mit Salz, Pfeffer und Zitronensaft würzen und das Schlagobers darunterziehen.

Bild Seite 95

Kalbsrückensteak mit Walnüssen und Frühlingsgemüse
Noisette de selle de veau aux noix et légumes de printemps

*Für 6 Personen:
6 Kalbsrückensteaks
(à ca. 160 g), Salz, etwas Mehl zum Wenden,
4 cl Walnußöl, 40 g Butter,
60 g Walnüsse, 3 cl Madeira,
1 dl Weißwein, 3 dl heller Kalbsfond (Grundrezept siehe Seite 219), 2 dl Obers, Pfeffer aus der Mühle, Saft von
½ Zitrone, 2 Eßlöffel geschlagenes Obers, 150 g Kohlrabi, 150 g Karotten, 150 g Karfiolrosen, 150 g Brokkoliröschen, 150 g Zucchini, 60 g Butter.*

Die Kalbsrückensteaks werden gesalzen, in wenig Mehl gewendet und in Walnußöl angebraten. Das Fett abgießen und die Steaks in Butter langsam fertig braten lassen, so daß sie schön saftig bleiben. Die Steaks herausnehmen und warm stellen.

Die Walnüsse enthäuten, hacken und in der Pfanne, in der die Steaks gebraten wurden, kurz anziehen lassen. Mit Madeira und Weißwein ablöschen und reduzieren. Mit Kalbsfond auffüllen, wieder einkochen lassen und das Obers dazugeben. Die Sauce so lange reduzieren, bis sie eine cremige Konsistenz hat. Vorsicht – nicht zu lange kochen, sonst gerinnt die Sauce. Die Walnüsse herausnehmen und die Sauce passieren und mixen. Dann gibt man die Walnüsse als Einlage in die Sauce zurück. Zum Schluß mit Salz, Pfeffer und Zitronensaft würzen und mit geschlagenem Obers vollenden.

Das Gemüse wird beliebig geschnitten und getrennt in Butter mit etwas Flüssigkeit glaciert.

Die Kalbssteaks richtet man mit dem Gemüse und der Sauce auf Tellern an und serviert.

Bild Seite 147

Filetsteak vom Rind in Schnittlauchfond
Tranches de filet de boeuf au fonds de ciboulette

*Für 6 Personen:
6 Rindsfilets (à ca. 160 g), Salz, Pfeffer aus der Mühle,
8 cl Olivenöl,
130 g Butter, 30 g Schalotten,*

Die Rindsfilets werden gesalzen, gepfeffert und auf beiden Seiten im Olivenöl (4 cl) rasch angebraten. Die Filets aus der Pfanne nehmen und den Ölrückstand abgießen. In dasselbe Geschirr gibt man 30 Gramm Butter und läßt die geschnittenen Schalotten darin kurz anschwitzen. Mit Ma-

2 cl Madeira, 6 cl Rotwein, 2 Eßlöffel Fleischglace (Grundrezept siehe Seite 220), ½ l kräftige Bouillon oder heller Hühnerfond (Grundrezepte siehe Seite 220 und 222), 3 Eßlöffel geschnittener Schnittlauch, 2 Auberginen, etwas Mehl, 250 g blanchierter Blattspinat, 6 Scheiben Rindsmark.

deira und Rotwein ablöschen, mit einem Eßlöffel Fleischglace und Bouillon auffüllen und das Ganze aufkochen lassen. Dann die Filets in den kochenden Fond geben und unter öfterem Wenden drei bis fünf Minuten pochieren. Die Rindsfilet aus dem Fond nehmen und warm halten.

Der Fond wird durch ein Sieb passiert, in einen kleineren Topf gegeben und zirka auf ein Viertel reduziert. Anschließend montiert man den Fond mit 80 Gramm kalten Butterflocken, mixt ihn kurz durch, gibt den Schnittlauch dazu, schmeckt ab und stellt ihn warm.

Die Auberginen waschen, in etwa fünf Millimeter dicke Scheiben schneiden, salzen, pfeffern und leicht bemehlen. Dann werden die Scheiben im restlichen Olivenöl auf beiden Seiten hellbraun gebraten.

Der Blattspinat wird in brauner Butter geschwenkt und mit Salz und Pfeffer gewürzt.

In Salzwasser blanchiert man kurz das Rindsmark und erwärmt die restliche Fleischglace.

Die Filets werden mit Auberginen und Blattspinat auf Tellern angerichtet, mit Schnittlauchfond überzogen und darüber das Mark mit ein wenig Fleischglace gegeben.

Bild Seite 96

Gefülltes Entrecote mit Schalotten und Rindsmark

Entrecôte farcie aux échalotes et à la moelle de boeuf

*Für 6 Personen:
6 Entrecotes vom flachen Teil (à ca. 220 g), Fülle (Rezept siehe unten), Salz, Pfeffer aus der Mühle, 4 cl Öl, 20 g Butter.*

Das Entrecote nicht zu dünn schneiden, mit einem schmalen Messer der Länge nach eine Tasche stechen und diese mit der Masse füllen. Die Außenseiten würzen und die Entrecotes in heißem Öl auf beiden Seiten rasch anbraten. Zum Schluß etwas Butter dazugeben und fertig braten.

Man kann das Entrecote oder einen Rostbraten auch klopfen, die Fülle hineingeben und das Fleisch zusammenklappen. Mit Zahnstochern die Enden verschließen.

Fülle:

100 g Rindsmark, 100 g Champignons, 40 g Schalotten, 20 g Butter, 1 Eßlöffel gehackte Petersilie, 2 Eßlöffel Brösel von frischem Toastbrot

Das gut gewässerte Mark und die Champignons in etwa drei Millimeter kleine Würfel schneiden.

Die geschnittenen Schalotten in Butter glasig werden lassen, die Champignons und die gehackte Petersilie dazugeben und vom Herd nehmen.

(Mie de pain), ½ Eßlöffel Dijonsenf, 1 Eidotter, Salz, Pfeffer aus der Mühle.

Die Masse mit den Markwürfeln und den Weißbrotbröseln mischen, den Senf dazugeben und mit dem Eidotter binden. Mit Salz und Pfeffer abschmecken und kalt stellen.

Gefülltes Roastbeef, mit Kräutern überbacken
Rôti de boeuf farci, gratiné aux fines herbes

*Für 6 Personen:
1,4 kg Roastbeef ohne Knochen (hoher Teil), Spinatfülle (Rezept siehe unten), Salz, Pfeffer aus der Mühle, 8 cl Öl, ½ Eßlöffel Dijonsenf, 1 Eßlöffel gehackte Petersilie, ½ Eßlöffel Kerbel, 4 Eßlöffel frische, grobe Weißbrotbrösel (Mie de pain), 30 g Butter.*

Das Roastbeef, wenn nötig, etwas parieren. In die Mitte des Fleisches mit einem schmalen Messer der Länge nach einschneiden, so daß ein Schnitt von zirka sechs Zentimeter Durchmesser entsteht. Dieses Loch wird mit einem dicken Kochlöffel oder Abziehstahl gleichmäßig vergrößert.
In diese Öffnung stopft man mit Hilfe eines Kochlöffels die Spinatfülle und würzt das Roastbeef mit Salz und Pfeffer. Das Fleisch binden, damit es die Form behält, und in heißem Öl auf beiden Seiten scharf anbraten. Dann in das Rohr geben und bei mäßiger Temperatur je nach Dicke 30 bis 40 Minuten weiterbraten. Das Roastbeef aus der Pfanne nehmen und an einer warmen Stelle zirka zehn bis 15 Minuten rasten lassen. Anschließend nimmt man die Schnur ab, würzt nach Belieben nach und bestreicht die Oberfläche mit Senf. Die gehackten Kräuter werden dicht darübergestreut, die Weißbrotbrösel gleichmäßig darauf verteilt, etwas angedrückt und mit zerlassener Butter übergossen.
Man stellt das Roastbeef unter den Salamander oder in das Rohr (starke Oberhitze) und läßt den Kräutermantel mit dem Weißbrot bräunen.
Das fertige Roastbeef wird auf einem Brett, möglichst vor dem Gast, tranchiert, und mit einem kräftigen braunen Kalbsfond serviert.

Auch Kalbs- oder Schweinsrücken können auf dieselbe Art gefüllt werden. Der Kräutermantel wird allerdings weggelassen.

Spinatfülle:

20 g Schalotten, 30 g Butter, 200 g blanchierter Blattspinat, Salz, Pfeffer aus der Mühle, ½ Knoblauchzehe.

Die geschnittenen Schalotten in brauner Butter anziehen lassen und den Spinat dazugeben. Mit Salz, Pfeffer und einer zerdrückten halben Knoblauchzehe würzen und auskühlen lassen.

Schweinsfilet im Netz,
gefüllt mit Blattspinat

Schweinsmedaillons im Wirsingbett
mit Roquefortsauce

Spanferkelbrust mit Gemüse

Kalbszüngerl mit Wurzelgemüse

Kalbsleber mit Wacholder

Rindsfilet in Blätterteig
(Filet Wellington)
Filet de boeuf en pâte feuilletée

Für 6 Personen:
1 kg Rindsfilet (nicht zu dickes Mittelstück), Salz, Pfeffer aus der Mühle, 6 cl Öl, 2 Schweinsnetze (jedes ca. 30 × 30 cm), Farce (Rezept siehe unten), 250 g Blätterteig aus der halben im Grundrezept angegebenen Masse (Grundrezept siehe Seite 232), 1 Eidotter.

Das Rindsfilet parieren, mit Salz und Pfeffer würzen, auf allen Seiten rasch in Öl anbraten und kalt stellen.
Das gut gewässerte Schweinsnetz wird doppelt auf einer Aluminiumfolie – je nach der Länge und Dicke des Filets – ausgebreitet. Die Farce gleichmäßig über das Schweinsnetz verstreichen und das Filet daraufl egen. Mit der Silberfolie einrollen, diese an der Seite und den Enden etwas andrücken und kühl stellen.
Den Blätterteig rollt man etwa drei bis vier Millimeter dick aus, nimmt die Silberfolie vom Filet und schlägt dieses fest in den Blätterteig ein. Den Teig mit Eidotter, der mit einigen Tropfen Wasser verdünnt ist, bestreichen und nach Belieben mit einer Gabel oder mit Teigresten verzieren.
Bei zirka 200 Grad 20 bis 30 Minuten im Rohr backen – je nach Größe des Filets. Möglichst 15 bis 20 Minuten an einem warmen Platz rasten lassen und dann in Portionen schneiden.

Zum Rindsfilet paßt gut eine Trüffel- oder Gänselebersauce mit etwas Madeira. Dafür läßt man den braunen Kalbsfond (Grundrezept siehe Seite 219) mit Madeira etwas einkochen, gibt Trüffeljus dazu und montiert mit kalten Butterflocken. Zum Schluß passierte Gänseleber beigeben, nicht mehr kochen lassen.
Dieses Gericht kann auch portionsweise mit Kalbs- oder Schweinsfilets zubereitet werden. Auch ausgelöster Kalbs- oder Schweinsrücken kann für dieses Gericht verwendet werden.
Einen Hirschrücken kann man ebenfalls nehmen. Allerdings muß man für die Zubereitung der Farce Wild- statt Kalbfleisch verwenden.
Den ungesalzenen Speck könnte man ersetzen, indem man etwas mehr Schweinefleisch und weniger Kalbfleisch verwendet.

Farce:

140 g Kalbfleisch, 3 cl Öl, 50 g Hühnerleber, 3 cl Cognac, 50 g Champignons, 10 g Steinpilze, 20 g Butter, 40 g Schalotten, 1 Eßlöffel gehackte Petersilie, 80 g grü-

Das Kalbfleisch in Würfel schneiden und in Öl rasch sautieren.
Die Hühnerleber putzen und ebenfalls kurz anbraten. Beides mit Cognac flambieren, auf ein Gitter legen und kalt stellen. Das Fleisch und die Leber sollten innen noch nicht durchgebraten sein.

ner, ungesalzener Spickspeck, Salz, Pfeffer aus der Mühle, 1 Zweig Thymian, etwas Pastetengewürz, 50 g marinierte Gänseleber oder Gänseleberterrine, 2 Eidotter.

Die Pilze blättrig schneiden, in Butter anbraten, geschnittene Schalotten und Petersilie dazugeben, kurz mitrösten und erkalten lassen. Den Spickspeck in Würfel schneiden, in kochendem Wasser blanchieren und ebenfalls kalt stellen.
Man mischt alle Zutaten, würzt sie mit Salz, Pfeffer, Thymian und Pastetengewürz und läßt das Ganze einige Zeit durchziehen. Die Masse durch die feine Scheibe des Fleischwolfs drehen und die passierte oder in kleine Würfel geschnittene Gänseleber dazugeben. Die Farce abschmekken und mit den Eidottern binden.

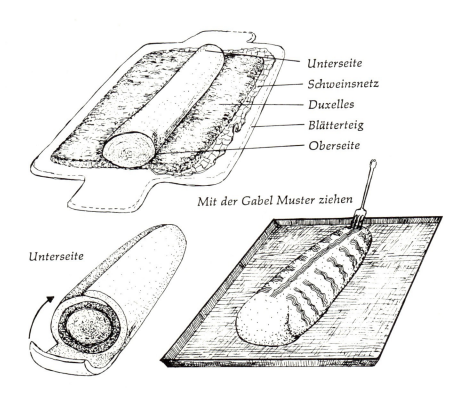

Spanferkelbrust mit Gemüse
Poitrine de cochon de lait aux légumes

*Für 6 Personen:
80 g Lauch (nur die weißen Teile), 100 g gelbe Rüben, 120 g Kohlrabi, 100 g kleine weiße Rüben, 100 g junge*

Der weiße Teil vom Lauch wird einmal durchgeschnitten, sechs bis neun Minuten in Salzwasser gekocht und in zirka fünf Millimeter dicke Scheiben geschnitten.
Die restlichen Gemüsesorten werden je nach Garzeit in wenig Flüssigkeit mit Butter glaciert.

Karotten, 60 g Schalotten, 60 g Kohlsprossen, 50 g Butter, 2 Spanferkelbrüste (à ca. 500 g), Salz, 4 cl Öl, 100 g Butter, 30 g Schalotten, 1 dl Weißwein, 1 l heller Kalbsfond, Hühnerfond oder Bouillon (Grundrezepte siehe Seite 219, 222 und 220), 1 Knoblauchzehe, Pfeffer aus der Mühle, etwas Kerbel, Schnittlauch, Basilikum, Petersilie.

Die Spanferkelbrüste überbrüht man in kochendem Salzwasser zirka drei Minuten, nimmt sie dann heraus und schneidet die Haut mit einem spitzen Messer kreuzweise ein. Salzen, in Öl und etwas Butter anbraten, die geschnittenen Schalotten dazugeben und mit Weißwein ablöschen. Mit Kalbsfond oder Bouillon aufgießen, das Ganze aufkochen lassen und einige Butterflocken dazugeben. Das Geschirr mit einem Deckel zudecken und 40 bis 50 Minuten auf kleiner Flamme kochen lassen. Dann wird das Fleisch herausgenommen, der Fond auf zirka vier Deziliter Flüssigkeit eingekocht und mit den restlichen 60 Gramm kalten Butterflocken montiert. Eine halbierte Knoblauchzehe auf eine Gabel stecken und einige Male durch den Fond ziehen.
Man gibt das vorgekochte Gemüse in die Sauce und schmeckt mit Salz, Pfeffer und den gehackten Kräutern ab. Nicht mehr kochen lassen.
Zum Schluß würzt man die Schwarte der Spanferkel nach, bestreicht sie mit etwas Butter und gibt das Fleisch ins Rohr oder unter den Salamander, damit die Schwarte knusprig wird.
Dann schneidet man das Fleisch in zirka ein Zentimeter dicke Scheiben und richtet sie auf Tellern oder in einem Topf mit dem Gemüse und dem Fond an.

Wenn Sie gerne etwas schärfer essen, können Sie geriebenen Kren auf das Fleisch geben.

Bild Seite 105

Schweinsfilet im Netz, gefüllt mit Blattspinat
Filet de porc farci aux épinards

*Für 6 Personen:
300 g Blattspinat, 50 g Butter, 20 g Schalotten, Salz, Pfeffer aus der Mühle, 3 Schweinsfilets (à ca. 260 g), 4 cl Olivenöl, 3 Schweinsnetze (jedes ca. 20 × 30 cm), 12 Scheiben Brustspeck, 1 Spritzer Weißwein, ¼ l brauner Kalbsfond (Grundrezept siehe Seite 219).*

Den Blattspinat entstielen, blanchieren und abschrecken. Zirka 20 schöne Blätter zur Seite geben, den Rest für die Fülle grob hacken. In etwas brauner Butter mit der geschnittenen Schalotte schwenken, salzen, pfeffern und wieder auskühlen lassen.
In die Mitte der Schweinsfilets mit einem spitzen Messer einen etwa zwei Zentimeter breiten Schnitt machen und dieses Loch mit einem Kochlöffel gleichmäßig vergrößern. Den kalten Spinat einfüllen und die Filets in Olivenöl rasch auf allen Seiten anbraten und kalt stellen.
Die gut gewässerten Schweinsnetze werden ausgebreitet und jeweils mit Speckscheiben belegt. Darauf werden die

20 Spinatblätter gebreitet und mit Salz und Pfeffer gewürzt. Dann legt man auf jedes Netz ein Filet, rollt sie einzeln zusammen und bindet sie mit einer Schnur. Die Filets im heißen Rohr bei zirka 250 Grad zehn bis zwölf Minuten braten. Anschließend nimmt man die Filets aus der Pfanne, gießt das Fett ab, löscht den Bratensatz mit einem Spritzer Weißwein und braunem Kalbsfond ab und passiert die Sauce. Das Ganze läßt man einige Minuten kochen, schmeckt ab und montiert mit den restlichen kalten Butterflocken.
Von den Schweinsfilets wird die Schnur entfernt, sie werden aufgeschnitten und mit Kartoffeln und der Sauce angerichtet.
Dasselbe Gericht läßt sich natürlich auch aus dem ausgelösten Karree vom Schwein oder einem anderen Teil zubereiten.

Bild Seite 105

Schweinskoteletts in Kümmel und Biersabayon
Côtelettes de porc au cumin et sabayon à la bière

Für 6 Personen:
6 Schweinskoteletts (à ca. 170 g), Salz, Pfeffer aus der Mühle, 4 cl Olivenöl, 20 g Butter, 40 g Schalotten, 2 gehackte Knoblauchzehen, 6 cl Weißwein, 10 g Kümmel, ¼ l brauner Kalbsfond (Grundrezept siehe Seite 219), 40 g Butter zum Montieren, 2 Eidotter, 6 cl Bier (Altbier).

Die Koteletts, wenn nötig, etwas klopfen, mit Salz und Pfeffer würzen und in Olivenöl mit etwas Butter langsam braten. Anschließend nimmt man die Koteletts aus der Pfanne, gießt das Fett ab, gibt Butter dazu und läßt die geschnittenen Schalotten und den gehackten Knoblauch leicht anschwitzen. Mit Weißwein aufgießen und den Kümmel, der mit etwas Öl beträufelt und fein gehackt wurde, dazugeben. Die Flüssigkeit einkochen, den braunen Kalbsfond hineingießen, die Sauce auf einen achtel Liter reduzieren und passieren. Zum Schluß montiert man die Sauce mit kalten Butterflocken.
Die Eidotter und das Bier werden über Dampf mit einem Schneebesen zu einer Sabayon (Schaum) aufgeschlagen, und diese wird mit der Kümmelsauce vermischt. Nicht mehr kochen lassen. Die Sabayon abschmecken und über die Koteletts geben. Sofort servieren.

Schweinsmedaillons im Wirsingbett mit Roquefortsauce
Médaillons de porc aux choux frisés en sauce au Roquefort

Für 6 Personen:
4 Schweinsfilets (à ca. 240 g) oder 24 kleine Stücke vom Schnitzelfleisch, Salz, Pfeffer aus der Mühle, 6 cl Olivenöl, 40 g Butter,
6 Tomaten, 20 g Schalotten, 4 Salbeiblätter, Roquefortsauce (Rezept siehe unten), Wirsingkohl (Zubereitung siehe unten).

Die Schweinsfilets schneidet man in 24 Medaillons (à zirka 40 Gramm). Mit Salz und Pfeffer würzen und in Olivenöl und wenig Butter auf beiden Seiten anbraten.
Aus den Tomaten bereitet man Tomates concassées.
Die geschnittenen Schalotten in der restlichen Butter anziehen lassen, die Tomates concassées und den gehackten Salbei dazugeben und abschmecken.
Die Medaillons auf eine feuerfeste Platte legen, mit den Tomatenwürfeln bedecken, mit der Roquefortsauce überziehen und im Salamander oder im Rohr (starke Oberhitze) überbacken.
Den Wirsingkohl auf Tellern anrichten, die Schweinsfilets darauflegen und servieren.

Anstelle von Schweinsfilets können auch Koteletts verwendet werden.

8 cl trockener Weißwein, 2 dl heller Geflügel- oder Kalbsfond (Grundrezepte siehe Seite 222 und Seite 219), 15 cl Obers, 1 Eßlöffel Stärkemehl, 80 g Roquefort, Salz, Pfeffer aus der Mühle, Saft von ½ Zitrone, 1 Eßlöffel Schlagobers.

Roquefortsauce:

Weißwein und Geflügelfond einkochen, das Obers dazugeben und reduzieren, bis eine sämige Konsistenz erreicht ist. Das Stärkemehl mit etwas kaltem Wasser anrühren und in die kochende Sauce geben.
Die Sauce vom Herd nehmen, den Roquefort durch ein Haarsieb streichen, in die Sauce geben und mit Salz, Pfeffer und Zitronensaft abschmecken. Nicht mehr kochen lassen.
Zum Schluß das Schlagobers darunterziehen.

1 Wirsingkohl, 1 dl Bouillon (Grundrezept siehe Seite 220), 1 dl Obers, Salz, Pfeffer aus der Mühle.

Wirsingkohl:

Den Wirsingkohl vierteln und den Strunk herausnehmen.
Die Blätter in drei Zentimeter große Quadrate schneiden und in Salzwasser kurz kochen.
Die Bouillon läßt man einkochen, gibt das Obers dazu und reduziert auf eine sämige Konsistenz. Die ausgedrückten Wirsingblätter dazugeben, kurz durchschwenken und mit Salz und Pfeffer abschmecken.

Bild Seite 105

Innereien

Gänselebermedaillons auf Apfelspalten
Médaillons de foie gras d'oie et tranches de pommes

Für 6 Personen:
500 g Gänsestopfleber, Salz, Pfeffer aus der Mühle, 3 Äpfel, 30 g Butter, 30 g Zucker, 2 dl Riesling, Trüffelsauce (Rezept siehe unten).

Die Gänseleber wird enthäutet, in sechs gleichmäßige Scheiben geschnitten und so gut wie möglich entnervt. Die Gänseleberscheiben in einer Pfanne ohne Butter zirka eine Minute auf jeder Seite anbraten lassen, dann auf ein Tuch legen und mit Salz und Pfeffer würzen.
Die Äpfel werden geschält, in Achtel geschnitten und diese zu Halbmonden geformt (tourniert). In der Butter anschwitzen, den Zucker dazugeben und mit Riesling auffüllen. Das Ganze einkochen lassen und zur Seite stellen. Die Äpfel sollen noch knackig sein, danach aus der Flüssigkeit nehmen. Diese wird weiter eingekocht und die Apfelspalten darin kurz glaciert.
Die Gänselebermedaillons richtet man auf Tellern an, überzieht sie mit der Trüffelsauce und gibt die Apfelspalten dazu.

Trüffelsauce:

20 g Trüffeln, 20 g Butter, 4 cl Madeira, 1 dl Fleischglace (Grundrezept siehe Seite 220), 1 Spritzer Trüffeljus.

Die Trüffeln werden beliebig geschnitten und in 10 Gramm Butter kurz geschwenkt. Mit Madeira ablöschen und einkochen lassen. Die Fleischglace dazugeben, kurz durchkochen lassen und mit einem Spritzer Trüffeljus verfeinern. Mit den restlichen kalten Butterflocken montieren und abschmecken, wobei die Sauce danach nicht mehr kochen darf.

Kalbsbries in Trüffelcreme
Ris de veau à la crème de truffes

Für 6 Personen:
750 g Kalbsbries, 2 Lorbeer-

Das gut gewässerte Bries wird in Salzwasser mit den Lorbeerblättern fünf bis zehn Minuten rosa vorgekocht. Dann

blätter, 100 g Butter, 600 g Kohlrabi (ca. 3 Stück), 2 dl heller Kalbsfond (Grundrezept siehe Seite 219), 500 g Blattspinat, Salz, Pfeffer aus der Mühle, Trüffelcreme (Rezept siehe unten), 1 Trüffel.

die Häute und Sehnen wegschneiden, das Bries etwas pressen und in Scheiben schneiden. Diese Scheiben werden in etwas Butter angebraten und auf ein Tuch gelegt.

Den Kohlrabi schälen, in zirka fünf Millimeter breite Scheiben schneiden und in Salzwasser vorkochen. In Butter anbraten, mit dem Kalbsfond nach und nach aufgießen und fertiggaren.

Den Blattspinat entstielen, blanchieren und abschrecken. In der restlichen braunen Butter schwenken, salzen und pfeffern.

Der Blattspinat wird in die Tellermitte mit den Kohlrabischeiben gelegt, die Briesscheiben rundherum angerichtet, mit der Trüffelcreme überzogen und mit der in Stifte geschnittenen Trüffel garniert.

Trüffelcreme:

10 Champignonstiele, 4 cl Madeira, 1/8 l brauner Kalbsfond (Grundrezept siehe Seite 219), 4 cl Trüffeljus, 2 dl Obers, 20 g Butter, 2 Eßlöffel geschlagenes Obers, Salz, Pfeffer aus der Mühle.

Die Champignonstiele werden geschnitten und zusammen mit dem Madeira eingekocht. Kalbsfond dazugeben und weiter reduzieren.

Dann mit Trüffeljus auffüllen und das Ganze auf zirka einen Deziliter einkochen. Das Obers beimengen und die Sauce zu einer cremigen Konsistenz einkochen. Sie darf nicht zu lange kochen, da sie sonst gerinnt. Die Sauce passieren und im Mixer mit einigen kalten Butterflocken montieren. Das Schlagobers darunterziehen und mit Salz und Pfeffer abschmecken.

Bild Seite 115

Geröstetes Kalbshirn mit Pilzen
Cervelle de veau rissolée aux champignons

*Für 6 Personen:
700 g Kalbshirn, 300 g Champignons, Eierschwammerln oder Steinpilze, 60 g Butter, 20 g Schalotten, 3 Eier, etwas geschnittener Schnittlauch, Salz, Pfeffer aus der Mühle.*

Das gewässerte Hirn gibt man kurz in lauwarmes Wasser und zieht die Haut ab. Mit dem Messer einige Male durchhacken.

Die Champignons oder sonstigen Pilze werden in Scheiben geschnitten und in Butter scharf angeröstet. Die geschnittenen Schalotten dazugeben und mitrösten. Dann das Kalbshirn beimengen und ebenfalls zirka eine halbe Minute sautieren. Die versprudelten Eier hineingießen, etwas anziehen lassen und vom Herd nehmen. Mit Schnittlauch, Salz und Pfeffer würzen.

Das Kalbshirn wird auf Tellern angerichtet und mit Salzkartoffeln serviert.

Kalbskopf, Hirn und Zunge in Schnittlauchsauce
Tête, cervelle et langue de veau à la ciboulette

Für 6 Personen:
1 Kalbskopf mit Hirn und Zunge (4 bis 5 kg), 50 g geschälter Lauch (½ Stange), 50 g Sellerie, 120 g Karotten, Salz, 5 cl weißer Essig, Saft von 2 Zitronen, 1 Zwiebel, 1 Zweig Thymian, 4 Lorbeerblätter, 10 zerdrückte Pfefferkörner, 2 dl heller Kalbsfond (Grundrezept siehe Seite 219), 8 cl Weißwein, 30 g Butter, Schnittlauchsauce (Grundrezept siehe Seite 226).

Der Kalbskopf wird halbiert, die Zunge und das Hirn werden herausgenommen. Unter fließendem kaltem Wasser das ausgelöste Fleisch und die Zunge waschen. Beides wird zirka fünf Minuten überbrüht und sofort gekühlt.
Das Gemüse putzen und zu einem Bouquet garni binden. Einen Topf mit Wasser aufstellen, Salz, Essig und Zitronensaft dazugeben und aufkochen lassen. Das ausgelöste Fleisch und die Zunge mit dem Bouquet garni, der halbierten Zwiebel und den Gewürzen hineingeben und weich kochen. Dann wird die weiße Haut vom Gaumen sowie die Haut der Zunge abgezogen.
Das gut gewässerte Hirn kurz in lauwarmes Wasser geben, enthäuten und in sechs gleich große Stücke schneiden. In einem flachen Geschirr das Kalbshirn in Kalbsfond, Weißwein und Butter zirka fünf Minuten pochieren.
Das gekochte Fleisch des Kalbskopfes aus dem heißen Fond nehmen, in zirka drei Zentimeter große Stücke schneiden, die Zunge in sechs längliche Scheiben tranchieren.
Auf Tellern oder einer Platte den Kalbskopf, die Zunge und das Hirn anrichten und mit Schnittlauchsauce überziehen.

Je nach Belieben kann man auch das im Fond gekochte Gemüse dazu servieren.

Kalbsleber mit Wacholder
Foie de veau au genièvre

Für 6 Personen:
1 kg Kalbsleber, 2 cl Olivenöl, 90 g Butter, 10 Wacholderbeeren, etwas Rosmarin, 500 g Blattspinat, 3 Äpfel, 30 g Zucker, 2 dl Riesling, Sauce (Rezept siehe Seite 117), 6 Portionen Kohlrabiflan (Rezept siehe Seite 241).

Die Kalbsleber wird enthäutet, die Spitzen werden abgeschnitten und die Nervenstränge entfernt.
Die Leber läßt man in heißem Olivenöl anbraten, gibt später etwas Butter dazu und läßt sie unter öfterem Übergießen bei mäßiger Hitze zirka 20 Minuten rosa braten. Zwei bis drei Minuten bevor sie fertig ist, gibt man einige zerdrückte Wacholderbeeren und Rosmarin dazu und übergießt sie mit dem Bratensatz.
Der Blattspinat wird blanchiert, abgeschreckt und in Butter geschwenkt. Die Äpfel schälen, in Achtel schneiden, in Halbmonde tournieren und in Butter anschwitzen. Den Zucker dazugeben und mit Riesling auffüllen. Das Ganze

Kalbsbries in Trüffelcreme

Gefüllte Kalbsnieren mit gegrillten Zucchini

Entenbrust mit Preiselbeeren

Entenbrust
mit gebundener Entenlebersauce

einkochen lassen, dann zur Seite stellen, die noch knackigen Äpfel aus der Flüssigkeit nehmen und diese weiter reduzieren. Zum Schluß die Apfelspalten darin kurz glacieren.
Die Leber wird in Scheiben geschnitten, mit der Sauce umgossen und mit Kohlrabiflan, Blattspinat und glacierten Äpfeln angerichtet.

Sauce:

50 g Butter, 20 g Schalotten, 4 g zerdrückte Wacholderbeeren (ca. 30 bis 40 Stück), 2 cl Madeira, 1 dl Weißwein, 2 dl kräftiger brauner Kalbsfond (Grundrezept siehe Seite 219), Salz, Pfeffer aus der Mühle, 2 cl Gin.

In 10 Gramm Butter läßt man die geschnittenen Schalotten anschwitzen, gibt die leicht zerdrückten Wacholderbeeren dazu und schwenkt sie kurz durch.
Mit Madeira und Weißwein ablöschen und fast zur Gänze reduzieren. Dann mit braunem Kalbsfond auffüllen, zirka acht bis zehn Minuten einkochen lassen, abseihen und mit den restlichen kalten Butterflocken montieren. Mit Salz und Pfeffer abschmecken und den Gin dazugeben.

Bild Seite 106

Kalbsnieren auf Petersilienpüree mit Steinpilzen
Rognon de veau sur purée de persil et cèpes

Für 6 Personen:
1 kg Kalbsnieren ohne Fett, Salz, Pfeffer aus der Mühle, 3 cl Olivenöl, 50 g Butter, 150 g Rindsmark, 200 g Steinpilze, Champignons oder andere Pilze, 20 g Schalotten, 1 Teelöffel gehackte Petersilie, 6 Portionen Petersilienpüree (Rezept siehe Seite 141), Rotweinsauce (Rezept siehe Seite 118).

Die Nieren entnerven und in zirka zwei Zentimeter große Würfel schneiden. Mit Salz und Pfeffer würzen und in Olivenöl mit 20 Gramm Butter kurz anrösten.
Das gut gewässerte Rindsmark in Scheiben schneiden, in wenig Salzwasser blanchieren und herausnehmen. Die Steinpilze werden ebenfalls in Scheiben geschnitten und in der restlichen, sehr heißen Butter angeröstet. Die geschnittenen Schalotten und die gehackte Petersilie dazugeben und mit Salz und Pfeffer würzen. In die Mitte der Teller gibt man das Petersilienpüree, legt darauf das Mark und richtet die Nieren sowie die Pilze auf der Seite an. Die Nieren werden mit der heißen Rotweinsauce überzogen.

Das Mark soll immer gut gewässert und auch nicht rot sein, da es sonst nach dem Blanchieren schwarz wird. Das Mark wird immer in letzter Minute blanchiert.
Man kann dieses Gericht auch aus Lamm-, Schweins- oder anderen Nieren zubereiten.

Rotweinsauce:

Für 3 dl:
300 g geschälte Schalotten, 2 cl Olivenöl, 10 g Zucker, Salz, Pfeffer aus der Mühle, 4 Lorbeerblätter, 2 Knoblauchzehen, etwas Thymian und Rosmarin, 7 dl trockener Rotwein, 7 dl brauner Kalbsfond (Grundrezept siehe Seite 219), 10 g Butter, 10 g Mehl, 50 g Butter zum Montieren.

Man viertelt die Schalotten, läßt sie in Olivenöl anziehen, gibt den Zucker, die Kräuter und Gewürze dazu, röstet alles kurz mit und füllt mit Rotwein auf. Nun die Flüssigkeit fast vollständig einkochen. Mit braunem Kalbsfond auffüllen, zirka eine Dreiviertelstunde auf kleiner Flamme kochen lassen und währenddessen das Fett und den Schaum von der Oberfläche von Zeit zu Zeit abschöpfen. Anschließend wird die Sauce durch ein Tuch passiert. Die weiche Butter und das Mehl vermengen und in die Sauce einrühren. Die Sauce darf nicht mehr kochen.
Mit kalten Butterflocken montieren, abschmecken und eventuell noch einen Spritzer Rotwein dazugeben.

Gefüllte Kalbsnieren mit gegrillten Zucchini
Rognons de veau farcis et courgettes grillées

Für 6 Personen:
1 kg Kalbsnieren ohne Fett, Salz, Pfeffer aus der Mühle, Duxelles (Rezept siehe unten), 20 dünne Scheiben Brustspeck, 2 Schweinsnetze (jedes ca. 25 × 30 cm), 3 Zucchini (à ca. 150 g), Saft von ½ Zitrone, etwas Mehl zum Wenden, 3 cl Öl, 30 g Schalotten, 60 g Butter, 15 cl Rotweinsauce (Rezept siehe oben), 6 Tomaten.

Die Kalbsnieren werden der Länge nach bis zur Mitte eingeschnitten und entnervt. Mit Salz und Pfeffer würzen, mit der Duxelles füllen und mit Speckscheiben umwickeln. Die Kalbsnieren in die gut gewässerten Schweinsnetze einschlagen und etwas zusammenbinden.
Im Rohr bei mäßiger Hitze zehn bis 15 Minuten braten und dann etwas rasten lassen.
Die Zucchini schneidet man in 30 schräge Scheiben, würzt sie mit Salz und Pfeffer und beträufelt sie mit etwas Zitronensaft. In wenig Mehl wenden, mit Öl bestreichen und am Grill rasch zirka eine Minute auf jeder Seite grillieren.
Die Schalotten in zehn Gramm Butter kurz anziehen lassen, mit der Rotweinsauce aufgießen und mit 30 Gramm kalten Butterflocken montieren. Aus den Tomaten bereitet man Tomates concassées, läßt sie in der restlichen Butter kurz anschwitzen und würzt mit Salz und Pfeffer. Die Nieren in Scheiben schneiden und mit den Zucchini, der Rotweinsauce und den Tomaten anrichten.

Fülle (Duxelles):

30 g Schalotten, 30 g Butter, 300 g Champignons, 1 Eßlöffel gehackte Petersilie, Salz, Pfeffer aus der Mühle, 2 Eidotter.

Die geschnittenen Schalotten in etwas Butter glasig werden lassen, die feingehackten Champignons dazugeben, kurz mitrösten und mit Petersilie, Salz und Pfeffer würzen.
Das Ganze etwas auskühlen lassen und mit den Eidottern binden.

Wenn Sie eine fertige feine Farce zur Verfügung haben (zum Beispiel von der gefüllten Hühnerbrust mit Lauch, Seite 122), kann man die Duxelles zur besseren Bindung damit vermischen.

Bild Seite 115

Kalbszüngerl mit Wurzelgemüse
Langue de veau aux légumes raves

Für 6 Personen:
30 g Karotten, 30 g Sellerie, 40 g Lauch (nur die weißen Teile), 200 g kleine Frühlingszwiebeln,
3 Kalbszungen (à ca. 340 g), 1 l heller Kalbsfond (Grundrezept siehe Seite 219), 1 Spritzer Weißwein, 70 g Butter, Salz, Pfeffer aus der Mühle, 10 g Schnittlauch, 60 g Kren.

Karotten, Sellerie und den weißen Teil vom Lauch in Streifen schneiden und getrennt in Salzwasser kochen. Von den Frühlingszwiebeln den Strunk und die grünen Enden abschneiden und die Zwiebeln ebenfalls kurz überkochen.
Die Kalbszungen waschen und in Kalbsfond weich kochen. Dann in kaltem Wasser abschrecken und die Haut abziehen. Die Zungen werden der Länge nach in fünf Millimeter breite Scheiben geschnitten und in etwas Fond warm gehalten. Die Hälfte des Fonds, in dem die Zungen gekocht wurden, reduziert man auf etwa zwei Deziliter. Dann gießt man einen Spritzer Weißwein dazu, montiert mit kalten Butterflocken und gibt das gekochte Gemüse hinein. Mit Salz und Pfeffer abschmecken und mit dem geschnittenen Schnittlauch vollenden.
Auf vorgewärmten Suppentellern richtet man die Zungenscheiben an und gibt das Gemüse mit dem Fond darüber. Mit geriebenem Kren servieren.

Bild Seite 106

Ragout von Bries und Kalbsnieren
Ragoût de ris et rognons de veau

Für 6 Personen:
500 g gut gewässertes Kalbsbries, 1 Lorbeerblatt, 40 g Butter, Salz, Pfeffer aus der Mühle, 600 g Kalbsnieren ohne Fett, 2 cl Olivenöl, 2 cl Cognac, 1 Teelöffel gehackter Kerbel, 1 Teelöffel gehackte

Das Kalbsbries in Salzwasser mit dem Lorbeerblatt aufkochen und zehn Minuten ziehen lassen, so daß es in der Mitte noch rosa ist. Dann zieht man die Haut und die Flachsen ab und zupft das Bries in gleichmäßige kleine Stücke. In 20 Gramm leicht gebräunter Butter kurz anbraten, salzen, pfeffern und auf ein Sieb schütten.
Die Kalbsnieren entsehnen, in zirka zwei Zentimeter große Würfel schneiden und mit Salz und Pfeffer würzen. In Oli-

Petersilie, 1 Teelöffel geschnittener Schnittlauch, 1 Messerspitze gehackter Estragon, Saft von ½ Zitrone, 1 Teelöffel Dijonsenf, 3 Eßlöffel geschlagenes Obers.

venöl rasch anbraten, sie sollen innen noch rosa sein. Dann das Fett abgießen. Nun gibt man das Bries und die restliche Butter dazu und flambiert mit Cognac. Die bereits gegarten Champignons (siehe unten bei „Sauce") werden beigegeben, und die fertige Sauce wird darübergeleert. Mit Salz und Pfeffer, den gehackten Kräutern sowie Zitronensaft und Senf würzen. Das Schlagobers darunterziehen und abschmecken.

Die Nieren darf man nicht in der Sauce kochen lassen, da sie sonst trocken und zäh werden.

Sauce:

30 g Schalotten, 30 g Butter, 30 kleine Champignonköpfe oder andere Pilze, 2 dl Weißwein, 4 cl Madeira, 2 dl kräftiger brauner Kalbsfond (Grundrezept siehe Seite 219), ½ l Obers, 1 Eßlöffel Kartoffelstärke, 30 g Butter zum Montieren.

Die feingehackten Schalotten in etwas Butter glasig werden lassen, die Champignonköpfe beigeben und mit Weißwein ablöschen.
Die Flüssigkeit wird reduziert, die Champignonköpfe werden herausgenommen (sie sind für die Einlage), man gießt mit Madeira auf und kocht abermals fast bis zur Gänze ein. Mit braunem Kalbsfond auffüllen, das Obers dazugeben und die Sauce zirka zehn Minuten kochen lassen. Das Stärkemehl rührt man mit kaltem Wasser an, gibt es in die Sauce und läßt diese aufkochen.
Zum Schluß wird die Sauce passiert und im Mixer mit kalten Butterflocken montiert.

Kaninchenleber auf Weißkraut in Kräuterdressing
Foie de lapin sur chou blanc au vinaigre de fines herbes

Für 6 Personen:
400 g Kaninchenleber, 50 g Butter, Salz, Pfeffer aus der Mühle,
½ Kopf junges Weißkraut, ⅛ l Obers, ½ Menge der im Grundrezept angegebenen Kräuterdressing (Grundrezept siehe gebundene Dressing, Seite 227).

Die Leberstücke vierteln, in Butter rosa braten und mit Salz und Pfeffer würzen.
Den Strunk vom Weißkraut herausschneiden und das Kraut in fünf Millimeter breite Streifen schneiden. In Salzwasser knackig kochen. Das Obers wird eingekocht, bis es dickflüssig ist. Dann kommt das Weißkraut dazu sowie Salz und Pfeffer.
Das Kraut in tiefen Tellern anrichten, die gebratene Leber daraufgeben und mit der Kräuterdressing überziehen.

Die Kräuterdressing soll nicht zu dünn sein.

Geflügel

Entenbrust mit gebundener Entenlebersauce
Aiguillettes de canard en sauce de foie de canard liée

Für 6 Personen:
60 g Enten- oder Hühnerleber, 6 cl Olivenöl, Salz, Pfeffer aus der Mühle, 2 Eßlöffel Blut von Geflügel oder Kalb, 3 fleischige Entenbrüste, 6 cl Madeira, 4 cl Cognac, 4 cl Portwein, 8 Champignonstiele, 20 g Schalotten, 1 Zweig Thymian, etwas Rosmarin, 1 dl Rotwein, ½ l brauner Entenfond (Grundrezept siehe brauner Kalbsfond, Seite 219), Saft von ¼ Zitrone, 1 Spritzer Sherryessig, 40 g Butter, 6 Birnen, ¼ l Weißwein, 30 g Butter.

Die Enten- oder Geflügelleber in zwei Zentiliter heißem Olivenöl rasch anbraten, so daß sie in der Mitte noch roh ist. Mit Salz und Pfeffer würzen und auf ein Gitter legen. Das Fett abtropfen und die Leber auskühlen lassen. Dann durch ein feines Haarsieb drücken und die Masse mit dem Blut verrühren.
Die Entenbrüste löst man aus, halbiert sie, würzt mit Salz und Pfeffer und brät sie im restlichen Olivenöl an. Dann im Rohr bei mäßiger Hitze zirka acht bis zehn Minuten braten, so daß sie zart rosa sind. Die Entenbrüste herausnehmen und warm halten. Madeira, Cognac und Portwein werden eingekocht, die Champignonstiele, die geschnittenen Schalotten, Thymian und etwas Rosmarin beigegeben, mit Rotwein wird aufgegossen und abermals reduziert. Mit Entenfond auffüllen, das Ganze auf zirka zwei bis drei Deziliter einkochen und passieren. Dann läßt man die Sauce aufkochen und mengt unter ständigem Rühren nach und nach die Lebermasse ein. Nochmals aufkochen lassen, zur Seite stellen und den Schaum abschöpfen. Die Sauce durch ein feines Sieb passieren und anschließend im Mixer zirka 15 Sekunden auf kleiner Stufe mixen. Unter ständigem Rühren nochmals aufkochen lassen, einen Spritzer Zitronensaft und je nach Geschmack ein paar Tropfen Sherryessig dazugeben, abermals den Schaum abschöpfen, abschmecken und den ausgelaufenen Saft der Enten beimengen.
Mit kalten Butterflocken montieren und warm halten.
Die Birnen werden geschält und in Weißwein mit etwas Butter pochiert.
Von den Entenbrüsten wird die Haut gelöst, etwas nachgebräunt und die Brust in dünne Scheiben geschnitten.

Man richtet die Scheiben mit den pochierten Birnen, der Sauce und verschiedenen Beilagen je nach Geschmack an.

Die gebundene Entenlebersauce wird deshalb öfter passiert, damit sie sehr glatt wird.
Je nach Geschmack kann man auch etwas passierte Gänseleberterrine in die Sauce geben.

Bild Seite 116

Entenbrust mit Preiselbeeren
Poitrine de canard aux airelles

Für 6 Personen:
3 fleischige Entenbrüste, Salz, Pfeffer aus der Mühle, 4 cl Olivenöl, 4 cl Portwein, 1/8 l Rotwein, 40 g Schalotten, 1/2 l brauner Entenfond (Grundrezept siehe brauner Kalbsfond, Seite 219), 1 dl brauner Kalbsfond (Grundrezept siehe Seite 219), 50 g Preiselbeeren, 60 g Butter, Saft von 1/4 Zitrone.

Die Entenbrüste löst man aus, würzt mit Salz und Pfeffer und brät sie in heißem Olivenöl an. Dann im Rohr bei mäßiger Hitze zirka acht bis zehn Minuten braten, so daß sie zart rosa sind, und warm stellen.
Portwein, Rotwein und geschnittene Schalotten reduzieren. Mit Enten- und Kalbsfond auffüllen und auf zirka zwei Deziliter einkochen lassen. Einen Teil der Preiselbeeren in die Sauce geben und einige Minuten, ja nach Geschmack, mitkochen. Die Sauce mit den Beeren passieren, mit kalten Butterflocken montieren, die restlichen Preiselbeeren als Einlage dazugeben und mit Salz, Pfeffer und Zitronensaft abschmecken. Die Brust in zwei Teile schneiden und mit der Preiselbeersauce und verschiedenen Beilagen (zum Beispiel Rösti und Rotkraut) anrichten.

Anstelle von Preiselbeeren können Sie auch Melonen-, Orangen- oder eine Grapefruitsauce zur Ente servieren.

Bild Seite 116

Gefüllte Hühnerbrust mit Lauch
Poitrine de poulet farcie aux poiraux

Für 6 Personen:
3 Hühner (à ca. 1 kg), 6 Stangen junger Lauch, Salz, Pfeffer aus der Mühle, Fülle (Rezept siehe nächste Seite), Sauce (Rezept siehe nächste Seite).

Die Hühner werden komplett ausgelöst, und die Haut wird abgezogen. Nur die Flügelknochen läßt man an der Brust. Aus den Knochen hellen Geflügelfond (Grundrezept siehe Seite 222) bereiten. Die Hühnerkeulen für die Fülle verwenden.
Der Lauch wird geputzt. Die weißen Teile in acht bis zehn Zentimeter lange Stücke schneiden und diese in Salzwasser

zwei bis drei Minuten leicht kochen. Die grünen Teile einzeln herunternehmen, ebenfalls in acht bis zehn Zentimeter lange Stücke schneiden und kurz in heißem Salzwasser überbrühen.

Von den enthäuteten Bruststücken werden die Filets herausgezogen.

Die Brüste auf eine Folie geben und der Form nach auf drei Millimeter Dicke ausklopfen. Mit Salz und Pfeffer würzen, die grünen Teile vom Lauch gleichmäßig auflegen und mit der Fülle bestreichen. Die weißen Lauchteile in die Mitte legen, nochmals Fülle darüberstreichen und wieder mit den grünen Teilen des Lauchs die Fülle belegen.

Die Filets werden ebenfalls der Form nach dünn geklopft, und die letzte Schicht des Lauchs wird damit abgedeckt. Das Ganze vorsichtig zusammenrollen, in eine Alufolie geben und nachformen (siehe Grafik).

Die gefüllte Hühnerbrust bei zirka 85 Grad im Hühnerfond zehn bis 15 Minuten ziehen lassen. Die Hühnerbrüste etwas schräg schneiden, auf Tellern anrichten und mit der Sauce servieren.

Fülle:

6 Hühnerkeulen ohne Haut und Sehnen (netto 400 g Fleisch), 3/8 l Obers, 1 Ei, Salz, Pfeffer aus der Mühle, Saft von 1/2 Zitrone, 3 Eßlöffel Schlagobers.

Das gekühlte Hühnerfleisch zweimal durch die feine Scheibe des Fleischwolfs drehen. Die Masse in einer Schüssel auf geschlagenes Eis stellen. Dann nach und nach das gekühlte Obers und das Ei dazugeben, mit Salz, Pfeffer und Zitronensaft würzen und die Fülle durch ein Haarsieb streichen. Zum Schluß das geschlagene Obers darunterziehen.

Sauce:

2 dl heller Hühnerfond (Grundrezept siehe Seite 222), 1 dl Weißwein, 3 dl Obers, 20 g Butter, Saft von 1/2 Zitrone, 2 Eßlöffel Schlagobers.

Den Hühnerfond mit Weißwein einkochen, das Obers dazugeben und die Sauce auf die gewünschte Konsistenz reduzieren. Im Mixer mit einigen Butterflocken montieren, mit Zitronensaft abschmecken und das Schlagobers darunterziehen.

Wenn Sie gerne Lauch essen, können Sie diesen in Streifen schneiden, in Butter anziehen lassen und in wenig Fond dünsten.
Dann die Streifen in die Sauce geben.

Bild Seite 125

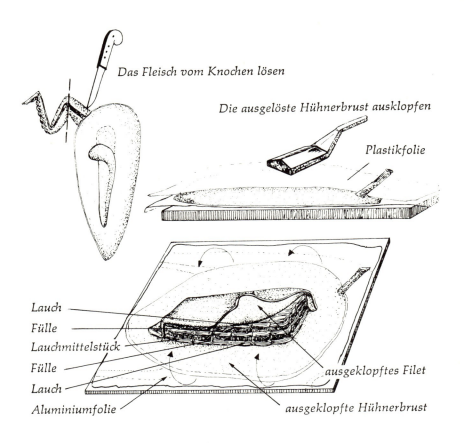

Masthuhn in Krenschaum
Poularde à la mousse au raifort

Für 6 Personen:
2 Masthühner (ca. 1,5 bis 1,8 kg), Salz, Pfeffer aus der Mühle, etwas Mehl zum Wenden, 60 g Butter, 40 g Schalotten, 8 cl Weißwein, ½ l heller Geflügelfond (Grundrezept siehe Seite 222), 4 dl Obers, Saft von ½ Zitrone, 4 Eßlöffel geriebener Kren, 2 Eßlöffel Schlagobers.

Die Hühner werden geviertelt, die Keulen nochmals geteilt. Die Teile salzen, pfeffern und in wenig Mehl wenden. Dann brät man sie mitsamt den Knochen in Butter an, ohne daß sie Farbe nehmen.

Die geschnittenen Schalotten dazugeben, mit Weißwein ablöschen und mit Hühnerfond aufgießen. Auf kleiner Flamme kochen lassen. Sobald die Brüste fertig sind, nimmt man sie heraus, die Keulen je nach Größe noch etwas weiterkochen lassen. Danach ebenfalls herausnehmen, das ganze Hühnerfleisch von den Knochen lösen und die Haut abziehen.

Der Fond wird auf zirka zwei Deziliter eingekocht, mit Obers aufgefüllt und zirka zehn Minuten weiter eingekocht, bis die Sauce eine cremige Konsistenz erhält. Kurz mixen und mit Salz, Pfeffer, Zitronensaft und dem geriebenen Kren abschmecken.

Zum Schluß gibt man die Geflügelteile in die fertige Sauce, läßt sie etwas ziehen und mengt das geschlagene Obers darunter. Die Hühnerteile werden mit dem Krenschaum in ei-

*Stubenkücken
mit Austernpilzen in Schilcher*

*Steirische Hühnerbrust
mit Kürbisgemüse und glacierten Gurken*

Gefüllte Hühnerbrust mit Lauch

Terrine von
Fasanen und Gänseleber

Gefülltes Hechtfilet im Salatblatt

Gebratener Hirschkalbsrücken
mit Weichselkirschen

Haselnußsoufflé mit Preiselbeeren
und Weinsabayon

Marinierte Perlhuhnbrust mit Weintrauben

Fasanenbrust mit Eierschwammerln und Mais

Wachtelbrüstchen in gebundenem Gemüsefond

nem Geschirr angerichtet und eventuell mit einigen gekochten Gemüsestiften als Garnitur serviert.

Man kann die Hühner auch im ganzen in etwas mehr Geflügelfond pochieren.

Steirische Hühnerbrust mit Kürbisgemüse und glacierten Gurken
Poitrine de poulet à la styrienne aux courges et concombres glacés

Für 6 Personen:
3 Hühnerbrüste, Salz, Pfeffer aus der Mühle, 80 g Butter, 6 cl Öl,
200 g gelber Kürbis, 2 dl heller Hühnerfond (Grundrezept siehe Seite 222), glacierte Gurken (Rezept siehe Seite 140), etwas Dill.

Die Hühnerbrüste komplett vom Knochen lösen, salzen, pfeffern und bei mäßiger Hitze in 40 Gramm Butter und etwas Öl im Rohr auf den Punkt garen.
Den Kürbis schälen, entkernen und in fünf Millimeter lange Stifte schneiden. In der restlichen Butter anziehen lassen, salzen und pfeffern. Mit Hühnerfond nach und nach aufgießen und den Kürbis glacieren.
Die Hühnerbrüste der Länge nach einmal durchschneiden, auf die Teller geben und mit dem Kürbisgemüse sowie den glacierten Gurken anrichten. Mit Dill garnieren.

Bild Seite 125

Stubenkücken mit Austernpilzen in Schilcher
Poussin aux plurottes au Schilcher

Für 6 Personen:
6 Stubenkücken oder 6 Hühnerbrüste, Salz, Pfeffer aus der Mühle, etwas Mehl zum Wenden, 50 g Butter,
20 g Schalotte, 40 g Morcheln (getrocknet ca. 35 Stück),
2 cl Madeira, ¼ l Schilcher, ¾ l heller und ⅛ l brauner Hühnerfond (Grundrezepte siehe Seite 222 und brauner Kalbsfond, Seite 219), ½ l Obers, Saft von ½ Zitrone,

Die Hähnchen vierteln (Rückenknochen und Hals für Hühnerfond verwenden), salzen, pfeffern und auf beiden Seiten in sehr wenig Mehl wenden. Die Hähnchenstücke in etwas Butter anbraten und auf ein Tuch legen.
Die restliche Butter in die Pfanne geben und die geschnittene Schalotte mit den Morcheln kurz anschwitzen lassen. Mit Madeira ablöschen, mit Schilcher auffüllen und einkochen. Hellen und braunen Geflügelfond dazugießen und weiterreduzieren.
Nun gibt man die Hähnchen dazu und läßt sie zugedeckt zirka fünf Minuten dünsten.
Danach nimmt man die Brüste heraus, löst die restlichen Knochen aus und gibt das Obers dazu.

400 g Austernpilze, 30 g Butter, 2 Eßlöffel Schlagobers.

Die Keulen brauchen etwas länger. Wenn sie fertig sind, ebenfalls herausnehmen, die Sauce auf die gewünschte Konsistenz einkochen und abschmecken. Die Austernpilze in Stücke schneiden, in etwas Butter sautieren und der Sauce beimengen. Das geschlagene Obers darunterziehen. Das Huhn wieder in die Sauce geben und servieren.

Auch Champignons, getrocknete Steinpilze oder Morcheln eignen sich besonders gut für dieses Gericht.

Bild Seite 125

Truthahnmedaillons in Zitronenmelisse
Médaillons de dinde à la mélisse citrine

*Für 6 Personen:
12 Medaillons von jungem Truthahn (à ca. 80 g), Salz, Pfeffer aus der Mühle, etwas Mehl zum Wenden, 4 cl Öl, 70 g Butter, 2 dl Madeira, 1 dl trockener Weißwein, ¼ l heller Hühnerfond (Grundrezept siehe Seite 222), ¼ l Obers, Saft von ½ Zitrone, 1 Eßlöffel gehackte Zitronenmelisse, 2 Eßlöffel Schlagobers, 1 Zitrone zum Garnieren.*

Die Medaillons salzen, pfeffern, in wenig Mehl wenden und in Öl mit der Hälfte der Butter auf kleiner Flamme rosa braten. Dann wird das Fleisch herausgenommen und das Fett abgegossen. Mit Madeira und Weißwein ablöschen und reduzieren. Den Hühnerfond dazugeben und auf zirka ein Deziliter Flüssigkeit einkochen. Das Obers und den ausgelaufenen Saft der Truthahnmedaillons dazugeben und zu einer sämigen Konsistenz einkochen. Vorsicht, nicht zu lange kochen, sonst gerinnt das Obers.
Die Sauce wird passiert, in den Mixer mit den restlichen kalten Butterflocken gegeben und mit dem Zitronensaft abgeschmeckt. In das Geschirr zurückleeren, die gehackte Melisse beigeben und die Medaillons kurz in der Sauce ziehen lassen. Das Truthahnfleisch wieder herausnehmen und die Sauce mit dem geschlagenen Obers vollenden.
Von einer ungespritzten Zitrone die gelbe Schale herunterschälen, in dünne Streifen schneiden, in Wasser kurz überkochen und auskühlen lassen.
Von derselben Zitrone die Filets herausschneiden und im übriggebliebenen Saft der Zitrone die Filets wärmen.
Die Truthahnmedaillons werden auf einer Platte angerichtet, die Sauce wird darübergezogen, und je nach Belieben garniert man mit den warmen Zitronenfilets und -streifen.

Dieselbe Sauce paßt auch gut zu Kalbs- oder Schweinsmedaillons.

Wild und Wildgeflügel

Fasanenbrust mit Eierschwammerln und Mais
Poitrine de faisan aux chanterelles et au maïs

Für 6 Personen:
3 Fasanenbrüste, Salz, Pfeffer aus der Mühle, 4 cl Olivenöl, 2 dl brauner Fasanenfond (Grundrezept siehe brauner Wildfond, Seite 221), 30 g Butter zum Montieren, 1 Maiskolben, 5 cl Milch, 50 g Butter, 100 g Steinpilze, 60 g Eierschwammerln, 30 g Morcheln, 2 Tomaten, etwas Kerbel.

Die ausgelösten Fasanenbrüste salzen und pfeffern, in Olivenöl anbraten und im Rohr zirka fünf Minuten fertigbraten, so daß die Fasanenbrüste zart rosa sind. Man nimmt sie heraus, schüttet das Fett ab und gießt mit Fasanenfond auf. Zirka auf die Hälfte reduzieren, dann die Sauce mit Butter montieren.
Abschmecken und nicht mehr kochen lassen.
Der Maiskolben wird in Salzwasser mit Milch und etwas Butter gekocht, und anschließend werden die Kerne vom Kolben gelöst. Man putzt und wäscht die Pilze, läßt sie in der restlichen Butter anschwitzen und gibt die Maiskörner dazu. Aus den Tomaten Tomates concassées bereiten und ebenfalls zu den Pilzen geben. Zum Schluß mit Salz und Pfeffer abschmecken. Die Fasanenbrüste werden dünn aufgeschnitten und mit der Sauce und den Beilagen angerichtet. Mit Kerbel garnieren und servieren.

Je nach Geschmack kann man in die Sauce einige Tropfen Madeira oder Sherry geben.

Bild Seite 128

Gamsfiletspitzen mit Paprika
Pointes de filets de chamois au poivron

Für 6 Personen:
900 g Filetspitzen oder zarte Rückenanschnitte einer

Man schneidet das Fleisch in zirka ein Zentimeter breite und vier Zentimeter lange Streifen, würzt sie mit Salz und Pfeffer und sautiert sie mit den Pilzen in sehr heißem Olivenöl an.

Gemse, Salz, Pfeffer aus der Mühle, 36 kleine Champignonköpfe, Eierschwammerln, Steinpilze oder Morcheln, 6 cl Olivenöl, 40 g Butter, 2 cl Cognac, Paprikasauce (Rezept siehe unten), 1 Spritzer Zitronensaft, 2 Eßlöffel Schlagobers.

1 roter und 1 grüner Paprika, 4 Tomaten, 50 g Schalotten, 40 g Butter, 1 Eßlöffel Tomatenpüree, 2 bis 3 Eßlöffel edelsüßes Paprikapulver, 1/8 l Rotwein, 3 dl brauner Wildfond (Grundrezept siehe Seite 221), 4 dl Obers, 30 g Butter zum Montieren.

Das Fett wird abgegossen, etwas Butter dazugegeben und mit Cognac flambiert. Die Paprikasauce dazugeben, mit Salz, Pfeffer und Zitronensaft abschmecken und mit Schlagobers vollenden. Die Sauce nicht mehr kochen lassen, da das Fleisch sonst zäh wird.

Anstelle von Gemsenfleisch können Sie für dieses Gericht auch zarte Spitzen von Schwarzwild jeder Art verwenden.

Paprikasauce:

Die Paprika werden halbiert, entkernt und mit der Hautoberseite auf die Herdplatte oder unter den Salamander gelegt. In kaltem Wasser abschrecken, die Haut abziehen und die Paprika in Rauten oder Würfel schneiden.
Aus den Tomaten bereitet man Tomates concassées.
Die geschnittenen Schalotten in Butter glasig werden lassen, die Tomates concassées beimengen, Tomatenpüree und Paprikapulver dazugeben, mit Rotwein ablöschen und das Ganze reduzieren.
Die Sauce mit braunem Wildfond auffüllen und auf zirka einen Deziliter einkochen. Das Obers dazugeben und zu einer sämigen Konsistenz reduzieren, mit der kalten Butter mixen und die Paprikawürfel dazugeben.

Gebratener Hirschkalbsrücken mit Weichselkirschen
Morceaux de selle de cerf rôtis aux griottes

Für 6 Personen:
1 kg Hirschkalbsrücken ohne Knochen, Salz, Pfeffer aus der Mühle, 3 cl Olivenöl, 2 dl brauner Wildfond (Grundrezept siehe Seite 221), 30 g Butter zum Montieren, 6 Portionen Schupfnudeln (Rezept siehe Seite 149), 20 g Butter, Wirsingkohl (Zubereitung siehe nächste Seite), Weichseln in Rotwein (Rezept siehe nächste Seite).

Die Sehnen und Häute vom Fleisch parieren und das Rückenfilet mit einer Schnur gleichmäßig binden. Mit Salz und Pfeffer würzen und in Olivenöl auf beiden Seiten anbraten. Dann im Rohr bei mäßiger Hitze zirka zehn Minuten fertigbraten, so daß das Fleisch zart rosa ist. Das Filet herausnehmen und an einem warmen Ort etwas rasten lassen.
Das Fett wird aus der Pfanne abgegossen und der Bratenrückstand im Geschirr mit Wildfond abgelöscht. Durch ein Tuch passieren, den ausgelaufenen Fleischsaft vom Filet dazugeben und das Ganze auf die Hälfte reduzieren. Den Fond mit einigen kalten Butterflocken binden und nicht mehr kochen lassen.
Die Schupfnudeln werden in Butter geschwenkt, so daß sie etwas Farbe annehmen.

Man schneidet das Rückenfilet in gleichmäßige Scheiben, richtet diese mit dem Wirsingkohl, den Schupfnudeln und den Weichseln an und gibt etwas Sauce um das Fleisch.

Wirsingkohl:

½ Wirsingkohl, 2 dünne Scheiben Räucherspeck, 20 g Butter, Salz, Pfeffer aus der Mühle.

Den Strunk vom Wirsingkohl entfernen, den Kohl in vier Zentimeter große Stücke schneiden und in Salzwasser knackig kochen. Den in Streifen geschnittenen Speck in etwas Butter anrösten, den Wirsing beigeben und mit Salz und Pfeffer abschmecken.

Weichseln in Rotwein:

1 dl Rotwein, 5 cl Portwein, 20 g Butter, 200 g Weichselkirschen, Pfeffer aus der Mühle.

Rotwein und Portwein werden fast zur Gänze reduziert, mit einigen kalten Butterflocken montiert und darin die entkernten Weichseln geschwenkt. Mit einer Spur Pfeffer würzen.

Bild Seite 127

Hirschrückensteak in Grüner-Pfeffer-Sauce
Steak de selle de cerf au poivre vert

Für 6 Personen:
6 Hirschrückensteaks (à 180 g), Salz, Pfeffer aus der Mühle, 4 cl Olivenöl, 50 g Butter, 40 g Schalotten, 60 g grüne Pfefferkörner, 1 dl Rotwein, 4 cl Cognac, 4 cl Madeira, 2 cl Portwein, 2 dl brauner Wildfond (Grundrezept siehe Seite 221), 4 dl Obers, 20 g Butter zum Montieren, 2 Eßlöffel Schlagobers.

Die Steaks salzen, pfeffern und in heißem Olivenöl auf beiden Seiten anbraten. Dann das Fett abgießen, 30 Gramm Butter dazugeben und die Steaks fertigbraten, bis sie zart rosa sind.
In der restlichen Butter die geschnittenen Schalotten anziehen, die abgewaschenen, zerdrückten Pfefferkörner dazugeben und durchschwenken. Mit Rotwein ablöschen und bis zur Gänze einkochen. Anschließend gibt man Cognac, Madeira und Portwein dazu und läßt das Ganze etwas reduzieren. Die Sauce mit Wildfond auffüllen, bis zur Hälfte einkochen, das Obers dazugeben und auf kleiner Flamme zirka zehn Minuten kochen lassen, bis die gewünschte Konsistenz erreicht ist.
Dann die Sauce passieren, mit kalten Butterflocken mixen und mit geschlagenem Obers vollenden. Etwa die Hälfte der Pfefferkörner als Einlage zurück in die Sauce geben.
Die Steaks werden in einem Geschirr angerichtet, mit Pfeffersauce überzogen und mit beliebiger Beilage serviert.

Ein Pfeffersteak vom Rind kann auf dieselbe Art zubereitet werden. Anstelle von Wildfond nimmt man jedoch braunen Kalbsfond.
Der Alkohol kann je nach Geschmack geändert werden.

Rehkarree in Portwein
Carré de chevreuil au porto

Für 6 Personen:
Karreeteile von 2 gut abgelegenen Rehrücken, Salz, Pfeffer aus der Mühle, 3 cl Olivenöl, 2 Eßlöffel frisches Blut vom Hasen, Reh oder Kalb, 30 g Butter, 250 g rote Rüben, 250 g Knollensellerie, Spätzle (Rezept siehe Seite 150), 60 g Butter zum Schwenken, 3 Williams Birnen, Saft von 2 Orangen und ½ Zitrone, 1 Zimtrinde, 1 Nelke, 10 g Butter, 6 Eßlöffel Preiselbeerkompott.

Jeweils den Karreeteil vom Rücken hacken, völlig entsehnen und die Knochen blank putzen. Salzen, pfeffern und in heißem Olivenöl anbraten. Dann im mittelheißen Rohr zirka zehn bis 15 Minuten zart rosa braten, aus dem Rohr nehmen, das Fett abschütten. Zirka zehn Minuten an einer warmen Stelle rasten lassen.
Man läßt die Reduktion aufkochen, leert den ausgelaufenen Saft vom Karree dazu, nimmt sie vom Herd und bindet mit dem Blut.
Die Sauce durch ein feines Tuch passieren, abschmecken und warm halten. Mit kalten Butterflocken montieren und nicht mehr kochen lassen.
Rote Rüben und Sellerie werden mit einem kleinen Messer beliebig tourniert und in Salzwasser gekocht, dann in Butter geschwenkt. Die Spätzle ebenfalls in Butter schwenken.
Die Birnen schälen, halbieren, das Kerngehäuse herausnehmen und in Orangen- und Zitronensaft mit Zimtrinde und Nelke pochieren. Dann im eingekochten Fond mit etwas Butter die Birnen kurz glacieren. Anschließend mit warmen Preiselbeeren füllen.
Man schneidet das Karree auf und serviert es mit den Beilagen und der Sauce.

Reduktion:

3 dl roter Portwein, 1 dl Madeira, 1 dl Cognac, ½ Knoblauchzehe, 1 kleiner Thymianzweig, 5 cl Orangensaft, 10 bis 15 zerdrückte Wacholderbeeren, 3 zerdrückte Pfefferkörner, ¼ l brauner Wildfond (Grundrezept siehe Seite 221).

Portwein, Madeira, Cognac, Knoblauch, Thymian, Orangensaft, Wacholderbeeren und Pfefferkörner gibt man in ein Geschirr und läßt die Zutaten fast zur Gänze einkochen. Den Wildfond hineingießen und nochmals etwas reduzieren. Dann zur Seite stellen.

Bild Seite 145

Rehrückenfilets mit jungem Gemüse und Steinpilzen
Filets de selle de chevreuil aux légumes primeurs et cèpes

Für 6 Personen:
900 g entsehnte und enthäutete Rehfilets vom Rücken, Salz, Pfeffer aus der Mühle, 4 cl Olivenöl, ¾ l brauner Wildfond, wenn möglich, aus Rehknochen (Grundrezept siehe Seite 221), 20 grüne Pfefferkörner, 1 Teelöffel Dijonsenf, 4 cl Blut vom Wild, Kalb oder Schwein, 200 g gut gewässertes Rindsmark, 18 junge Karotten, 350 g Brokkolirosen, 18 Frühlingszwiebeln, 500 g Steinpilze, Eierschwammerln oder andere Pilze, 80 g Butter.

Die Rehfilets in zirka vier Millimeter dünne Scheiben schneiden, salzen, pfeffern und in Olivenöl auf beiden Seiten einige Sekunden – so rasch wie möglich – bräunen.
Den Wildfond kocht man auf ein Drittel ein, gibt die zerdrückten grünen Pfefferkörner dazu und rührt den Senf ein. Die Sauce mit Blut binden, nicht mehr kochen lassen.
Das Mark in Scheiben schneiden, kurz in Salzwasser aufkochen lassen und auf ein Tuch legen.
Die jungen Karotten werden geschält, auf sechs Zentimeter Länge geschnitten und in Salzwasser gekocht. Brokkoli ebenfalls in Salzwasser kochen. Die Frühlingszwiebeln putzen, ebenfalls auf sechs Zentimeter Länge schneiden und in wenig Wasser und Butter dünsten.
Dann wird sämtliches Gemüse kurz in Butter geschwenkt, mit Salz und Pfeffer gewürzt und warm gehalten.
Die Pilze in Butter rasch anrösten, salzen und pfeffern. Wenn notwendig, werden sie geviertelt oder grobblättrig geschnitten. Man richtet das Gemüse sowie die Pilze auf Tellern an und legt die Rehfilets kreisförmig auf. Die Markscheiben in die Sauce geben und die Filets damit überziehen.

Rehnockerln mit Eierschwammerlsauce
Quenelles de chevreuil aux chanterelles

Für 6 Personen:
500 g Rehfleisch ohne Flachsen und Sehnen, etwas Thymian, Rosmarin und Majoran, eine Prise Wacholderpulver, 4 Semmeln ohne Rinde oder Weißbrot, ¼ l Milch, 160 g geputzte Hühnerleber, 6 dl Obers, Salz, Pfeffer aus der Mühle, 1 Spritzer Gin, 1 l heller Wild- oder Kalbsfond (Grundrezepte siehe Seite 222 und Seite 219), Eier-

Das gut gekühlte Rehfleisch wird mit den Gewürzen zweimal durch die feine Scheibe des Fleischwolfs gedreht.
Die Semmeln in Milch einweichen, ausdrücken und mit der gekühlten Hühnerleber einmal faschieren. Beide Massen miteinander vermischen und in einer Schüssel auf gestoßenem Eis rasten lassen. Nach und nach das gekühlte Obers mit einem Kochlöffel einrühren. Die Masse soll zwischendurch immer wieder anziehen. Mit Salz, Pfeffer und einem Spritzer Gin abschmecken, in den Kühlschrank stellen und rasten lassen.
Dann formt man mit einem Löffel Nockerln von zirka 80 Gramm und pochiert sie acht bis zehn Minuten in einem hellen Wildfond.

schwammerlsauce (Rezept siehe Seite 57).

Die Nockerln werden auf einem Teller oder sonstigen geeigneten Geschirr angerichtet und mit der Eierschwammerlsauce serviert.

Die Rehnockerlmasse kann man auch in gebutterte Mokkatassen füllen und im Wasserbad pochieren (zum Beispiel wie das Forellenmousse, Seite 57). Die Masse kann dadurch lockerer gehalten werden, daß man mehr Obers beigibt.

Marinierte Perlhuhnbrust mit Weintrauben
Poitrine de pintade marinée aux raisins

Für 6 Personen:
3 Perlhuhnbrüste, Salz, 3/8 l Obers, 6 cl Traubenschnaps, 1/2 l heller Perlhuhn- oder Hühnerfond (Grundrezepte siehe Seite 222), 150 g gelbe Weintrauben, 20 g Butter, 2 Eßlöffel geschlagenes Obers, Pfeffer aus der Mühle.

Die Perlhuhnbrüste von Haut und Knochen lösen und beides für den Fond verwenden. Die Brüste werden geteilt, etwas gesalzen und in eine Marinade aus Obers und Traubenschnaps gelegt, so daß sie gut bedeckt sind. Einige Tage im Kühlschrank stehen lassen, dann die Brüstchen aus der Marinade nehmen.
Den Fond kocht man auf einen Deziliter Flüssigkeit ein, füllt mit der Marinade auf und läßt die Sauce auf die gewünschte Konsistenz einkochen.
Die Weintrauben schälen, entkernen und 30 Gramm davon in die Sauce geben. Diese wird mit den Trauben und kalten Butterflocken kurz gemixt, passiert und mit dem geschlagenen Obers vollendet. Abschmecken und die restlichen Trauben als Einlage beifügen.
Die Perlhuhnbrüstchen werden unter den Salamander gelegt und zirka zwei Minuten auf jeder Seite gegart. Das Fleisch darf nicht ganz durch sein.
Schließlich schneidet man die Brüste in gleichmäßige Scheiben und gibt die Sauce mit den Trauben rundherum.
Mit Nudeln und blanchierten Gemüsestreifen anrichten.

Wenn Sie keinen Salamander haben, braten Sie die Brüstchen kurz auf beiden Seiten an.
Dieses Gericht ist sehr schnell bereitet, da die Perlhuhnbrüstchen durch das Einlegen in die Marinade in kurzer Zeit fertig sind.

Bild Seite 128

Rebhuhn auf Champagnerkraut
Perdreau et chou au champagne

*Für 6 Personen:
6 junge Rebhühner, Salz, Pfeffer aus der Mühle, 6 Scheiben grüner, ungesalzener Speck, 6 cl Olivenöl, 30 g Butter, Champagnerkraut (Rezept siehe Seite 140).*

Die Rebhühner rupfen, ausnehmen und etwas abtrocknen. Innen und außen salzen und pfeffern. Die Brust der Rebhühner mit Speck belegen und binden. So verhindert man, daß das Fleisch zu trocken wird. Die Rebhühner werden in Olivenöl auf beiden Seiten angebraten und dann bei 240 Grad ins Rohr gegeben. Nach zehn Minuten die Speckscheiben herunternehmen und die Rebhühner unter öfterem Begießen fünf bis acht Minuten weiterbraten lassen, so daß sie zartrosa sind.

Die Rebhühner herausnehmen, etwas braune Butter darübergeben und mit dem Champagnerkraut, einer Garnitur nach Belieben (zum Beispiel geschälten, entkernten Weintrauben, Speck, Perlzwiebeln) und braunem, leicht gebundenem Rebhuhnfond servieren.

Man tranchiert die Rebhühner vor dem Gast.

Da die Brust noch etwas rosa sein soll und die Keulen länger brauchen, bis sie durch sind, ist es am zweckmäßigsten, diese eventuell kurz nachzubraten.

Gefüllte Wachteln auf gedünsteter Chicorée
Cailles farcies aux endives à l'étuvée

*Für 6 Personen:
12 Wachteln, Salz, Pfeffer aus der Mühle, Fülle (Rezept siehe nächste Seite), 7 cl Olivenöl, 2 cl Madeira, 1/8 l Wasser, 2 dl Wachtelfond oder brauner Wildfond (Grundrezepte siehe Seite 222 und Seite 221), 30 g Butter, gedünstete Chicorée (Rezept siehe Seite 140).*

Die Wachteln werden vom Rücken her ausgelöst und das gesamte Gerippe sowie die oberen Schenkelknochen herausgenommen (diese für die Zubereitung des Fonds aufbewahren).

Man würzt die Wachteln mit Salz und Pfeffer und füllt sie. Den Wachteln wieder die ursprüngliche Form geben und jeweils auf eine Aluminiumfolie (Größe 10 x 7 Zentimeter) setzen. Die Wachteln von der Seite her in die Folie einwickeln (Brust nach oben) und in etwas Olivenöl im heißen Rohr bei zirka 270 Grad zehn bis 15 Minuten unter öfterem Begießen braten.

Die Wachteln aus der Pfanne nehmen, die Wachtelknochen in der Pfanne anrösten, das Fett abgießen und mit Madeira ablöschen. Kaltes Wasser dazugeben und einkochen lassen. Mit Wachtel- oder braunem Wildfond auffüllen, einige Minuten kochen lassen und dann die Sauce passieren. Den

Fond noch etwas einkochen und mit kalten Butterflocken montieren.
Den Wachteln nimmt man die Folie ab, setzt sie auf gedünstete Chicorée und beträufelt sie mit etwas Sauce.

Fülle:

100 g mageres Schweinefleisch, 200 g Kalbfleisch, 200 g grüner, ungesalzener Speck, ½ Apfel, 1 Schalotte, 40 g Butter, 20 Morcheln, Salz, Pfeffer aus der Mühle, 150 g Hühnerleber, 1 Ei, 4 cl Madeira.

Schweinefleisch, Kalbfleisch und Speck werden in Würfel geschnitten. Den halben Apfel und die Schalotte schneidet man in Scheiben, sautiert sie kurz in der Hälfte der Butter und stellt sie kalt.
Die Morcheln werden, falls sie getrocknet sind, in Wasser eingeweicht. Dann läßt man sie in der restlichen Butter anziehen, würzt mit Salz und Pfeffer und stellt sie ebenfalls kalt.
Schweine- und Kalbfleisch dreht man zweimal durch die feine Scheibe des Fleischwolfs, Speck, Hühnerleber, Apfel und Schalotte nur einmal. Man mischt alles gut durcheinander und gibt ein Ei dazu.
Den Madeira reduzieren und auskühlen lassen, dann ebenfalls in die Masse mengen. Diese durch ein Sieb streichen, die Morcheln dazugeben und abschmecken.

Wachtelbrüstchen in gebundenem Gemüsefond
Poitrine de caille au fond de légumes lié

*Für 6 Personen:
2 Karotten, 1 Kohlrabi, 2 Lauch, 100 g blaue Zwiebeln, 60 g Wirsingkohl, 12 Wachteln, 6 Basilikumblätter, Salz, Pfeffer aus der Mühle, 90 g Butter.*

Die Karotten und den Kohlrabi olivenförmig tournieren, die weißen Teile des Lauchs in Scheiben, die Zwiebeln in Viertel (je nach Größe) und den Wirsing in zirka zwei Zentimeter große Quadrate schneiden. Das Gemüse einzeln in Salzwasser kochen und auf ein Tuch legen.
Die Wachtelbrüstchen auslösen, die Knochen etwas zerkleinern und für den Fond verwenden (Grundrezept siehe Seite 222).
Die Keulen für andere Gerichte aufheben.
Die Wachtelbrüstchen werden in Wachtelfond rosa pochiert und dann herausgenommen. Das Gemüse und die in Streifen geschnittenen Basilikumblätter dazugeben und mit Salz und Pfeffer abschmecken. Mit kalten Butterflocken montieren. Die Wachtelbrüstchen werden der Länge nach einmal durchgeschnitten, auf Tellern angerichtet und mit Fond überzogen.

Dieses Gericht kann man auch mit anderem Geflügel oder Wildgeflügel zubereiten.

Bild Seite 128

Wildschweinkarree in Wacholderrahmsauce
Carré de sanglier au genièvre

Für 6 Personen:
Karreeteile von 2 gut abgelagerten Wildschweinrücken, Salz, Pfeffer aus der Mühle, 3 cl Olivenöl, 100 g Stangensellerie, 60 g Karotten, 80 g Zwiebeln, 60 g geräucherter Brustspeck, 1/16 l Weißwein, 20 Wacholderbeeren, 1/2 Lorbeerblatt, 15 cl Obers, 30 g Butter, 300 g junge Zwiebeln, 6 cl Bouillon (Grundrezept siehe Seite 220), 500 g Kohlsprossen, 50 g Butter, 50 g Mandeln, 50 g Haselnüsse, 500 g Edelkastanien, 8 cl Madeira.

Die Karreeteile vom Rücken hacken, entsehnen und die Knochen blank putzen. Dann das Fleisch salzen, pfeffern und in heißem Olivenöl anbraten. Anschließend unter Zugabe der Sehnen und Abschnitte im Rohr bei mittlerer Hitze zirka 12 Minuten rosa braten. Die Karrees aus der Pfanne nehmen und an einem warmen Platz etwas ruhen lassen. Stangensellerie, Karotten, Zwiebeln sowie die Hälfte des Specks in Scheiben schneiden, in die Pfanne geben und anrösten. Mit Weißwein ablöschen, 15 zerdrückte Wacholderbeeren und das halbe Lorbeerblatt dazugeben und völlig einkochen. Mit Obers auffüllen und wieder reduzieren, bis die Sauce eine cremige Konsistenz hat.
Schließlich gibt man den ausgelaufenen Saft von den Karrees in die Sauce, seiht diese ab, fügt die restlichen fein gehackten Wacholderbeeren bei, montiert mit kalten Butterflocken und schmeckt mit Salz und Pfeffer ab.
Die jungen Zwiebeln kürzt man auf zirka drei Zentimeter und nimmt die erste Schale weg. In einem Geschirr den restlichen kleinwürfelig geschnittenen Speck anrösten, die Zwiebeln dazugeben, salzen, pfeffern, mit Bouillon aufgießen und weich dämpfen.
Die Kohlsprossen werden geputzt, am Strunk kreuzweise eingeschnitten und in Salzwasser gekocht. Dann in etwas brauner Butter mit den feingehackten Mandeln und Haselnüssen schwenken. Die Kastanien werden rundherum mit einem spitzen Messer quer eingeschnitten, auf ein Blech gelegt oder in eine Pfanne gegeben, bei zirka 220 bis 250 Grad für zehn Minuten ins Rohr geschoben und noch warm geschält. Den Madeira einkochen und im verbleibenden Extrakt mit etwas Butter die Kastanien schwenken.
Zum Schluß das Karree aufschneiden und auf Tellern mit den Beilagen und der Wacholderrahmsauce anrichten.

Wenn Sie der Sauce einen Eßlöffel Wildschweinglace beifügen, brauchen Sie die Sehnen nicht mitzurösten.

Bild Seite 145

Gemüse und Beilagen

Champagnerkraut
Chou au champagne

Für 6 Personen:
800 g Weißkraut, 1 geschnittene Zwiebel, 120 g Butter, 30 g Zucker, Salz, Pfeffer aus der Mühle, 2 dl trockener Weißwein, 7 dl Bouillon (Grundrezept siehe Seite 220), 1/8 l Champagner.

Das Weißkraut wird geviertelt (den Strunk herausschneiden) und in gleichmäßige Streifen geschnitten. Die Zwiebel in der Hälfte der Butter glasig werden lassen, den Zucker beifügen und hellbraun rösten. Man gibt das Kraut dazu, schwenkt es kurz durch und würzt mit Salz und Pfeffer. Mit Weißwein auffüllen, das Ganze einkochen lassen, die Bouillon dazugeben und zugedeckt zirka 30 Minuten dünsten lassen. Die Flüssigkeit auf ein Fünftel reduzieren. Den Champagner dazugeben und mit den restlichen Butterflocken binden. Nicht mehr kochen lassen.

Gedünstete Chicorée in Rahmsauce
Endives à l'étuvée à la crème

Für 6 Personen:
6 Chicorée (ca. 650 g), Saft von 1/2 Zitrone, 10 g Schalotte, 20 g Butter, 1/8 l Obers, Salz, Pfeffer aus der Mühle.

Die Chicorée in einen halben Zentimeter breite Streifen schneiden und in Salzwasser mit Zitronensaft etwas vorkochen. Auskühlen lassen. Die geschnittenen Schalotten in Butter glasig werden lassen, mit Obers auffüllen und zu einer sämigen Konsistenz einkochen lassen. Die Chicorée dazugeben und mit Salz und Pfeffer abschmecken.

Glacierte Gurken
Concombres glacés

Für 6 Personen:
6 Salatgurken (à ca. 300 g),

Die Gurken schälen, der Länge nach halbieren, entkernen und in zirka fünf Millimeter breite Scheiben schneiden.

50 g Butter, 2 dl Bouillon oder heller Kalbsfond (Grundrezepte siehe Seite 220 und Seite 219), Salz, Pfeffer aus der Mühle, 1 Eßlöffel gehackter Dill.

In einer Pfanne mit Butter läßt man die Gurken anziehen, füllt mit Bouillon nach und nach auf und glaciert die Gurken bei mäßiger Hitze – sie sollen nicht zu weich werden. Mit Salz, Pfeffer und Dill würzen.

Gratinierte Kohlrabi
Chou-rave gratiné

*Für 6 Personen:
5 Kohlrabi (à 250 g), 20 g Butter, ½ l heller Kalbs- oder Hühnerfond (Grundrezepte siehe Seite 219 und Seite 222), ¼ l Obers, Salz, Pfeffer aus der Mühle, 5 Eßlöffel geschlagenes Obers, 1 Eidotter.*

Die Kohlrabi schälen und in fünf Millimeter dicke Scheiben schneiden. In heißer Butter etwas anschwitzen, mit Kalbsfond auffüllen und langsam einkochen lassen. Das Obers dazugeben und so lange einkochen, bis die gewünschte Konsistenz erreicht ist. Die Kohlrabi sollen dabei nicht zu weich werden. Mit Salz und Pfeffer würzen. Das geschlagene Obers mit dem Eidotter verrühren und unter die nicht mehr kochenden Kohlrabi ziehen. Das Ganze in ein flaches, feuerfestes, mit Butter bestrichenes Geschirr füllen und bei starker Oberhitze bräunen (gratinieren).

Petersilienpüree
Purée de persil

*Für 6 Personen:
200 g Petersilie, 40 g Kerbel, 70 g Blattspinat, 10 g Schalotte, 20 g Butter, ¼ l Obers, Salz, Pfeffer aus der Mühle, 10 g Butter zum Montieren.*

Petersilie und Kerbel abzupfen, den Blattspinat entstielen und alles kurz blanchieren. In kaltem Wasser abschrecken, gut ausdrücken und grob hacken. Die geschnittene Schalotte in etwas Butter kurz anziehen lassen, die Kräuter und den Spinat dazugeben, mit Obers auffüllen und zirka auf die Hälfte einkochen. Das Ganze im Mixer nicht zu fein pürieren, mit Salz und Pfeffer abschmecken und vor dem Service mit den kalten Butterflocken montieren.

Kressepüree
Purée de cresson

*Für 6 Personen:
200 g Wasserkresse, 15 g Gartenkresse, 30 g Kerbel, 80 g Blattspinat, 20 g geschnittene Schalotten, 20 g Butter, ⅛ l Obers, Salz, Pfeffer.*

Zubereitet wird das Kressepüree wie Petersilienpüree.

Brokkoliflan
Flan de brocoli

*Für 6 Personen:
500 g Brokkoli, 20 g Butter,*

Die Röschen und Stiele der Brokkoli in Salzwasser kernig kochen und in etwas Butter anschwitzen. Dann mit Obers auf-

6 cl Obers, 2 Eier, Salz, Pfeffer aus der Mühle, etwas Muskatnuß.

füllen, einkochen lassen und abkühlen. Alles im Mixer pürieren, die Eier dazugeben und abschmecken. Wenn es notwendig ist, das Püree durch ein Haarsieb streichen.

Kleine Formen oder Mokkatassen werden mit der restlichen Butter befettet, in den Tiefkühlschrank gestellt, und dann wird der ganze Vorgang wiederholt. Dadurch rinnt die Butter nicht herunter, und die Masse klebt nicht so leicht an der Seite an. Die Brokkolimasse in die Formen füllen und in einem Wasserbad im Rohr bei zirka 110 Grad 45 Minuten ziehen lassen. Das Wasser soll nicht mehr als 80 bis 90 Grad haben.

Den fertigen Flan stürzen und als Beilage zu diversen Ragouts von Froschschenkeln, Muscheln, Meeresfrüchten usw. servieren.

Fenchelflan
Flan de fenouil

*Für 6 Personen:
500 g Fenchel, 50 g Butter, 15 cl Obers, Salz, Pfeffer aus der Mühle, 2 Eier.*

Die Fenchel der Länge nach halbieren, den Strunk herausnehmen, die Fäden abziehen und den Fenchel in kleine Stücke schneiden. In 30 Gramm Butter leicht anziehen lassen und mit wenig Wasser knackig dünsten. Wenn das Wasser verdampft ist, mit Obers auffüllen und zirka zwei bis vier Minuten einkochen lassen. Mit Salz und Pfeffer würzen und die Masse kurze Zeit überkühlen lassen. Im Mixer pürieren, die Eier dazugeben und die Masse durch ein Haarsieb streichen, damit etwaige Fäden hängenbleiben. Nochmals nachwürzen. Die Formen mit der restlichen Butter befetten, in den Tiefkühler stellen und den Vorgang wiederholen. Die Masse füllt man in die Förmchen und deckt diese mit Butterpapier ab, damit sich keine Haut bildet. Im Rohr in einem Wasserbad bei zirka 110 Grad 45 Minuten pochieren. Das Wasser darf dabei nicht kochen.

Den fertigen Flan stürzen und zu Muscheln, Fischragout oder auch Fleisch servieren.

Vor dem Pochieren werden die Förmchen mit Butterpapier abgedeckt, damit sich keine Haut bildet.

Kohlrabiflan
Flan de chou-rave

*Für 6 Personen:
750 g Kohlrabi, 30 g Butter, Salz, Pfeffer aus der Mühle,*

Den Kohlrabi schälen, in Scheiben schneiden, in der Hälfte der Butter anziehen lassen und mit Salz, Pfeffer und etwas Muskatnuß würzen. Ein wenig Wasser nach und nach dazu-

etwas Muskatnuß, 2 dl Obers, 3 Eier.

geben und langsam dünsten. Wenn das Wasser verdampft ist, Obers beimengen und zu einer sämigen Konsistenz weiterdünsten. Die Masse in den Mixer geben und pürieren. Kurz überkühlen lassen. Die Eier darunterrühren, abschmecken und durch ein Haarsieb streichen.
Sechs Mokkatassen mit der restlichen Butter bestreichen, in den Tiefkühlschrank geben und den Vorgang wiederholen. In diese Formen die Masse füllen und in einem Wasserbad im Rohr zirka eine Stunde bei 110 Grad pochieren.

Kressesavarin oder Kresseflan
Savarin au cresson ou flan de cresson

Für 6 Personen:
250 g Wasserkresse, 30 g Gartenkresse, 200 g Blattspinat, 30 g Schalotten, 30 g Butter, Salz, Pfeffer aus der Mühle, ¼ l Obers, 3 Eidotter, 1 Ei.

Wasser- und Gartenkresse sowie der Blattspinat werden entstielt, in Salzwasser blanchiert und in kaltem Wasser abgeschreckt. Das Gemüse wird gut ausgedrückt und mit einem Messer grob gehackt.
Die geschnittenen Schalotten in etwas Butter glasig werden lassen, den gehackten Spinat und die Kresse dazugeben, durchschwenken, salzen und pfeffern. Mit Obers auffüllen und zirka zehn Minuten einkochen lassen.
Das Ganze einige Sekunden im Mixer pürieren (nicht zu fein), auskühlen lassen, die Dotter und das Ei dazugeben, wieder kurz mixen und nachwürzen.
In gebutterte Savarinformen (Durchmesser zirka acht Zentimeter) geben und im Wasserbad bei zirka 140 Grad 25 bis 30 Minuten pochieren.

Kalbsbriesknödel
Quenelles de ris de veau

Für 6 Personen:
550 g gut gewässertes Kalbsbries, 3 Lorbeerblätter, 180 g Butter, 20 g Zwiebel oder Schalotte, Salz, Pfeffer aus der Mühle, 1 Prise Muskatnuß, 2 Eßlöffel gehackte Petersilie, 1 dl Weißwein, 8 abgerindete Semmeln (Knödelbrot, Weißbrot), ⅛ l Milch, 4 Eidotter, 40 g frische, weiße

Das Kalbsbries in Salzwasser mit Lorbeerblättern auf kleiner Flamme rosa kochen. Dann auskühlen lassen, die Haut abziehen und das Bries in kleine Stücke zupfen.
Zirka 250 Gramm Bries läßt man in 20 Gramm Butter anziehen, gibt die fein geschnittene Zwiebel dazu und würzt mit Salz, Pfeffer und einer Prise Muskatnuß. Mit Petersilie vermischen, mit Weißwein ablöschen, einkochen, kalt stellen.
Drei Semmeln in Milch einweichen und mit dem sautierten Bries durch die feine Scheibe des Fleischwolfs drehen.
Das restliche Bries wird in wenig Butter (zirka 10 Gramm) kurz angeröstet, mit Salz und Pfeffer gewürzt, eventuell et-

Semmelbrösel (Mie de pain), 4 Eiklar, etwas Mehl zum Wenden.

was gehackt und kalt gestellt. Den Rest der Butter schaumig rühren, nach und nach die Eidotter daruntermengen und mit der faschierten Masse mischen.

Die restlichen Semmeln in Würfel schneiden und mit dem angerösteten Bries unter die Masse rühren. Die weißen Semmelbrösel und das geschlagene Eiklar darunterziehen und abschmecken. Das Ganze in den Kühlschrank stellen und etwas rasten lassen.

Zwölf Knödel formen, in etwas Mehl kurz wenden und in kochendem Wasser zirka 15 Minuten wallen lassen.

Gratinierte Kartoffeln
Pommes de terre gratinées

*Für 6 Personen:
1 kg Kartoffeln, ¼ l Milch, 3 dl Obers, Salz, Pfeffer aus der Mühle, etwas Muskatnuß, 20 g Butter, 1 Knoblauchzehe, 50 g geriebener Käse (Emmentaler, Gruyère).*

Die Kartoffeln schälen (nicht wässern, da die Stärke sonst verlorengeht) und in drei Millimeter dicke Scheiben schneiden. Milch und Obers mit den geschnittenen Kartoffeln, Salz, Pfeffer, Muskatnuß aufkochen und am Herdrand zirka zehn Minuten ziehen lassen.

Eine Gratinierform oder Pfanne wird mit etwas Butter befettet und mit einer halbierten Knoblauchzehe ausgerieben.

In diese vorbereitete Form gibt man die Kartoffeln, die mittlerweile etwas angezogen haben; die Kartoffeln nicht zu hoch in die Cocotte einfüllen. Den geriebenen Käse darüberstreuen, das Ganze im Rohr bei starker Oberhitze goldbraun backen und servieren.

Kartoffelkuchen
Tarte aux pommes de terre

*Für 6 Personen:
1,8 kg Kartoffeln, 200 g Salz (zum Aufsetzen), 60 g Hamburger Speck oder Schinken, 1 Eßlöffel gehackte Petersilie, 30 g Butter, 1 Eidotter, Salz, Pfeffer aus der Mühle, etwas Muskatnuß, 1 cl Olivenöl.*

Die rohen Kartoffeln in der Schale in ein flaches Geschirr auf Salz setzen und im Rohr je nach Größe 40 bis 60 Minuten bei zirka 270 Grad garen. Dann halbieren, das Innere mit einem Löffel aushöhlen und mit einer Gabel etwas zerdrücken. Speck oder Schinken wird in Scheiben geschnitten und mit der Petersilie in etwas Butter angeröstet. Zusammen mit dem Eidotter und den Gewürzen mischt man den Speck mitsamt der Butter unter die zerdrückten Kartoffeln.

In einer Omelettenpfanne Olivenöl erhitzen und die Kartoffeln einen Zentimeter hoch mit einer Palette einfüllen. Auf beiden Seiten goldbraun braten und auf einer runden Platte oder in Portionen geschnitten servieren.

Wildschweinkarree in Wacholderrahmsauce

Rehkarree in Portwein

Hochzeitstorte

Wachtelessenz im Nest

Salat von Flußkrebsen, Spargelspitzen und Prinzeßbohnen in Kerbeldressing

Eisparfait mit Früchten

Kalbsrückensteak mit Walnüssen und Frühlingsgemüse

Rösti mit Eierschwammerln
Rösti aux chanterelles

Für 6 Personen:
600 g Kartoffeln, 100 g Eierschwammerln oder andere Pilze, 3 cl Olivenöl, Salz, Pfeffer aus der Mühle, 30 g Butter.

Die rohen Kartoffeln schälen und zündholzförmig schneiden. Nicht wässern, damit die Stärke erhalten bleibt. Die Eierschwammerln putzen und waschen.
In einer Omelettenpfanne erhitzt man Olivenöl, schwenkt die Kartoffelstifte durch, würzt mit Salz und Pfeffer und gibt die Eierschwammerln dazu.
Mit einer Palette formt man die Masse rund (etwa einen Zentimeter hoch und 15 Zentimeter im Durchmesser).
Im Rohr bei sehr starker Hitze drei bis vier Minuten backen, dann herausnehmen, die Rösti umdrehen, die Butter am Rand beigeben und auf der Herdplatte fertiggaren.

Wenn Sie zwei Pfannen Rösti machen, können Sie auf eine fertige Rösti gedünstetes oder anderes Gemüse oder Lauchstreifen, in Obers eingekocht, geben und mit der zweiten Rösti abdecken.

Schupfnudeln aus Kartoffelteig
Nouilles à la pâte de pommes de terre sautées

Für 6 Personen:
400 g mehlige, gekochte Kartoffeln in der Schale, 150 bis 200 g Mehl je nach Kartoffelsorte, 2 Eidotter, 50 g Butter, Salz, Pfeffer aus der Mühle, 1 Prise Muskatnuß, 40 g Butter.

Die geschälten, gekochten Kartoffeln durch die feine Scheibe des Fleischwolfs drehen. Mehl, Eidotter und zerlassene Butter gut unter die Masse mischen und mit Salz, Pfeffer und Muskatnuß abschmecken.
Auf einem bemehlten Blech formt man Rollen und schneidet diese in gleichmäßig kleine Stücke. Auf einem Brett mit der Hand kleine Nudeln formen. Sie sollen an beiden Enden dünner als in der Mitte sein.
In Salzwasser kochen und in Butter schwenken.

Je nach Belieben können Sie diese Nudeln auch in Butterbröseln oder feinen Kräutern schwenken.

Grüne Nudeln oder Fleckerln
Nouilles vertes

Für ca. 6 bis 10 Personen:
500 g Mehl, 10 Eidotter,

Das gesiebte Mehl mit Dottern, Salz, Wasser, Olivenöl und der Kräutermasse vermengen und mit dem Knetarm der

10 g Salz, 1 dl Wasser, 50 g Olivenöl, Kräutermasse (Grundrezept siehe Seite 230).

Rührmaschine gut verarbeiten, bis der Teig eine feste Bindung bekommt.
Der Teig wird aus der Schüssel genommen, mit der Hand zu Kugeln geformt und die Oberfläche mit etwas Öl ganz dünn bestrichen. Dann den Teig zudecken und eine halbe Stunde rasten lassen.
Mit der Maschine oder dem Teigroller den Teig stufenweise rechteckig auf etwa einen halben bis einen Millimeter Dicke ausrollen, genügend mit Mehl bestäuben und wieder fünf bis zehn Minuten rasten lassen.
Anschließend die Teigflächen von links nach rechts zur Mitte hin zusammenschlagen und nach Belieben in Streifen oder Fleckerln schneiden. Auf einem Brett ausbreiten, jedoch nicht trocknen lassen. In reichlich Salzwasser mit etwas Öl auf den Punkt kochen und kurz abschrecken.

Nach Möglichkeit die Nudeln oder Fleckerln im selben Wasser heiß machen, worin sie gekocht wurden, so bleibt die Stärke erhalten. Je nach Belieben kann man die Nudeln nachher kurz in ein wenig Butter schwenken.
Der Nudelteig kann auch mit ein wenig kurz gekochtem und fein gemixtem Gemüse gemischt werden. Der Teig wird dann aber nicht so fein.

Spätzle
Spetzli

Für 6 Personen:
15 cl Milch, 3 Eier, Salz, Pfeffer aus der Mühle, 1 Prise Muskatnuß, 300 g Mehl, 60 g Butter zum Schwenken.

Milch, Eier und Gewürze werden gut verschlagen und mit dem gesiebten Mehl zu einem glatten Teig verrührt.
Den Teig nach und nach in den Spätzlehobel geben, durchdrücken und in kochendem Salzwasser kochen. Die Spätzle auf einem Blech ausbreiten und auskühlen lassen oder in kaltem Wasser abschrecken. Dann in leicht gebräunter Butter kurz schwenken, eventuell nachwürzen.

Etwas flüssigeren Spätzleteig können Sie auch auf ein nasses Brett geben, mit einer Palette länglich formen und dünne Streifen in kochendes Wasser schaben.

Desserts

Bayerische Creme
Crème bavaroise

Für 6 Personen:
1 Blatt Gelatine, 1 dl Milch,
20 g Staubzucker, 1 Eidotter,
10 g Vanillezucker, 1 Eiklar,
20 g Kristallzucker,
15 cl Obers,
400 g Früchte der Saison.

Die Gelatine wird in kaltem Wasser eingeweicht. Milch, Staubzucker und Vanillezucker aufkochen, die Eidotter einrühren. Die Gelatine gut ausdrücken, mit der Grundcreme vermengen und dann kalt stellen.
Aus Eiklar und Kristallzucker wird Schnee geschlagen und in die überkühlte, noch nicht gestockte Grundcreme eingerührt. Das geschlagene Obers darunterheben, die Creme in sechs mit kaltem Wasser ausgespülte Formen füllen und kalt stellen. Die Creme wird auf Teller gestürzt, mit Früchten garniert und serviert.

Fruchtmark, Nougat oder diverse Alkoholika können ebenfalls in die Creme gegeben werden. Wenn jedoch zu viel Flüssigkeit beigefügt wird, muß man etwas mehr Gelatine nehmen.

Brioche in Zimtzucker auf Apfelmus
Brioche à la cannelle sur mousse de pommes

Für 6 Personen:
Brioche aus der halben im
Grundrezept angegebenen
Masse (Grundrezept siehe
Seite 231), 1 Ei, 4 cl Obers,
40 g Butter zum Backen,
80 g Zucker, 1 Teelöffel Zimt,
100 g Preiselbeeren,
50 g Zucker,
Apfelmus (Rezept siehe
nächste Seite).

Die Brioche wird in ein Zentimeter dicke Scheiben geschnitten und mit einem runden Ausstecher (Durchmesser sechs Zentimeter) halbmondförmig ausgestochen.
Ei und Obers werden mit einer Gabel gut verrührt und die ausgestochenen Briochescheiben darin getunkt.
In heißer Butter goldgelb backen und in einem Gemisch aus Zimt und Zucker wälzen.
Die Preiselbeeren und der Kristallzucker werden mit einem Handmixer etwa fünf Minuten auf kleiner Stufe gerührt, bis sich der Zucker aufgelöst und mit dem Saft der Preiselbeeren vermischt hat.

Das Apfelmus wird auf Teller aufgeteilt und mit noch warmer Brioche belegt. Zuletzt wird in die Mitte ein Löffel Preiselbeeren gegeben und sofort serviert.

Anstelle der Brioche kann man auch Weißbrotscheiben verwenden.

Apfelmus:

6 Äpfel, Saft von 1 Zitrone, 5 cl Obers.

Die Äpfel schälen, entkernen und mit Zitronensaft pürieren. Danach das flüssige Obers einrühren.

Eisparfait mit Früchten
Parfait glacé aux fruits

Für 6 Personen:
2 Eier, 4 Eidotter, 100 g Zucker, 4 dl Obers, 5 cl Maraschino (oder anderer Likör, je nach Belieben), 20 g Schokoladespäne, 1 dl Obers, 360 g Früchte der Saison.

Eier, Eidotter und Zucker werden im Wasserbad warm aufgeschlagen und dann kalt gerührt.
Geschlagenes Obers, Maraschino und Schokoladespäne darunterziehen.
Sechs kleine Reifen (Durchmesser acht Zentimeter, Höhe vier Zentimeter) setzt man auf ein mit Papier belegtes Blech, dressiert die Masse in diese Reifchen und läßt sie tiefkühlen. Dann die Parfaits aus den Reifchen schneiden und auf gekühlten Tellern anrichten.
Mit Schlagobers und Früchten, die in gleich große Stücke geschnitten wurden, garnieren.

Die Parfaitmasse kann auch in andere Förmchen – zum Beispiel Mokkatassen – gefüllt werden. Nach dem Tiefkühlen stürzen.
Die Schokoladespäne werden mit einem kleinen Messer von der Rückseite einer Schokoladetafel abgeschabt.

Bild Seite 147

Eisparfait mit Holunder in Rotwein
Parfait glacé aux sureaux et au vin rouge

Für 6 Personen:
2 Eier, 1 Eidotter, 80 g Zucker, 2 cl Wacholderschnaps, 3 dl Obers,

Eier, Eidotter und Zucker schaumig rühren, dann den Wacholderschnaps beigeben. Das geschlagene Obers darunterziehen und die Masse in eine Röhren- oder Wannenform (Durchmesser vier Zentimeter) füllen und tiefkühlen.

2 dl Rotwein, 1 Nelke, 50 g Honig, 150 g Holunder, 2 cl Grand Marnier.

Der Rotwein wird mit einer Nelke auf ein Viertel der Menge reduziert, dann werden der Honig und der Holunder dazugegeben, man kocht nochmals auf und parfümiert mit Grand Marnier.

Das Eisparfait wird gestürzt und in ein Zentimeter dicke Scheiben geschnitten. Diese Scheiben legt man sternförmig auf gekühlte Teller, gießt die lauwarme Holundersauce darüber und serviert sofort.

Preiselbeeren, rote und schwarze Johannisbeeren eignen sich ebenfalls gut anstelle von Holunder.
Das Parfait sollte möglichst am Vortag angefertigt werden, da es besser durchfriert.

Bild Seite 171

Eissoufflé Grand Marnier
Soufflé glacé au Grand Marnier

*Für 6 Personen:
2 Eier, 4 Eidotter, 100 g Zucker, 6 cl Grand Marnier, 4 dl Obers, 20 g Kakaopuder.*

Eier, Eidotter und Zucker schaumig rühren, den Grand Marnier darunterrühren und geschlagenes Obers darunterheben.

Sechs Souffléformen (Durchmesser acht Zentimeter, Höhe vier Zentimeter) mit Papierstreifen umwickeln, so daß diese den Formenrand einen Zentimeter überragen. In diese Formen die Masse mit einem Dressiersack bis zum Papierrand füllen und tiefkühlen.

Nach dem Gefrieren des Eissoufflés die Oberfläche dünn mit Kakaopuder besieben und den Papierstreifen abnehmen, so daß die Eismasse über den Geschirrand ragt.

Eissoufflés kann man auch mit marinierten Orangenfilets servieren. Anstelle von Grand Marnier kann man Likör nach Belieben nehmen, zum Beispiel Maraschino.

Erdbeeren mit schwarzem Pfeffer
Fraises au poivre noir

*Für 6 Personen:
600 g Erdbeeren, 200 g Zucker, 50 g Butter, Saft von 1 Orange, 6 cl Cointreau, schwarzer Pfeffer aus der Mühle, 6 Kugeln Vanilleeis.*

Die Erdbeeren waschen, entstielen und halbieren.
Eine Flambierpfanne auf die Flamme stellen, Butter mit Zucker schmelzen und unter ständigem Rühren mit Orangensaft ablöschen.
Die Erdbeeren dazugeben, kurz dünsten lassen, den Cointreau beigeben und flambieren. Schwarzen Pfeffer aus der Mühle hineinmahlen und durchschwenken.

Die flambierten Erdbeeren werden auf Desserttellern angerichtet, und je eine Kugel Vanilleeis wird dazugegeben.

Die Früchte soll man nur kurz in Karamel schwenken, damit ihr Aroma nicht verlorengeht.
Zu dieser Art von Flambé kann man auch entsteinte Herzkirschen, Weichseln oder Himbeeren (und den dazupassenden Likör) anstelle von Erdbeeren verwenden.

Erdbeeren Romanow
Fraises Romanow

Für 6 Personen:
450 g Erdbeeren, 6 cl Grand Marnier, Saft von 1 Orange und ½ Zitrone, 6 Kugeln Vanilleeis, 3 dl Obers, 100 g Erdbeeren zum Garnieren.

Die Erdbeeren waschen, entstielen und halbieren. Ein Drittel davon mit etwas Zitronensaft zu Erdbeermark mixen.
Die halbierten Erdbeeren in einer Schüssel mit Grand Marnier, Erdbeermark, Orangen- und Zitronensaft gut vermischen und dann ziehen lassen. Das Vanilleeis einrühren, geschlagenes Obers darunterziehen, mit Erdbeeren garnieren.

Die Creme soll à la minute zubereitet werden, da sie sich sonst absetzt. Auch Himbeeren, Brombeeren und der dazupassende Likör eignen sich besonders gut anstelle von Erdbeeren und Grand Marnier.

Bild Seite 182

Feigen in Cassis mit Mandeleis
Figues au cassis et glace aux amandes

Für 6 Personen:
9 Feigen, 5 dl Burgunderwein, 3 Eßlöffel Honig, 100 g schwarze Johannisbeeren, Hippenmasse (Grundrezept siehe Seite 233), Mandeleis (Rezept siehe nächste Seite), 100 g Johannisbeeren zum Garnieren.

Die Feigen werden gewaschen und die unteren Enden abgeschnitten. Dann in Rotwein mit Honig im Backrohr bei 180 Grad 15 Minuten zugedeckt dünsten lassen und kalt stellen. Der Rotwein wird von den Feigen abgegossen und auf ein Viertel der Menge eingekocht. Etwas abkühlen lassen. Die Johannisbeeren mixen, passieren und dem Rotwein beimengen.
Um dem Hippenblatt die richtige Form zu geben (siehe Bild Seite 161), nimmt man die Hippenmasse nach dem Backen mit einer Spachtel vom Blech, legt sie noch ganz heiß über eine umgestürzte Tasse und preßt sie mit den Händen vorsichtig an (siehe Grafik).

Das Hippenblatt wird auf einen Teller gestellt und etwas Mandeleis hineingegeben. Halbierte lauwarme Feigen darauflegen und mit lauwarmer Sauce übergießen. Mit Johannisbeeren bestreuen.

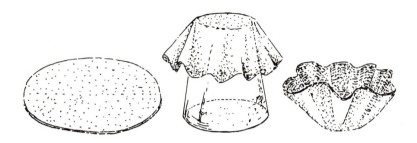

Wenn die Haut der Feigen zu dick ist (das ist je nach Sorte verschieden), so ist zu empfehlen, sie vor dem Dünsten mit einem Messer abzuziehen.
Auch ohne Hippenblatt schmeckt dieses Dessert vorzüglich.

Mandeleis:

Marzipan wird zerkleinert, mit Milch und Obers aufgekocht, das Mandelöl beigegeben und gemixt. Kalt stellen und anschließend in der Sorbetmaschine gefrieren lassen.

200 g Marzipanrohmasse, 25 cl Milch, 1 dl Obers, 5 Tropfen Mandelöl.

Bild Seite 161

Früchte auf Blätterteig
Fruits sur pâte feuilleteé

Für 6 Personen:
3 Birnen oder 3 Pfirsiche oder 250 g Erdbeeren, 100 g Zucker, 3 dl Wasser, Saft von ½ Zitrone, Blätterteig (Grundrezept siehe Seite 232), 3 Eidotter zum Bestreichen, Sauce (Rezept siehe nächste Seite).

Die Birnen werden geschält, halbiert, entkernt und in Zuckerwasser, dem man Zitronensaft beigibt, blanchiert. Die Pfirsiche gibt man kurz in kochendes Wasser und schreckt sie dann in Eiswasser ab, bis sich die Haut leicht abziehen läßt.
Die Erdbeeren werden gewaschen, entstielt und halbiert.
Den Blätterteig rollt man zu einem Rechteck mit vier Millimeter Dicke aus und bestreicht ihn mit Eidotter. Die Oberfläche trocknen lassen und dann mit einer Schablone die entsprechende Fruchtform – je nach den Früchten, mit denen man den Blätterteig belegt – ausschneiden. Die Teigstücke auf ein mit Wasser besprengtes Backblech auflegen.

Die blanchierten Birnen werden auf die hiefür vorbereiteten Teigstücke gelegt und im vorgeheizten Backrohr bei 250 Grad so lange gebacken, bis die Oberfläche Farbe annimmt. Dann auf 150 Grad zurückschalten und goldgelb fertigbacken lassen.

Der Blätterteig für Erdbeer- oder Pfirsichdessert wird ohne Früchte, aber sonst wie oben beschrieben gebacken. Danach wird der Teig halbiert, die Sauce auf den Blätterteigboden nappiert, mit den Früchten belegt und der Teigdeckel darübergegeben. Beim Birnendessert wird die Sauce halb über die Birne und halb auf den Teller nappiert.

Damit der Blätterteig seine Form behält und gleichmäßig aufgeht, ist es ratsam, die mit Dotter bestrichenen Teigstücke zirka drei Stunden rasten zu lassen. Man kann auch tiefgekühlten Blätterteig verwenden.

Sauce:

12 cl Milch, 75 g Zucker, 5 Eidotter, ½ Teelöffel Weizenpuder, 1 Vanillestange.

Milch, Zucker, Eidotter, Weizenpuder und eine abgeschabte Vanilleschote über einem heißen Wasserbad so lange aufschlagen, bis die Sauce bindet. Etwas überkühlen lassen.

Verwendet man die Sauce für das Birnendessert, gibt man der Sauce noch eine Zimtstange bei.

Bild Seite 162

Früchteterrine mit Stachelbeeren und Ribiselmark

Terrine de fruits accompagnée de groseilles à maquereau et de pulpe de groseilles

Für 6 Personen:
3 Eidotter, 170 g passierter Topfen, 125 g Zucker, Saft von 1 Zitrone und 1 Orange, 500 g Joghurt, 6 Blatt Gelatine, 25 cl Obers, 100 g Himbeeren, 100 g Heidelbeeren, 100 g Walderdbeeren, 150 g Stachelbeeren, 100 g Ribisel, 50 g Zucker.

Eidotter, Topfen, Zucker und den Saft von Zitrone und Orange mit einem Schneebesen gut glattrühren.
Joghurt und die aufgelöste Gelatine einrühren, danach das geschlagene Obers darunterziehen.
Die Terrinenform wird mit kaltem Wasser ausgespült, ein Viertel der Masse mit einer Teigkarte hineingestrichen und mit Himbeeren belegt. Nun das zweite Viertel der Masse darüberstreichen und die Heidelbeeren dicht daraufstreuen. Das dritte Viertel der Masse darüberstreichen und mit Walderdbeeren dicht belegen. Mit der restlichen Masse die Form füllen und zwei Stunden kalt stellen.

Die Stachelbeeren und die Ribisel jeweils durch ein Sieb drücken und mit Zucker mixen.
Die Terrine wird gestürzt, mit einem scharfen Messer aufgeschnitten, die Schnitten werden auf Teller aufgelegt und mit dem Fruchtmark garniert.

Um der Joghurtmasse ein anderes Aussehen und einen anderen Geschmack zu geben, kann man an Stelle von Orangen- und Zitronensaft Heidelbeer- und Himbeermark beigeben.
Es eignen sich auch alle anderen Früchte als Einlage dazu, wie Erdbeeren, Rhabarber, Trauben usw.

Bild Seite 161

Haselnußsoufflé mit Preiselbeeren und Weinsabayon
Soufflé aux noisettes accompagné d'airelles et de sabayon au vin

Für 6 Personen:
20 g Butter, 20 g Mehl, 18 cl Milch, 3 Eidotter, 60 g grob geriebene, geröstete Haselnüsse, 3 Eiklar, 50 g Zucker, 100 g Preiselbeeren, 50 g Staubzucker, warme Weinsabayon (Rezept siehe Seite 170 – jedoch ohne Vanilleeis).

Butter in einer Pfanne zergehen lassen, Mehl dazugeben, die warme Milch langsam einmengen und unter ständigem Rühren kurz aufwallen lassen. Die Masse vom Herd nehmen und die Eidotter sowie die grob geriebenen, gerösteten Nüsse beigeben. Die Eiklar mit Zucker zu Schnee schlagen und unter die Masse ziehen.
Dann füllt man sie in sechs Souffléförmchen (Durchmesser acht Zentimeter, Höhe vier Zentimeter), die vorher mit Butter bestrichen und mit Kristallzucker bestreut wurden.
Die Soufflés werden in einem heißen Wasserbad im vorgeheizten Rohr bei 200 Grad 30 Minuten pochiert.
Die Preiselbeeren und den Zucker fünf Minuten mit einem Handmixer durchrühren, danach ziehen lassen. Diesen Vorgang so oft wiederholen, bis der Zucker ganz vom Preiselbeersaft aufgelöst ist.

Die fertigen Soufflés werden gestürzt und mit warmer Weinsabayon nappiert. Man gibt die Preiselbeeren bei und serviert.

Bild Seite 127

Karamelcreme
Crème caramel

Für 6 Personen:
150 g Zucker, 5 cl Wasser,
8 Eier, 150 g Zucker, 6 dl
Milch, 1 Vanilleschote,
12 cl Obers zum Garnieren.

Zucker und Wasser werden zu Karamel gekocht (goldbraune Farbe) und sofort in vorbereitete, mit kaltem Wasser ausgespülte, feuerfeste Förmchen zwei Millimeter hoch eingegossen.
Eier und Zucker gut glattrühren und die Milch mit der der Länge nach halbierten Vanillestange aufkochen. Von der Vanillestange die Innenseite mit einem Messerrücken herausschaben und der Milch wieder beigeben.
Kochende Milch unter ständigem Rühren mit dem Eier-Zucker-Gemisch vermengen, die Eiermilch durch ein Sieb passieren und in die Förmchen füllen.
Das Wasserbad aufkochen, die Förmchen hineinstellen und bei 150 Grad eine Stunde lang im Backrohr pochieren. Das Wasserbad darf dabei nicht kochen. Dann die Formen aus dem Wasser nehmen und kalt stellen.
Die erkaltete Creme wird mit einem Messer vom Förmchenrand gelöst, auf Dessertteller oder in Sektschalen gestürzt und mit geschlagenem Obers garniert.

Anstelle von sechs kleinen Formen kann auch eine große feuerfeste Form verwendet werden. Die Creme auf dem Tisch wie eine Torte aufschneiden und servieren.

Bild Seite 182

Mohn- und Zimtparfait mit Rumdatteln oder marinierten Waldbeeren
Parfait au pavot et à la cannelle accompagné de dattes au rhum ou de baies des bois marineés

Für 6 Personen:
40 g Mohn, 2 dl Milch,
1 Zimtstange, 4 Eidotter,
2 Eier, 150 g Zucker, 4 dl
Obers,
400 g Datteln, 5 cl Rum
(80%iger), 50 g Staubzucker
oder
40 g Heidelbeeren, 40 g Himbeeren, 40 g Walderdbeeren,
80 g Staubzucker, 3 cl Rum
(80%iger).

Feinst gemahlener Mohn wird in 15 Zentiliter Milch weich gekocht und kalt gestellt.
Die Zimtstange gibt man in die restliche kochende Milch, läßt das Ganze fünf Minuten ziehen und stellt es dann kalt.
Eidotter, Eier und Zucker werden zuerst in einem heißen Wasserbad aufgeschlagen, dann kalt gerührt, und das geschlagene Obers wird daruntergezogen. Die Parfaitmasse halbieren und einen Teil mit Mohn, den anderen mit der kalten Zimtmilch vermischen. In Förmchen schichtweise einfüllen und im Tiefkühlschrank gefrieren lassen.
Rum und Staubzucker verrühren, die Datteln schälen, entkernen, halbieren und mit Rumzucker marinieren.

Verwendet man statt der Datteln Waldbeeren, so gibt man diese in eine Schüssel, vermischt sie mit Staubzucker und Rum und läßt alles eine Stunde ziehen.
Ist das Parfait gefroren, wird es gestürzt und mit den Datteln oder den Waldbeeren angerichtet.

Die Parfaitmasse kann man auch in eine Kastenform füllen und nach dem Gefrieren aufschneiden.
Auch Preiselbeeren oder Ribisel kann man zu den Waldbeeren dazugeben.

Bild Seite 171

Rhabarber auf Joghurt
Rhubarbe sur yaourt

Für 6 Personen:
500 g Rhabarber, 5 dl Wasser,
2 dl Orangensaft,
200 g Zucker,
240 g Joghurt, 30 g
Staubzucker, 1 dl Obers,
240 g Himbeeren, 40 g Staubzucker.

Der Rhabarber wird abgezogen und dünn geschnitten. Wasser, Orangensaft und Zucker aufkochen lassen, den Rhabarber dazugeben und zugedeckt auskühlen lassen.
Das Joghurt wird mit Staubzucker gut verrührt und das geschlagene Obers daruntergezogen.
Himbeeren mit Zucker mischen, passieren und in tiefe Teller gießen. Dann die Joghurtcreme in die Mitte portionieren, den abgetropften Rhabarber auflegen und kalt servieren.

Der Rhabarber soll womöglich dünn und nicht holzig sein. Man kann auch andere Früchte oder Beeren verwenden.

Bild Seite 181

Rumpflaumen in Eisparfait
Pruneaux au rhum et parfait glacé

Für 6 Personen:
15 cl Wasser, 24 entkernte
Dörrpflaumen, 6 cl Rum
(80%iger),
35 cl Obers, 80 g Zucker,
1 Ei, 2 cl Rum (80%iger),
200 g Mandeln, 50 g Staubzucker.

Das Wasser aufkochen lassen, die Dörrpflaumen hineingeben und zugedeckt auskühlen lassen. Danach den Rum beigeben und das Ganze einen Tag ziehen lassen.
Obers, Zucker, Ei und Rum in einem Mixglas gut mixen und die Masse zirka zwei Stunden rasten lassen.
Die Dörrpflaumen aus der Rumlösung nehmen, abtropfen lassen und auf ein mit Papier belegtes Blech im Abstand von fünf Zentimetern auflegen.
Die Parfaitmasse mit einem Schneebesen steif schlagen und mit einem Dressiersack und glatter Lochtülle halbkugelför-

mig über die aufgelegten Pflaumen dressieren (zirka vier Zentimeter Durchmesser). Dann im Tiefkühlschrank gefrieren lassen.
Wenn die Masse festgefroren ist, vom Blech nehmen, paarweise mit der Blechseite aufeinander zu einer Kugel zusammensetzen und in gehobelten, gerösteten Mandeln wälzen. Mit Staubzucker besieben.

Wenn die Parfaitmasse nach dem Mixen nicht lange genug rastet, läßt sie sich sehr schwer aufschlagen.
Warme Schokoladesauce eignet sich gut als Beigabe.

Bild Seite 200

Savarin
Savarín

Für 6 Personen:
1 dl Milch, 4 g Germ, 2 Eidotter, 6 g Zucker, 100 g Mehl, 1 Prise Salz, 40 g Butter, ½ l Wasser, 100 g Zucker, 2 dl Orangensaft, 1 dl Rum zum Tränken, 150 g Marillenmarmelade, 12 cl Obers, 50 g Erdbeeren, 1 Kiwi oder andere Früchte zum Garnieren.

Lauwarme Milch, Germ, Eidotter und Zucker werden gut verrührt. Das Mehl beimengen und den Teig zugedeckt bei 36 Grad aufgehen lassen. Dann Salz und flüssige, lauwarme Butter beigeben und gut abarbeiten. Die Masse in sechs gebutterte, bemehlte Savarinförmchen (Durchmesser neun Zentimeter) einfüllen und doppelt so groß aufgehen lassen. Bei 180 Grad zirka 40 Minuten backen und heiß stürzen, dann kalt stellen. Wasser, Zucker und Orangensaft werden zum Kochen gebracht und anschließend von der Flamme weggestellt.
Die Savarinringe legt man mit der Oberseite in diesen Sirup und wendet sie sofort. Nach zirka drei Minuten, wenn der Savarin die Flüssigkeit aufgesaugt hat, nimmt man ihn mit einem Lochschöpfer aus dem Sirup und tränkt ihn mit Rum. Zum Schluß mit kochend heißer Marillenmarmelade bepinseln.
Die Savarins auf einen Dessertteller geben, das geschlagene Obers in die Mitte eindressieren und mit Früchten der Saison garnieren.
Die optimale Gärtemperatur liegt bei 36 Grad. Im Fachbetrieb gibt es ein eigenes Gerät, das diese Temperatur gleichmäßig hält. Temperaturen über 36 Grad führen das Absterben der Hefezellen herbei, und das Backgut bekommt nicht mehr das optimale Volumen.
Tränken kann man den Savarin je nach Belieben, zum Beispiel auch mit Kirschwasser, Maraschino usw.

Bild Seite 183

Feigen in Cassis mit Mandeleis

Pfannkuchen mit Beeren

Früchteterrine mit Stachelbeeren und Ribiselmark

Früchte auf Blätterteig

Schmankerlparfait mit Preiselbeeren

Für 6 Personen:
1 Ei, 1 Eidotter, 70 g Zucker,
2 cl Maraschino, 25 cl Obers,
100 g Preiselbeeren,
50 g Kristallzucker,
1 dl Obers,
Staubzucker zum Besieben,
Schmankerln
(Grundrezept siehe Seite 235).

Ei, Eidotter und Zucker werden schaumig gerührt, mit Maraschino parfümiert, und geschlagenes Obers wird daruntergehoben.
Die Masse in sechs Förmchen (Durchmesser acht Zentimeter, Höhe fünf Zentimeter) füllen und tiefkühlen.
Preiselbeeren und Kristallzucker in einer Schüssel mit dem Handmixer fünf Minuten gut durchrühren, danach ziehen lassen. Dieser Vorgang wird so oft wiederholt, bis der Zucker ganz vom Preiselbeersaft aufgelöst ist.
Ist das Parfait gefroren, wird es gestürzt, mit geschlagenem Obers eingestrichen und auf einen tiefgekühlten Teller gegeben. Jeweils einen Löffel Preiselbeeren an der Seite des Parfaits anrichten.
Das Parfait wird mit den Schmankerln garniert und anschließend serviert.

Man kann die Preiselbeeren auch marinieren, indem man zuletzt noch zwei Zentiliter Aquavit darunterrührt.
Anstelle von Preiselbeeren kann man auch Holundersauce dazugeben (Rezept siehe Eisparfait mit Holunder in Rotwein, Seite 152).

Bild Seite 171

Schneenockerln in Orangensauce
Noques de neige à la sauce à l'orange

Für 6 Personen:
3 Eiklar, 50 g Zucker,
4 Orangen, 1 Eßlöffel Zucker,
1 cl Wasser, Orangensauce
und Karamel (Rezepte siehe
nächste Seite).

Eiklar und Zucker zu Schnee schlagen, daraus mit einer Teigkarte oder Palette sechs große Nockerln formen und in siedendem Wasser auf allen Seiten zwei Minuten sieden lassen, bis die Nockerln bei Fingerdruck leichten Widerstand zeigen. Dann auf einem sauberen Tuch abtropfen lassen.
Von den Orangen die Zesten abschaben, in Zuckerwasser weich kochen, in kaltem Wasser auswässern und kalt stellen.
Die Orangen schälen und filetieren.
Die Orangensauce wird gleichmäßig in tiefe Teller verteilt und mit abgetropften Orangenfilets und Zesten belegt. In die Sauce die Schneenockerln legen und darüber mit Karamel Fäden ziehen.

Auch Vanillesauce eignet sich geschmacklich gut als Beigabe. Der Eischnee soll nicht zu stark geschlagen sein, da die Nockerln sich sonst leicht im Wasser auflösen.

Orangensauce:

2 dl Milch, 100 g Zucker,
15 g Weizenpuder, 8 cl Orangensaft, 3 cl Cointreau,
1 dl Obers.

Drei Viertel der Milch mit Zucker aufkochen, die restliche Milch mit Weizenpuder vermischen, in die heiße Milch geben und unter ständigem Rühren eine Minute kochen lassen. Den Orangensaft hineingießen, nochmals aufkochen lassen und kalt stellen.
Cointreau und halbsteif geschlagenes Obers darunterziehen.

Karamel:

50 g Zucker, 6 cl Wasser.

Den Zucker braun schmelzen und das Wasser langsam unter ständigem Rühren beigeben. Das Ganze so lange kochen, bis sich der Zucker auflöst, dann kalt stellen.

Bild Seite 184

Schokolade-, Himbeer- oder Zitronencharlotte
Charlotte au chocolat, aux framboises ou au citron

Für 6 Personen:
60 g Schokolade oder 80 g Himbeeren oder Saft und Schale von 3 Zitronen (vermischt mit 20 g Zucker), 2 Eidotter, 1 dl Milch, 30 g Zucker, 3 Blatt Gelatine, 2 Eiklar, 20 g Zucker, 25 cl Obers,
1 Biskuitfleck (Grundrezept siehe Seite 231) oder Biskotten aus Biskuitteig (Grundrezept siehe Seite 230) bzw. aus Japonaismasse (Grundrezept siehe Seite 233), jeweils ¼ der im Grundrezept angegebenen Masse,
1 dl Obers, 20 g Schokoladespäne oder 100 g Himbeeren oder 2 Zitronen.

Je nach Geschmack der Charlotte wird entweder die Schokolade im Wasserbad aufgelöst, oder die Himbeeren werden passiert oder die ungespritzten Zitronen gewaschen, abgerieben und ausgepreßt, wobei man die abgeriebene Schale mit Kristallzucker auf einem Tisch mit einem Messerrücken gut abarbeitet.
Eidotter, Milch, Zucker und die aufgeweichte Gelatine werden in einem warmen Wasserbad aufgeschlagen und dann kalt gerührt.
Eiklar und Zucker zu Schnee schlagen und in die Masse einarbeiten. Dann eine der Geschmackszutaten beigeben und zuletzt das geschlagene Obers darunterziehen.
Sechs Förmchen (Durchmesser acht Zentimeter, Höhe fünf Zentimeter) mit kaltem Wasser ausspülen, die Masse sofort in die Förmchen abfüllen und kalt stellen.
Die Charlotten aus den Formen stürzen und mit Biskuit, Biskotten aus Biskuit- oder Japonaismasse garnieren.
Zuletzt mit Schlagobers und Früchten bzw. Schokoladespänen dekorieren.
Zitronencharlotten kann man auch mit Fruchtgelee überziehen.

Es ist besonders darauf zu achten, daß die Charlottenmasse erst dann stockt, wenn sie bereits in Formen gefüllt ist.
Charlotten kann man auch in anderen Geschmacksrichtungen herstellen, zum Beispiel Nougat- oder Erdbeercharlotten.
Wenn eine große Charlotte gemacht wird, ist es besser, die Form vorher mit einem geeigneten Biskuit auszulegen und dann mit der Masse auszugießen.

Bild Seite 148

Schokolademus
Mousse au chocolat

Für 6 Personen:
80 g Schokolade (je nach Belieben weiße, Milch- oder dunkle Schokolade), 5 Eidotter, 80 g Zucker, 25 cl Obers.

Sechs Teelöffel Schokoladespäne für die Garnitur werden von der Schokoladetafel mit einem kleinen Messer abgeschabt und kalt gestellt.
Die restliche Schokolade löst man im Wasserbad auf.
Eidotter und Zucker werden im heißen Wasserbad aufgeschlagen und danach kalt gerührt. Die flüssige Schokolade in die Dottermasse einrühren, zuletzt das geschlagene Obers darunterheben. Mit einem Dressiersack mit Sterntülle das Schokolademus in Gläser dressieren und die Oberfläche mit Schokoladespänen dünn bestreuen.

Die flüssige Schokolade soll man nie über 40 Grad erwärmen, da sie sich sonst zersetzt und ihren geschmeidigen, guten Geschmack verliert.
Falls Sie Ihr Schokolademus verfeinern wollen, eignet sich besonders gut Mokkalikör dazu.

Sherrycreme
Crème au Sherry

Für 6 Personen:
Vanillecreme (Grundrezept siehe Seite 236), 1 dl Sherry, 25 cl Obers, 50 g Biskuitwürfel (Grundrezept siehe Seite 231), 200 g Früchte der Saison.

Die Vanillecreme kochen und kalt stellen.
Die kalte Creme durch ein Haarsieb passieren und mit Sherry glattrühren. Das geschlagene Obers unter die Creme ziehen. In Gläser die geschnittenen Biskuitwürfel einlegen, die Sherrycreme darüberdressieren, mit Früchten belegen und gekühlt servieren.

Wenn das Dessert stark nach Sherry schmecken soll, kann man die Biskuitwürfel mit Sherry tränken.

Soufflé mit Grand Marnier, Schokoladen-, Gewürz-, Vanillesoufflé
Soufflé au Grand Marnier, au chocolat, aux aromates, à la vanille

Für 6 Personen:
20 g Butter, 20 g Mehl, 18 cl Milch, 2 Eidotter, 2 cl Grand Marnier (oder 30 g Schokolade oder je eine Messerspitze Zimt und Nelkenpulver, 1 Prise Muskat, Schale von 1 Orange oder 3 Vanilleschoten),
3 Eiklar, 50 g Zucker.

Butter in der Pfanne zergehen lassen, das Mehl dazugeben, die warme Milch langsam einmengen und unter ständigem Rühren kurz aufwallen lassen.

Vom Herd nehmen, die Eidotter und den Grand Marnier bzw. die Schokolade, die Gewürze oder das Mark der Vanille – je nach Art des Soufflés – einrühren. Eiklar und Zucker zu Schnee schlagen und in die jeweilige Grundmasse einmelieren.

Sechs Souffléförmchen (Durchmesser acht Zentimeter, Höhe vier Zentimeter) mit Butter bestreichen und mit Kristallzucker bestreuen.

Diese Formen werden mit der Soufflémasse mit einem Dressiersack zu drei Vierteln gefüllt und in einem heißen Wasserbad im vorgeheizten Backrohr bei 200 Grad 30 Minuten gebacken. Das Wasserbad soll dabei nicht kochen.

Die Soufflés sofort heiß servieren. Je nach Belieben können sie auf einen Teller gestürzt und mit diversen marinierten Früchten und Kompotten oder mit Fruchtmark serviert werden.

Soufflés müssen exakt in die Förmchen eingefüllt sein, da sich die Randstellen sonst verhärten und das Soufflé schräg aufgeht.

Soufflé Grand Marnier garniert man am besten mit Orangenfilets, in Grand Marnier mariniert.

Zu Schokoladensoufflé passen am besten Birnenkompott und Vanillesauce und zu einem Gewürzsoufflé gemischte Waldbeeren und Weinsabayon.

Bild Seite 172

Tapiokapudding mit Marillen
Pouding au tapioca accompagné d'abricots

Für 6 Personen:
5 dl Milch, 20 g Zucker, 40 g Butter, 1 Vanillestange, 60 g Tapioka oder Sago, 4 Eidotter, 5 cl Marillenbrand, 3 Eiklar, 20 g Zucker,
18 kleine, geschälte Marillen,

Milch, Zucker, Butter, eine Vanillestange zum Kochen bringen, Tapioka einrühren und bei 180 Grad zugedeckt zirka 20 Minuten im Backrohr dünsten lassen; kalt stellen. Eidotter und Marillenbrand werden eingerührt, Eiklar und Zucker zu Schnee geschlagen und in die Masse einmeliert.

In sechs gebutterte und mit Kristallzucker bestreute Formen oder Mokkatassen gießen, so daß sie zu drei Vierteln gefüllt

Marillensauce (Rezept siehe unten), 5 cl Marillenbrand, etwas Minze.

sind, und in einem Wasserbad im Rohr bei 180 Grad 25 Minuten ziehen lassen. Der Pudding wird in Suppenteller gestürzt und rundherum mit geviertelten Marillen belegt. Die Marillensauce etwas erwärmen, den Marillenbrand einrühren und über die Marillen gießen. Mit Minze und aufgeschlagenen Marillenkernen, die in Wasser kurz aufgekocht und dann enthäutet wurden, garnieren.
Pudding und Sauce sollen lauwarm serviert werden.

Anstelle von Marillen eignen sich auch Pfirsiche, Zwetschken oder Nektarinen sehr gut.

Marillensauce:

6 Marillen, 3 dl Orangensaft, 30 g Zucker.

Die Marillen schälen, halbieren, entkernen und mit Orangensaft und Zucker zwei Minuten kochen lassen. Danach mixen, durch ein Sieb passieren und kühl stellen.

Bild Seite 181

Topfennockerln in Erdbeersauce
Noques au fromage blanc et mousse de fraises

*Für 6 Personen:
1 Ei, 1 Eidotter, 300 g Magertopfen, 1 Prise Salz, Vanillezucker, 10 g Staubzucker, 75 g Sauerrahm, 10 g griffiges Mehl, Erdbeersauce (Rezept siehe unten).*

Ei, Eidotter, Topfen, Salz, Vanillezucker, Staubzucker und Sauerrahm durchrühren, griffiges Mehl darunterziehen und das Ganze 30 Minuten rasten lassen. Aus der Topfenmasse formt man mit einem Löffel Nockerln, legt sie auf ein mit Pergamentpapier belegtes Blech und läßt sie im Kühlschrank rasten (wie Grießnockerln). Dann in reichlich Salzwasser zirka zwölf Minuten ziehen lassen. Die Nockerln etwas abtropfen lassen und jeweils zwei Stück in die auf Teller gleichmäßig verteilte Erdbeersauce legen. Lauwarm servieren.

Zu Topfennockerln eignen sich auch andere Saucen, wie zum Beispiel Himbeersauce, Vanillesauce usw.

Erdbeersauce:

600 g Erdbeeren, 100 g Zucker, Saft von 1 Zitrone.

Die Erdbeeren waschen, entstielen und zwei Drittel davon mit Zucker und Zitronensaft mixen. Die restlichen Erdbeeren in Viertel schneiden und der Sauce beigeben.

Grand Marnier eignet sich sehr gut für die Erdbeersauce.

Bild Seite 184

Überbackene Früchte oder Beeren der Saison
Gratin de fruits ou baies de la saison

Für 6 Personen:
3 cl Orangensaft, 6 cl Grand Marnier oder Likör nach Belieben, 15 g Weizenpuder, 4 Eidotter, 3 cl Obers, 500 g Himbeeren oder 500 g Walderdbeeren oder 600 g Orangenfilets (ca. 8 große Orangen), 5 cl Grand Marnier zum Marinieren der Früchte.

Der Orangensaft wird auf die Hälfte eingekocht. Grand Marnier verrührt man mit Weizenpuder und den Eidottern und gibt den reduzierten Orangensaft dazu. Unter ständigem Rühren zirka eine Minute kochen lassen und kalt stellen. Danach das geschlagene Obers darunterziehen.
Die Früchte werden auf Teller verteilt, mit Grand Marnier mariniert, und die Orangensauce wird darübergegeben.
Im vorgeheizten Backrohr oder Salamander bei 250 Grad Oberhitze überbacken und warm servieren.

Es können auch diverse Früchte gemischt werden. Der Likör soll jeweils zu den Früchten passen, wie Cassis zu Ribiseln.

Bild Seite 181

Überbackenes Eis mit Früchten
Omelette surprise aux fruits

Für 6 Personen:
Biskuitfleck (Grundrezept siehe Seite 231), 6 Kugeln Vanilleeis, 6 Kugeln Erdbeereis, 6 Kugeln Schokoladeeis, 5 cl Rum, 8 Eiklar, 300 g Staubzucker, 200 g Früchte der Saison.

Das Biskuit wird in vier Streifen geschnitten. Auf einen davon werden die drei Eissorten schichtenweise übereinander aufgestrichen. Dann gibt man die restlichen Biskuitstreifen rund um das Eis, so daß das gesamte Eis mit Biskuit eingedeckt ist. Mit Rum bepinseln.

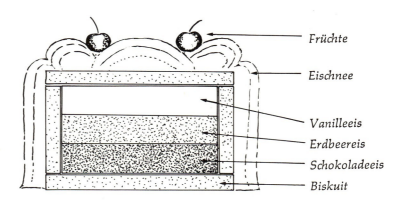

Die Eiklar und ein Drittel des Zuckers werden zu Schnee geschlagen, die restliche Zuckermenge zieht man mit dem Kochlöffel unter den Schnee. In einen Dressiersack geben und den Schnee über das Biskuit dressieren.
Auf eine geeignete Platte stellen und im vorgeheizten Rohr bei 250 Grad kurz flämmen (bräunen).
Nach Belieben mit Fruchtstücken garnieren und sofort servieren.

Waldbeerensoufflé
Soufflé aux baies des bois

Für 6 Personen:
40 g Himbeeren, 60 g Walderdbeeren, 2 cl Himbeergeist, 4 Eidotter, 60 g Staubzucker, 6 Eiklar, 30 g Kristallzucker.

Himbeeren und Walderdbeeren werden mit Himbeergeist mariniert und zwei Drittel davon in sechs Souffléförmchen (Durchmesser acht Zentimeter, Höhe vier Zentimeter) gegeben, die mit Butter bestrichen und mit Kristallzucker bestreut wurden.
Die Eidotter werden mit Staubzucker schaumig gerührt, Eiklar und Kristallzucker zu Schnee geschlagen und in die Dottermasse einmeliert. Die restlichen marinierten Beeren daruntermischen und die Soufflémasse mit einem Dressiersack in die Formen dressieren, so daß diese zu drei Vierteln gefüllt sind.
Die Soufflés werden in einem heißen Wasserbad im vorgeheizten Rohr bei 200 Grad 30 Minuten pochiert. Das Wasser soll jedoch nicht kochen.
Dann die Soufflés auf Teller stellen und mit Staubzucker bestreuen.

Wenn das Soufflé serviert ist, kann man es mit der Gabel etwas öffnen und einen Teelöffel Himbeermark oder anderes Fruchtmark hineingeben.
Es ist wichtig, die Soufflémasse à la minute zu bereiten, da man sonst das gewünschte Volumen nicht erreicht.

Walderdbeeren in Strudelteigblättern
Fraises des bois viennoise

Für 6 Personen:
Strudelteig (Grundrezept siehe Seite 235 – eventuell auch Fertigprodukt), 5 cl Öl,

Strudelteig ausziehen, wie im Grundrezept beschrieben, den Teig etwas abtrocknen lassen und mit einem Ausstecher (Durchmesser acht Zentimeter) mindestens 30 kleine Blättchen ausstechen. Diese werden auf ein leicht geöltes Back-

Joghurtcreme (Rezept siehe unten), 180 g Walderdbeeren, etwas Staubzucker, 100 g Walderdbeeren für das Mark.

blech gesetzt, die Oberfläche wird dünn mit Öl bepinselt, und die Blättchen werden im vorgeheizten Backrohr bei 180 Grad goldbraun gebacken. Dann abwechselnd Teigblättchen und Joghurtcreme, mit einigen Walderdbeeren bestreut, schichtweise zusammensetzen.
Das Deckblatt wird dünn mit Staubzucker besiebt.
Die restlichen 100 Gramm Erdbeeren werden zu Fruchtmark gemixt, mit einem Löffel vor das Dessert portioniert und ein paar Früchte hineingelegt.

Dieses Dessert muß unmittelbar vor dem Servieren angerichtet werden, da der Teig sonst durchweicht wird und nicht knusprig bleibt.
Erdbeeren, Ribisel, Brombeeren etc. sind dazu ebenfalls sehr gut geeignet.

Joghurtcreme:

180 g Walderdbeeren, 180 g Joghurt, 70 g Staubzucker, Saft von ½ Zitrone, 4 dl Obers.

Die Erdbeeren werden gemixt und mit Joghurt, Staubzucker und Zitronensaft gut verrührt. Zum Schluß wird das geschlagene Obers daruntergezogen.

Bild Seite 189

Weinsabayon mit Vanilleeis
Sabayon au vin et glace à la vanille

Für 6 Personen:
⅛ l Riesling, 4 Eidotter, Saft von ½ Zitrone, 30 g Zucker, 6 Kugeln Vanilleeis, 150 g Rieslingtrauben.

Weißwein, Eidotter, Zitronensaft und Zucker werden über Dunst heiß aufgeschlagen, bis die Masse anzieht.
Das Vanilleeis wird in Gläser gegeben und das noch heiße Sabayon darübergegossen. Mit halbierten und entkernten Trauben bestreuen und servieren.

Man kann dieses Dessert auch mit anderen Früchten zubereiten, zum Beispiel mit Mangos. Die Mangos werden geschält, entkernt und in kleine Würfel geschnitten.
Das Vanilleeis gibt man in tiefe Teller, legt die Mangowürfel rund um das Eis sternförmig auf und gießt das noch heiße Weinsabayon darüber.

Schmankerlparfait mit Preiselbeeren

Eisparfait mit Holunder in Rotwein

Mohn- und Zimtparfait mit Rumdatteln

Mehlspeisen

Apfelstrudel
Strudel aux pommes

Für 6 Personen:
1 kg Gravensteiner Äpfel,
100 g Zucker, Saft von
1 Zitrone, 1 Teelöffel Zimt,
50 g Rosinen, 5 cl Rum,
40 g Butter, 30 g Semmelbrösel,
Strudelteig (Grundrezept siehe Seite 235), 100 g Butter zum Bestreichen.

Die Äpfel werden geschält, entkernt, geschnitten und mit Zucker, Zitronensaft, Zimt, Rosinen und Rum gut vermischt.
Die Butter läßt man zergehen, gibt die Brösel dazu und röstet sie gut ab.
Der Strudelteig wird, wie im Grundrezept beschrieben, ausgezogen. Dann verteilt man auf zwei Drittel des Teiges gleichmäßig die Brösel, auf das letzte Drittel gibt man die marinierten Äpfel.
Mit Hilfe des Strudeltuches wird der Teig mit der Füllung gleichmäßig eingerollt.
Zuletzt die Teigränder wegschneiden, den Strudel auf ein gebuttertes Blech setzen und ihn ebenfalls mit Butter bestreichen. Im vorgeheizten Backrohr wird der Strudel bei 180 Grad zirka 70 Minuten gebacken. Während des Backens bepinselt man den Strudel zweimal mit flüssiger Butter. Den Strudel mit Staubzucker bestreuen, in Stücke schneiden und lauwarm servieren.

Vanilleeis, Schlagobers oder Vanillesauce eignet sich besonders gut als Beigabe zum Apfelstrudel.
Als Fülle eignen sich vor allem herbe, saure Äpfel.

Cremeschnitten mit Früchten
Mille-feuilles aux fruits

Für 6 Personen:
Blätterteig (1/3 des Grundrezeptes, siehe Seite 232),
1/4 der im Grundrezept angegebenen Vanillecreme (Grund-

Den Bätterteig rechteckig (20 × 30 Zentimeter) ausrollen und zirka eine Stunde rasten lassen. Mit der Gabel mehrmals einstechen und bei 180 Grad goldgelb backen. Der gebackene Blätterteig wird in zwei Hälften geschnitten, so daß man zwei Streifen zu je 10 × 30 Zentimetern bekommt.

rezept siehe Seite 236), 200 g Früchte der Saison, 10 g Vanillezucker, 1 Blatt Gelatine, 18 cl Obers, 50 g Marillenmarmelade, 50 g Fondant.

Dann die Vanillecreme durch ein Sieb passieren, den Vanillezucker und die aufgelöste Gelatine gut darunterrühren und das geschlagene Obers rasch darunterziehen. Die Creme wird auf einen Blätterteigstreifen zirka vier Zentimeter hoch aufgetragen, mit Früchten belegt und kalt gestellt. Die Marmelade aufkochen und dünn auf den zweiten Blätterteigstreifen aufstreichen. Fondant wird leicht mit Wasser verdünnt, auf zirka 30 Grad erwärmt und der Blätterteig damit überzogen. Man kann auch vor dem Backen die Hälfte des Teiges mit Eidotter bestreichen und mit einer Gabel zeichnen.

Den glasierten Blätterteigstreifen auf den kühlgestellten Boden auflegen und in sechs gleich große Stücke schneiden (je 5 × 10 Zentimeter).

Der Blätterteig soll gleichmäßig goldgelb gebacken sein, da er sonst nicht knusprig, sondern zäh schmeckt.
Die Creme bekommt nur dann den guten Stand, wenn das Obers gut geschlagen und behutsam unter die Vanillecreme gehoben wird. Die Gelatine soll erst dann anziehen, wenn die Creme fertig aufgetragen ist.

Bild Seite 183

Faschingskrapfen
Beignets de carnaval

Für 15 Krapfen:
15 cl Milch, 18 g Germ, 30 g Zucker, 300 g Mehl, 1 Ei, 2 Eidotter, 1 Prise Vanillezucker, 1 Prise Salz, Schale von ½ Zitrone, 30 g Butter, 1 l Pflanzenöl, 150 g Marillenmarmelade, Staubzucker zum Bestreuen.

Die Milch auf zirka 36 Grad erwärmen und mit Germ und Zucker gut verrühren. Mehl, Ei, Eidotter, Vanillezucker, Salz und Zitronenschale beigeben und kurz anwirken lassen. Die zerlassene Butter dazugeben und den Teig zirka zehn Minuten gut durchkneten. Mit einem Tuch zudecken und doppelt so groß aufgehen lassen. Den Teig nochmals zusammenstoßen, in 15 gleich große Stücke schneiden und zu 15 Kugeln schleifen (formen).
Ein Backblech mit einem Tuch bedecken, dieses mit Mehl bestauben, auf 36 Grad erwärmen, und auf dieses Blech die Krapfen mit dem Schluß nach unten daraufsetzen.
Die Oberfläche der Krapfen bestaubt man mit Mehl und deckt sie mit einem Tuch zu.
Die Krapfen auf den doppelten Umfang aufgehen lassen.
Das Pflanzenöl wird auf zirka 150 Grad erhitzt, und die Krapfen werden mit der Oberseite nach unten eingelegt. Sie müssen im Fett schwimmen. Die Pfanne schließt man mit einem

Deckel und bäckt die untere Hälfte der Krapfen goldgelb. Dann werden sie mit einem Kochlöffel umgedreht, und die zweite Seite wird gebacken, wobei die Pfanne aber offenbleibt.
Anschließend die Krapfen herausnehmen und noch heiß mit Dressiersack und Spezialtülle mit Marillenmarmelade füllen. Auskühlen lassen und mit Staubzucker besieben.

Es ist ratsam, daß bei der Teigherstellung alle verwendeten Zutaten zirka 36 Grad haben. So wird ein schnelleres Gehen des Teiges erreicht.
Die Krapfen kann man auch mit Vanillecreme füllen. Dann werden sie mit kochendheißer Marillenmarmelade und warmem Fondant an der Oberfläche bepinselt.

Früchteteekuchen
Gâteau aux fruits

110 g Butter, 1 Prise Salz, Schale von 1 Zitrone, 1 Teelöffel Vanillezucker, 40 g Staubzucker, 3 Eidotter, 3 Eiklar, 45 g Zucker, 120 g Mehl, 2 g Backpulver, 70 g kandierte Früchte, 30 g Schokolade, 30 g Walnüsse, 30 g Rosinen.

Butter, Salz, Zitronenschale, Vanillezucker, Staubzucker schaumig rühren. Dann die Eidotter langsam beigeben.
Eiklar und Zucker zu Schnee schlagen und unter die Buttermasse ziehen. Dann wird das Mehl mit Backpulver versiebt, mit den kandierten Früchten, der würfelig geschnittenen Schokolade, den würfelig geschnittenen Walnüssen und den Rosinen vermischt und in die Masse einmeliert. Die Masse in eine bebutterte und bemehlte Kastenform (25 × 10 × 8 Zentimeter) füllen und bei 180 Grad 60 Minuten im vorgeheizten Rohr backen. Danach stürzen und kalt stellen. Den Kuchen mit Staubzucker besieben und in dünne Scheiben aufschneiden.

Der Eischnee und die Buttermasse sollen nicht zu stark geschlagen sein, da sonst der Kuchen während des Backens stark aufgeht und danach zusammenfällt.

Früchtepalatschinken mit Vanillesauce
Crêpes aux fruits et sauce à la vanille

Für 6 Personen: 600 g gemischte Früchte je

Verschiedene Früchte der Saison waschen, schälen, entkernen. Die Früchte in gleich große Stücke schneiden und mit

nach Saison (Kiwi, Pfirsiche, Ananas, Trauben, Erdbeeren), 5 cl Maraschino oder Likör, Palatschinken (Grundrezept siehe Seite 236), ½ der im Grundrezept angegebenen Vanillesauce (Grundrezept siehe Seite 236).

Maraschino marinieren. Die gebackenen Palatschinken werden mit den marinierten Früchten gefüllt, paarweise auf Tellern angerichtet, und die Vanillesauce wird nappiert.

Anstelle von Vanillesauce kann man auch Weinsabayon verwenden.

Bild Seite 199

Kaiserschmarren mit Äpfeln
Omelette impériale aux pommes

*Für 6 Personen:
180 g Mehl, 18 cl Kaffeeobers, 7 Eidotter, 1 Prise Salz, 7 Eiklar, 10 g Vanillezucker, 50 g Butter zum Backen, 40 g Rosinen, 2 Äpfel, 70 g Staubzucker.*

Mehl, Kaffeeobers, Eidotter und Salz gut verrühren. Eiklar und Vanillezucker zu Schnee schlagen und in die Masse einrühren.
Eine Pfanne (Durchmesser 30 Zentimeter) mit Butter erhitzen, den Schmarrenteig eingießen, mit Rosinen und blättrig geschnittenen Äpfeln bestreuen und die Unterseite goldgelb backen.
Anschließend mit der Pfanne im vorgeheizten Backrohr (220 Grad) zirka fünf Minuten backen. Danach wird der Kaiserschmarren in sechs Teile geteilt, gewendet, auf der Flamme mit einer Gabel in drei Zentimeter große Stücke gerissen und fertiggebacken.
Mit Zucker bestreuen und noch etwas auf dem Herd schwenken, so daß der Zucker karamelisiert.
Auf heißen Tellern anrichten und mit Staubzucker bestreuen.

Sämtliche Kompottsorten sind als Beilage sehr beliebt.

Kardinalschnitten
Gâteau en tranches ,,Cardinal''

*Für 6 Personen:
50 g Zucker, 1 Ei, 2 Eidotter, 40 g Mehl,
3 Eiklar, 100 g Zucker, Staubzucker zum Besieben, Kaffeecreme (Rezept siehe nächste Seite).*

Man bereitet zuerst eine Biskuitmasse wie folgt: Zucker, Ei und Dotter werden schaumig gerührt, und das Mehl wird einmeliert. Dann werden Eiklar und Zucker zu Schnee geschlagen. Aus Backpapier schneidet man zwei Streifen im Ausmaß von 15 × 40 Zentimetern und dressiert darauf der Länge nach drei daumendicke Streifen aus der Schneemasse. Dazwischen wird die Biskuitmasse dressiert und das Ganze mit Staubzucker dünn besiebt.

Bei 180 Grad mit offenem Zug zirka 30 Minuten backen, dann kalt stellen.
Die ausgekühlten Kardinalschnitten werden auf dem Tisch gewendet, das Backpapier wird vorsichtig abgezogen und der eine Teil mit der Kaffeecreme bestrichen. Den zweiten Teil daraufgeben und in sechs gleiche Teile schneiden. Zart mit Staubzucker besieben und gekühlt servieren.

Der Eischnee soll nicht zu flockig geschlagen werden. Anstelle von Kaffeecreme kann man auch eine passierte Marillenmarmelade einstreichen.

Kaffeecreme:

1 Blatt Gelatine, 5 cl Mokka, 20 g Staubzucker, 2 dl Obers.

Die Gelatine in kaltem Wasser einweichen, ausdrücken, aufwärmen und mit Mokka und Staubzucker verrühren. Das Obers zu Schlagobers schlagen und die Mokkamasse darunterziehen.

Bild Seite 183

Kirschen- oder Weintraubenstrudel
Strudel aux cerises ou aux raisins

Für 6 Personen:
500 g Kirschen oder Weintrauben, Strudelteig (Grundrezept siehe Seite 235), 100 g Butter, Mandel- oder Nußmasse (Rezept siehe unten).

Die Kirschen oder Weintrauben waschen und entstielen, die Kirschen entkernen. Den Strudelteig ausziehen, die Hälfte des Teiges mit flüssiger Butter besprengen, auf die andere Hälfte die Nuß- oder Mandelmasse fingerdick aufstreichen und darauf die vorbereiteten Kirschen oder Weintrauben verteilen.
Mit Hilfe des bemehlten Strudeltuches wird der Teig mit der Fülle eingerollt, die Teigränder werden abgeschnitten.
Den Strudel auf ein gebuttertes Blech setzen, mit Butter bepinseln und im vorgeheizten Backrohr bei 180 Grad 45 Minuten backen.
Der Strudel wird warm serviert.

Haben die Weintrauben eine dicke Haut, kann man diese mit einem kleinen Messer abziehen. Man kann den Strudel auch mit verschiedenen Saucen servieren, zum Beispiel Kirschensauce, Weinsabayon usw.

Mandel- oder Nußmasse:

90 g Butter, 40 g Zucker, 2 Eidotter, 10 g Vanillezucker,

Butter und Zucker schaumig rühren, Eidotter, Vanillezucker, Zitronenschale und Salz beimengen und dann die gerie-

Schale von ½ Zitrone, 1 Prise Salz, 90 g Mandeln oder Nüsse, 2 Eiklar, 50 g Zucker.

benen Mandeln oder Nüsse darunterziehen. Eiklar und Zucker zu Schnee schlagen und unter die Buttermasse heben.

Bild Seite 190

Marmorgugelhupf
Cougelhof marbré

150 g Butter, 30 g Staubzucker, 10 g Vanillezucker, 1 Prise Salz, Schale von 1 Zitrone, 4 Eidotter, 6 Eiklar, 100 g Zucker, 150 g Mehl, 10 g Kakaopuder.

Butter, Staubzucker, Vanillezucker, Salz und die abgeriebene Zitronenschale schaumig rühren, dann die Dotter dazugeben. Eiklar und Zucker zu Schnee schlagen und unter die Buttermasse heben. Zuletzt das Mehl einmelieren.
Die Masse wird gedrittelt. Das erste Drittel füllt man in die gebutterte und bemehlte Gugelhupfform ein. Das zweite Drittel verrührt man mit gesiebtem Kakaopulver und füllt es ebenfalls in die Form. Zuletzt den Rest des Teiges darübergeben und bei 180 Grad im vorgeheizten Rohr backen. Nach dem Backen stürzen, auskühlen lassen und mit Staubzucker besieben.

Die Gugelhupfform kann auch gebuttert und mit gehobelten Mandeln bestreut werden. Das sieht nicht nur optisch schön aus, sondern paßt auch geschmacklich gut dazu.
Die Buttermasse und den Eischnee darf man nicht zu stark aufschlagen, da sonst der Teig beim Backen zusammenfällt. Die beiden Massen sollen annähernd die gleiche Konsistenz haben.

Milchrahmstrudel
Strudel au fromage blanc et à la crème

*Für 6 Personen:
Strudelteig (Grundrezept siehe Seite 235), Fülle, Royalmilch, Sauce (Rezept siehe nächste Seite), 100 g Butter zum Bestreichen.*

Den Strudelteig ausziehen und in zwei Teile teilen. Auf beide Teighälften wird jeweils im unteren Viertel die Fülle zwei Zentimeter dick verteilt. Den restlichen Teig besprengt man mit Butter.
Mit Hilfe des bemehlten Strudeltuches die Teighälften mit der Fülle einrollen und die Teigränder abschneiden.
Die Strudel legt man in ein mit Butter bestrichenes Geschirr (Größe etwa 36 × 20 × 7 Zentimeter) und bäckt sie bei 180 Grad. Nach 15 Minuten mit Royalmilch übergießen und weitere 55 Minuten backen. Dann in Stücke schneiden, mit der Sauce auf Tellern anrichten und lauwarm servieren.

Soll die Oberfläche des Strudels knusprig werden, muß man den Teig einmal während des Backens mit flüssiger Butter bestreichen.

Fülle:

100 g Butter, 100 g Zucker, 10 g Vanillezucker, 1 Prise Salz, Schale von ½ Zitrone, 4 Eidotter, 330 g Topfen, 250 g Sauerrahm, 4 Eiklar, 40 g Mehl, 50 g Rosinen.

Butter, ein Drittel der Zuckermenge, Vanillezucker, Salz und Zitronenschale schaumig rühren, dann die Dotter beigeben. Zum Schluß den Topfen und den Sauerrahm hineinrühren. Die Eiklar und der restliche Zucker werden zu Schnee geschlagen und locker unter die Topfenmasse gehoben. Zuletzt das Mehl und die Rosinen einmelieren.

Royalmilch:

¼ l Milch, 2 Eier, 30 g Zucker.

Die Milch aufkochen lassen und die Eier, die mit Zucker vermischt sind, einrühren.

Sauce:

5 dl Milch, 80 g Zucker, 10 g Cremepulver, 8 Eidotter, 2 cl Rum.

Drei Viertel der Milch mit Zucker aufkochen. Die restliche kalte Milch mit Cremepulver und Eidottern verrühren, in die kochende Milch geben und eine Minute unter ständigem Rühren kochen lassen. Dann den Rum beigeben.

Pfefferminze eignet sich vom Geschmack her ausgezeichnet zum Beigeben bei Strudel und Sauce.

Bild Seite 190

Mohnnudeln
Nouilles au pavot

Für 6 Personen: Kartoffelteig (Grundrezept siehe Seite 234), 80 g Butter, 100 g Staubzucker, 200 g Mohn.

Der Kartoffelteig wird zu einer Walze ausgerollt und diese in kleine Teile geschnitten. Daraus fingerdicke, etwa sieben Zentimeter lange Nudeln formen und in reichlich Salzwasser zirka sechs bis acht Minuten ziehen lassen. Die Nudeln mit einem Lochschöpfer herausnehmen, in kaltem Wasser abschrecken, abtropfen lassen und in heißer Butter schwenken.
Auf heißen Tellern werden die Nudeln angerichtet und mit Staubzucker, vermischt mit gemahlenem Mohn, bestreut.

Mohnnudeln kann man auch mit Brandteig (Rezept siehe bei Powidltascherln, Seite 180) machen.

Anstelle von Mohn ist auch Topfen, den man durch ein Sieb passiert und über die Nudeln streut, geschmacklich sehr gut. Den Mohn kann man auch in heißer Butter etwas dünsten und danach erst die gekochten Nudeln beigeben und durchschwenken.

Powidltascherln mit Pflaumenröster
Pomponnettes à la confiture de pruneaux et compote de prunes

Für 6 Personen:
25 cl Wasser, 15 g Butter,
1 Prise Salz, 170 g Mehl,
1 Ei, 170 g Powidl, 1 Ei zum Bestreichen,
80 g Butter, 150 g Brösel,
70 g Walnüsse, Staubzucker zum Besieben, 350 g fertiger Pflaumenröster.

Wasser, Butter und Salz aufkochen lassen, das Mehl einrühren und etwas anrösten. Das Ganze vom Herd nehmen, ein Ei dazugeben und gut durchkneten (rühren). Danach den Teig erkalten lassen.
Der Teig wird fünf Millimeter dick ausgerollt und mit einem Ausstecher (Durchmesser zehn Zentimeter) rund ausgestochen. In die Mitte des Teiges den Powidl dressieren, mit Ei bepinseln und den Teig zusammenklappen. Der Teigrand wird gut mit dem Finger zusammengedrückt.
Man läßt die Powidltascherln im Salzwasser zirka fünf bis acht Minuten ziehen und nimmt sie dann heraus.
Die Butter wird erwärmt, die Brösel werden darin geröstet und die Powidltascherln in den Bröseln gewendet.
Auf einen warmen Teller werden je drei warme Powidltascherln aufgelegt, mit geriebenen Nüssen bestreut und mit Staubzucker besiebt. Der lauwarme Pflaumenröster wird separat in einer Sauciere dazu serviert.

Anstelle von Brandteig kann auch Kartoffelteig verwendet werden, man kann auch beide Teige zu gleichen Teilen miteinander vermischen.

Pfannkuchen mit Beeren
Omelette aux baies

Für 6 Personen:
90 g Mehl, 9 cl Kaffeeobers,
3 Eidotter, 1 Prise Salz,
10 g Vanillezucker, 4 Eiklar,
80 g Butter zum Backen,
300 g gemischte Beeren,
Vanillesauce (Grundrezept siehe Seite 236),
Staubzucker zum Bestreuen.

Mehl, Kaffeeobers, Eidotter, Salz und Vanillezucker gut vermischen. Die Eiklar zu Schnee schlagen und in die Masse einrühren.
Die Butter wird in einer Pfanne erhitzt, einige gewaschene Beeren werden eingelegt und mit einem Sechstel des Teiges übergossen. Wenn die Unterseite leicht gebräunt ist, den Pfannkuchen wenden und fertigbacken. Sind alle Pfannkuchen gebacken, gießt man die Vanillesauce in tiefe Teller ein

Überbackene Himbeeren

Rhabarber auf Joghurt

Tapiokapudding mit Marillen

Calvadostorte

Erdbeeren Romanow

Karamelcreme

Orangenobertorte
Himbeerobertorte
Cremeschnitten mit Früchten
Kardinalschnitten
Savarin mit Himbeersauce

und belegt sie mit den warmen Pfannkuchen. Die restlichen Beeren werden darauf verteilt und mit Staubzucker bestreut.

Die Vanillesauce kann warm oder kalt dazu serviert werden. Unter kalte Vanillesauce kann man drei Eßlöffel geschlagenes Obers ziehen. Als Beeren eignen sich Walderdbeeren, Heidelbeeren, Ribisel und Himbeeren besonders gut dazu.

Bild Seite 161

Salzburger Nockerln
Noques à la salzbourgeoise

Für 6 Personen:
50 g Butter, 1 dl Obers, 10 g Vanillezucker, 4 Eidotter, 40 g Mehl, 10 g Vanillezucker, 2 Eßlöffel Wasser, 8 Eiklar, 60 g Zucker, Staubzucker zum Besieben.

Butter, Obers und Vanillezucker werden aufgekocht und in ein vorbereitetes, backfestes Geschirr gegossen.
Dann verrührt man Dotter, Mehl, Vanillezucker und Wasser gut miteinander.
Eiklar und Zucker zu Schnee schlagen und ganz kurz mit der Eidottermasse vermischen. Mit Teigkarte und Palette sechs gleichmäßig große Nockerln formen und diese nebeneinander in die vorbereitete Sauce setzen.
Im vorgeheizten Rohr zirka zehn Minuten bei 220 Grad backen.
Mit Staubzucker besieben und heiß auf die Teller geben. Etwas Sauce dazunappieren und servieren.

Der Schnee soll nicht zu flockig geschlagen werden, da die Nockerln sonst zu schnell zusammenfallen.
Als Beigabe zu Salzburger Nockerln kann man auch Erdbeer- oder Himbeersauce servieren.

Bild Seite 184

Schokoladekuchen
Gâteau au chocolat

250 g Butter, 250 g Zucker, 1 Prise Salz, Schale von ½ Zitrone, 6 Eier, 170 g Mehl, 75 g Kakaopuder, 5 g Backpulver, 100 g Walnüsse, Staubzucker zum Besieben.

Butter, Zucker, Salz und Zitronenschale schaumig rühren, dann die Eier beigeben. Mehl mit Kakao und Backpulver sieben, mit den fein geriebenen Nüssen vermischen und danach unter die Buttermasse heben. Die Masse in eine mit Butter bestrichene und bemehlte Kuchenform füllen und bei 180 Grad 55 Minuten backen.
Dann sofort stürzen und auskühlen lassen. In dünne Scheiben schneiden und mit Staubzucker besieben.

Der Länge nach in vier Teile und dann in dünne, kleine Scheiben geschnitten, eignet sich der Kuchen besonders gut zum Mischen mit Ihrem Teegebäcksortiment.

Man kann den Kuchen auch mit Schokolade überziehen.

Topfenauflauf
Soufflé au fromage blanc

Für 6 Personen:
125 g Topfen (10–20 % Fettgehalt), 60 g Zucker, 10 g Weizenpuder, 10 g Trockenmilchpulver, 1 Eidotter, 20 g Vanillezucker, 1 Prise Salz, Schale von ½ Zitrone, 14 cl Milch, 1 Eiklar, 30 g Zucker, Marillenkompott (Rezept siehe unten).

Topfen, Zucker, Weizenpuder, Trockenmilchpulver, Eidotter, Vanillezucker, Salz und Zitronenschale werden mit der Milch glattgerührt. Das Eiklar mit dem Zucker zu Schnee schlagen und mit der weichgerührten Topfenmasse vermengen.

Sechs Förmchen mit Butter bestreichen und mit Staubzucker bestauben.

Die Masse bis fingerdick unter den Rand einfüllen und den Auflauf im Wasserbad bei 180 Grad zirka 20 Minuten im Backofen garen.

Den fertigen Auflauf stürzen und mit Marillenkompott als Beilage servieren.

Marillenkompott:

500 g Marillen, ¼ l Wasser, 120 g Zucker.

Die Marillen entkernen und jede in acht gleiche Teile schneiden. In Wasser und Zucker weich kochen. Danach ein Drittel der Marillen pürieren, mit dem restlichen Kompott vermischen und kalt stellen.

Topfenknödel mit Zwetschkenröster
Quenelles au fromage blanc et compote de prunes

Für 6 Personen:
30 g Butter, 1 Prise Salz, 10 g Vanillezucker, Schale von ½ Zitrone, 300 g passierter Topfen, 2 Eier, 60 g Grieß, 150 g Butter, 100 g Brösel, 50 g Staubzucker zum Besieben, 200 g fertiger Zwetschkenröster.

Butter, Salz, Vanillezucker und Zitronenschale schaumig rühren, den passierten Topfen und die Eier dazugeben und zuletzt den Grieß darunterziehen. Die Topfenmasse wird zirka eine Stunde kalt gestellt.

Aus der Masse mit einem Eisportionierer Knödel formen und in Salzwasser zirka 15 Minuten ziehen lassen. Wenn die Knödel gar sind, steigen sie an die Oberfläche des Salzwassers.

Dann die Butter zergehen lassen, die Brösel dazugeben und etwas anrösten. Die fertig gegarten Knödel läßt man abtropfen und wälzt sie in den Butterbröseln.

Auf Desserttellern anrichten, mit Staubzucker leicht besieben und warm mit warmem Zwetschkenröster servieren.

Anstelle von Zwetschkenröster kann auch Apfel- oder Birnenkompott dazu serviert werden.

Überbackene Pfirsichpalatschinken
Gratin de crêpes aux pêches

Für 6 Personen:
3 Pfirsiche, 3 dl Wasser, 125 g Zucker, Saft von 1 Zitrone und 1 Orange, 5 cl Grand Marnier oder Likör nach Belieben, Palatschinken (Grundrezept siehe Seite 236), ½ der im Grundrezept angegebenen Vanillecreme (Grundrezept siehe Seite 236), 2 Eidotter, 100 g Crème fraîche oder Sauerrahm.

Die Pfirsiche werden kurz in kochendes Wasser getaucht, danach in Eiswasser abgeschreckt. Die Haut abziehen und die Pfirsiche in Spalten schneiden.
Wasser, Zucker, Zitronen- und Orangensaft aufkochen, vom Herd nehmen, die Pfirsichspalten hineinlegen und zugedeckt ziehen lassen. Die Pfirsiche herausnehmen, den Saft auf ein Viertel reduzieren, mit Grand Marnier abschmecken und lauwarm mit den Pfirsichspalten mischen. Die fertigen Palatschinken werden mit Pfirsichkompott gefüllt und paarweise auf die Teller gelegt.
Vanillecreme, zwei Dotter und Crème fraîche verrührt man gut, verteilt diese Creme gleichmäßig auf die Palatschinken und überbäckt diese bei starker Oberhitze (250 bis 300 Grad).

Vanilleeis als Kontrast zu den warmen Palatschinken ist die passende Beigabe im Sommer.
Man kann diese Mehlspeise auch mit Marillen bereiten.

Bild Seite 199

Weihnachtsstollen

300 g Mehl, 6 cl Milch, 20 g Germ, 25 g Zucker, 100 g Butter, Schale von 1 Zitrone, 1 Teelöffel Vanillezucker, 2 g Salz, 1 Ei, 60 g Aranzini, 60 g Zitronat, 100 g Rosinen, 20 g Mandeln, 5 cl Rum, 100 g Butter zum Bestreichen, 100 g Kristallzucker, 1 Teelöffel Zimt, etwas Staubzucker.

Ein Drittel des Mehls wird mit der lauwarmen Milch, Germ und Zucker zu einem Dampfl angesetzt und bei zirka 36 Grad warm gestellt, so daß es um das Doppelte aufgeht. Dann rührt man Butter, Zitronenschale, Vanillezucker und Salz schaumig und gibt ein Ei dazu. Diese Buttermasse mit dem Dampfl sowie Aranzini, Zitronat, Rosinen, gestifteten, gerösteten Mandeln und Rum zirka zehn Minuten gut abkneten, mit einem Tuch zudecken und den Teig wieder doppelt so groß aufgehen lassen. Dann den Teig nochmals kurz durchkneten und rechteckig ausrollen.
Dieses rechteckige Teigstück in drei Teile einteilen und zusammenfalten. Mit einem Rollholz der Länge nach in der Mitte eindrücken und wieder auf den doppelten Umfang aufgehen lassen.

Im vorgeheizten Backrohr bei 180 Grad zirka 55 Minuten backen, dann gleich mit flüssiger Butter bestreichen und mit Zimtzucker bestreuen. Den Stollen auskühlen lassen und mit Staubzucker besieben.

Falls der Stollen beim Backen zuviel Farbe annimmt, kann man ihn mit Papier abdecken. Um ein Austrocknen des Stollens zu verhindern, wickelt man ihn in Alu- oder Klarsichtfolie luftdicht ein und lagert ihn kühl.

Zwetschken-, Marillen- oder Erdbeerknödel
Quenelles aux prunes, aux abricots, aux fraises

Für 6 Personen:
300 g magerer Topfen, 1 Ei,
1 Eidotter, 10 g Staubzucker,
1 Prise Salz, 75 g Sauerrahm,
10 g griffiges Mehl,
12 Zwetschken oder 12 Marillen oder 12 große Erdbeeren,
50 g gemahlener Mohn,
10 g Staubzucker oder
50 g mit einem Tuch ausgedrückter Topfen, 10 g Staubzucker oder 60 g Brösel, 50 g Butter, Zucker zum Besieben.

Topfen, Ei, Eidotter, Zucker, Vanillezucker und Salz gut verrühren, den Sauerrahm darunterziehen und zuletzt Mehl einmelieren. Die Masse 30 Minuten rasten lassen.
Die Zwetschken, Marillen oder Erdbeeren werden gewaschen, entstielt, halbiert, entkernt und mit der Schnittfläche auf ein mit Papier belegtes Blech im Abstand von fünf Zentimetern aufgelegt. Darüber Topfenmasse mit einem Dressiersack halbkugelförmig dressieren und 30 Minuten in den Tiefkühlschrank stellen. Dann herausnehmen, die Halbkugeln vom Blech nehmen und die Schnittflächen paarweise zusammensetzen. Salzwasser zum Sieden bringen, die Knödel einlegen und 15 Minuten ziehen lassen.
Die Zwetschkenknödel werden anschließend mit gemahlenem Mohn bestreut und mit Zucker besiebt. Warm servieren.
Für die Marillenknödel wird mit einem Tuch das Wasser aus dem Topfen gepreßt, und die Knödel werden damit bestreut. Mit Zucker besieben und servieren.
Erdbeerknödel bestreut man mit Bröseln, die man in zerlassener Butter kurz angeröstet hat. Zum Schluß besiebt man sie mit Staubzucker und serviert sie warm.

Die Knödel können auch mit einem dazupassenden Kompott serviert werden.
Beim Zusammensetzen der Knödel läßt man die Halbkugeln etwas antauen, damit sich die Topfenmasse besser verbindet und beim Sieden nicht auseinanderfallen kann.

Bild Seite 200

Beerenfrüchte in Strudelteigblättern

Torten

Calvadostorte
Gâteau au Calvados

1 Mürbteigboden (Grundrezept siehe Seite 234), 50 g Marillenmarmelade, 1 Biskuittorte aus der halben im Grundrezept angegebenen Masse (Grundrezept siehe Seite 231), 5 cl Calvados, 30 g Staubzucker, 2 cl Wasser, Oberscreme (Rezept siehe unten), 700 g Äpfel, 25 cl Riesling, 80 g Zucker, 2 cl Calvados, 10 g Rosinen, 100 g Marillengelee, 50 g Mandeln.

Der Mürbteigboden wird mit Marillenmarmelade bestrichen, die Biskuittorte in zwei Blätter geschnitten und eines davon auf den Mürbteig daraufgelegt. Einen Tortenreifen (Durchmesser 24 Zentimeter) darüberstellen, das Biskuit mit Sirup – bestehend aus Calvados, Staubzucker und Wasser – tränken. Die Oberscreme darüberstreichen und kalt stellen. Darauf das zweite Biskuitblatt legen und ebenfalls mit Calvadossirup parfümieren. Die Äpfel schälen, entkernen und in kleine Spalten schneiden.
In Weißwein, Zucker und Calvados blanchieren, die Rosinen beimengen und kalt stellen.
Dann die Torte mit Apfelspalten und Rosinen belegen und mit Marillengelee dünn überpinseln. Die Torte aus dem Reifen schneiden und die gehobelten, gerösteten Mandeln an der Seite einstreuen.

Oberscreme:

13 cl Milch, 40 g Zucker, 2 Eidotter, 10 g Vanillezucker, 1 Prise Salz, 2 Blatt Gelatine, 3 cl Calvados, 28 cl Obers.

Milch, Zucker, Eidotter, Vanillezucker, Salz und Gelatine über einem heißen Wasserbad aufschlagen und kalt stellen. Kurz vor dem Stocken werden der Calvados und das geschlagene Obers daruntergezogen.

Bild Seite 182

Erdbeertorte in Blätterteig
Gâteau aux fraises en pâte feuilletée

Blätterteig (Grundrezept siehe Seite 232), 1 Eidotter, Wein-

Zwei Stück Blätterteig werden gleichmäßig quadratisch auf zwei Millimeter Stärke ausgerollt.

creme (Rezept siehe unten), 400 g Erdbeeren.

Der eine Teil wird mit dem Riffelholz gezeichnet, die Oberfläche mit Eidotter bestrichen und tortenreifengroß (Durchmesser 24 Zentimeter) ausgestochen. Danach dieses Oberteil in 14 Teile schneiden und eine Stunde rasten lassen. Das zweite Stück des Teiges ebenfalls reifengroß ausstechen, mit der Gabel stupfen und auch eine Stunde rasten lassen. Danach beide Teile bei 180 Grad im Backrohr backen.
Auf den gebackenen Boden wird ein Tortenreifen gestellt und die Hälfte der Weincreme auf den Tortenboden gestrichen.
Dann werden die Erdbeeren gewaschen, entstielt, abgetrocknet und auf die Weincreme daraufgelegt. Mit der restlichen Creme die Erdbeeren überdecken, Creme glattstreichen und die Torte kalt stellen.
die Torte kalt stellen.
Nach 30 Minuten die Torte aus dem Reifen schneiden und mit dem Butterteigoberteil belegen.

Es können auch andere Früchte als Einlage verwendet werden, z. B. Kiwis, Himbeeren, Orangenfilets usw.

Weincreme:

15 cl Weißwein, 150 g Zucker, 3 Eidotter, Saft von ½ Zitrone, 3 Blatt Gelatine, 3 dl Obers, 5 Eßlöffel Cointreau.

Wein, Zucker, Eidotter und Zitronensaft in einer Schüssel über heißem Wasserdampf schlagen und dann kalt rühren. Die Gelatine aufweichen und aufgelöst in die Masse geben. Zuletzt geschlagenes Obers und Cointreau darunterheben.

Anstelle von Cointreau kann auch ein anderer Likör verwendet werden. Man muß nur darauf achten, daß er zur jeweiligen Frucht paßt.

Fächertorte mit Karamelobers
Gâteau „Éventail" et crème Chantilly au caramel

70 g Butter, 30 g Staubzucker, 5 Eidotter, 45 g Schokolade, 5 Eiklar, 80 g Kristallzucker, 85 g Mehl,
Karamelobers (Rezept siehe Seite 193), Milchschokolade zum Eindecken.

Butter und Staubzucker schaumig rühren, nach und nach die Eidotter beigeben und die erweichte Schokolade einmengen. Eiklar und Kristallzucker zu Schnee schlagen und unter die Dottermasse rühren. Das Mehl vorsichtig einmelieren.
Ein Backblech mit Butter bestreichen und bemehlen, die Masse zu sechs tortenreifengroßen (Durchmesser 24 Zentimeter) Schokoladeblättern aufstreichen und backen.
Nach dem Backen die Blätter sofort vom Blech lösen und mit einem Tortenreifen (Durchmesser 24 Zentimeter) ausstechen.

Die Tortenblätter werden mit dem Karamelobers schichtenweise gefüllt und eingestrichen. Die Torte wird mit Milchschokolade eingedeckt.

Um ganz dünne Blätter zu bekommen, muß man die Milchschokolade einige Male durch den Melangeur lassen, danach in Fächer formen und die Torte damit eindecken.
Wenn kein Melangeur vorhanden ist, können die Schokoladefächer zum Garnieren auch anders hergestellt werden. Hiezu wird die Milchschokolade durch Vermischen mit Öl geschmeidig gemacht. Das Verhältnis von Schokolade zu Öl richtet sich nach der jeweiligen Raumtemperatur und der Temperatur der Marmortischplatte, auf der die Fächer hergestellt werden. Die Kuvertüre wird bis zum Erstarren auf der Platte tabliert und mittels Palette zu einem 20 Zentimeter breiten Streifen aufgestrichen. Mit der Spachtel wird die Schokolade abgespachtelt, wobei man mit dem rechten Zeigefinger die Schokolade zusammenschiebt und sich so das fächerartige Gebilde ergibt (siehe Grafik).

Anstelle von Karamelobers eignet sich auch Schokolademus besonders gut zum Füllen dieser Torte.

Karamelobers:

180 g Zucker, 7 dl Obers, 2 cl Rum, 140 g Butter.

Den Zucker in einem Kessel zu Karamel schmelzen und mit Obers unter ständigem Rühren nach und nach aufgießen. Dann den Rum darunterrühren. Die Butter beigeben und die Masse kalt stellen.
Nach dem Abkühlen die Masse drei Minuten im Mixglas mixen und bis zum nächsten Tag im Kühlschrank rasten lassen. Danach wird die Masse wie Schlagobers aufgeschlagen.

Bild Seite 205

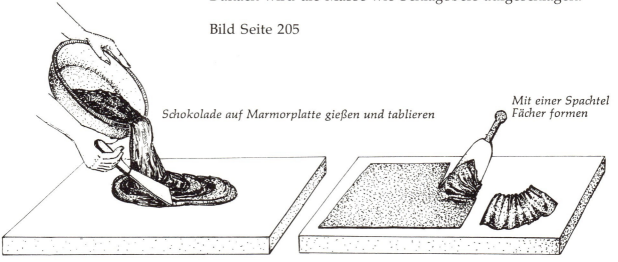

Schokolade auf Marmorplatte gießen und tablieren

Mit einer Spachtel Fächer formen

Himbeeroberstorte
Gâteau à la crème Chantilly aux framboises

1 Mürbteigboden (Grundrezept siehe Seite 234), 50 g Marillenmarmelade, 1 Biskuittorte aus der halben im Grundrezept angegebenen Masse (Grundrezept siehe Seite 231), 3 cl Himbeergeist, 2 cl Wasser, 30 g Staubzucker, Schokolade- und Himbeerobers (Rezepte siehe unten), 2 dl Obers, 50 g Milchschokoladespäne, 100 g Himbeeren zum Verzieren.

Der Mürbteigboden wird mit Marillenmarmelade bestrichen und ein zentimeterdickes Biskuitblatt daraufgelegt. Dieses wird mit Sirup – bestehend aus Himbeergeist, Wasser und Staubzucker – getränkt, dann ein Tortenreifen (Durchmesser 24 Zentimeter) darübergestellt und so mit Schokoladeobers bestrichen, wie es in der Grafik bzw. dem Bild auf Seite 183 dargestellt ist. Danach kalt stellen.
Anschließend wird das Himbeerobers eingefüllt, glattgestrichen und wieder kalt gestellt.
Die Torte wird aus dem Reifen geschnitten, mit Schlagobers eingestrichen und in der Mitte mit Schokoladespänen bestreut. In 14 Teile einteilen. Mit dem Dressiersack dressiert man aus Schlagobers auf jeden Teil einen Ring, in den man eine Himbeere legt.

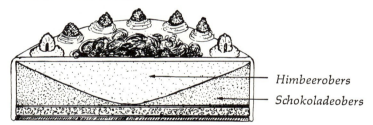

Schokoladeobers:

1 dl Milch, 2 Eidotter, 20 g Zucker, 1 Blatt Gelatine, 50 g Milchschokolade, 25 cl Obers.

Milch, Eidotter, Zucker und Gelatine werden über einem heißen Wasserbad aufgeschlagen, die Milchschokolade beigegeben und kalt gerührt. Danach das geschlagene Obers darunterziehen.

Himbeerobers:

75 g Himbeermark, 55 g Zucker, 2 Blatt Gelatine, Saft von 1 Zitrone, 18 cl Obers, 50 g Himbeeren.

Himbeermark, Zucker, aufgelöste Gelatine und Zitronensaft werden gut verrührt, dann das geschlagene Obers eingerührt und zum Schluß die Himbeeren einmeliert.

Bild Seite 183

Kirschtorte
Gâteau aux cerises

1 Mürbteigboden (Grundrezept siehe Seite 234), 50 g Marillenmarmelade, 1 Schokoladetortenboden aus der halben

Mürbteigboden mit Marillenmarmelade bestreichen.
Dann den Schokoladetortenboden in drei ein Zentimeter dicke Scheiben schneiden und eine davon auf den Mürbteigboden legen. Einen Tortenreifen daraufstellen und die Bis-

im Grundrezept angegebenen Masse (Grundrezept siehe Seite 235), 1 dl Kirschwasser, 50 g Staubzucker, 5 cl Wasser, Kirschobers (Rezept siehe unten), 300 g frische Kirschen, Kompottkirschen oder Weichseln, Schokoladecreme (Rezept siehe unten), 12 cl Obers, 40 g Schokoladespäne, 14 Kirschen zum Verzieren.

kuitscheibe mit Kirschsirup, bestehend aus Kirschwasser, Staubzucker und Wasser, tränken. Das Kirschobers fingerdick daraufstreichen, mit den entkernten Kirschen bestreuen und eine Schokoladebiskuitscheibe darüberlegen. Diese wird wiederum mit Kirschsirup getränkt.
Darauf streicht man die Schokoladecreme und legt als Abschluß die dritte Biskuitscheibe darüber.
Die Torte aus dem Reifen schneiden, mit Schlagobers bestreichen und die Oberfläche mit Schokoladespänen bestreuen. Die Torte wird in 14 Teile eingeteilt und auf jedes Stück eine Schlagobersrosette aufdressiert. Auf diese Rosetten legt man je eine Kirsche als Garnitur.

Schokoladespäne erhält man, indem man mit dem Messerrücken von einer Tafel Schokolade Späne abschabt.

Kirschobers:

2 Blatt Gelatine, 1 dl Kirschwasser, 200 g Staubzucker, 15 cl Obers.

Die Gelatine wird in kaltem Wasser eingeweicht, herausgenommen und aufgewärmt. Das Kirschwasser und den Staubzucker beigeben, gut verrühren und unter das geschlagene Obers ziehen.

Schokoladecreme:

30 g Schokolade, Vanillecreme (1/10 der im Grundrezept angegebenen Masse, Grundrezept siehe Seite 236), 4 cl Obers.

Die Schokolade auflösen, mit der passierten Vanillecreme glattrühren und etwas anwärmen. Das geschlagene Obers darunterheben.

Mandarinentorte
Gâteau aux mandarines

*3 cl Wasser, 180 g Rohmarzipan, 5 Eidotter, 1 Prise Salz, Vanillezucker, Schale von 1/2 Zitrone, 4 Eiklar, 100 g Kristallzucker, 25 g Weizenpuder, 70 g Mehl, 30 g Butter, 150 g Kompottmandarinen,
1 Japonaisboden (Grundrezept siehe Seite 233), Schokoladeobers (Rezept siehe Seite 196), 6 cl Cointreau, 1 dl Wasser, 20 g Staubzucker,
2 dl Obers zum Einstreichen,*

Wasser mit dem Rohmarzipan und mit Eidottern, Salz, Vanillezucker und Zitronenschale schaumig rühren.
Eiklar und Kristallzucker zu Schnee schlagen und unter die Dottermasse heben.
Weizenpuder und Mehl versieben und in die Dottermasse einrühren. Zuletzt die heiße Butter und gut abgetropfte Kompottmandarinenspalten einmelieren.
Die Masse wird in eine Tortenform gefüllt und bei 180 Grad 40 Minuten gebacken.
Der Japonaisboden wird fünf Millimeter dick mit Schokoladeobers bestrichen, ein Tortenreifen (Durchmesser 24 Zentimeter) darübergestellt, der obige Tortenboden daraufgelegt und mit dem Cointreau-Sirup – bestehend aus Cointreau, Wasser und Staubzucker – getränkt.

Milchschokolade für den Fächer, 50 g Schokoladespäne.

Auf die Torte wird das restliche Schokoladeobers gestrichen, das geschlagene Obers kuppelförmig darübergegeben und kalt gestellt. Man schneidet die Torte aus dem Reifen und deckt sie auf der Seite mit Schokoladefächern ein (Herstellung siehe Fächertorte Seite 192). Mit Schokoladespänen bestreuen.

Schokoladeobers:

3 dl Obers, 150 g Milchschokolade.

Obers und Milchschokolade aufkochen lassen und kalt stellen. Danach wie Schlagobers aufschlagen.

Maronioberstorte
Gâteau à la crème Chantilly aux marrons

420 g frische Maroni oder 210 g Maronipüree, 1 Sachertorte aus der halben im Rezept angegebenen Masse (Rezept siehe Seite 202), 5 cl Rum, Maroniobers (Rezept siehe unten), 15 cl Obers.

Die Maroni werden mit einem kleinen Messer eingeschnitten, in kochendem Wasser weich gekocht, noch in heißem Zustand geschält und durch ein Haarsieb passiert. Von diesem Püree benötigt man 50 Gramm zum Bestreuen der Torte, den Rest für das Maroniobers (Rezept siehe unten).
Die Sachertorte wird in drei Blätter geschnitten, und diese werden mit Rum getränkt. Um ein Sachertortenblatt stellt man einen Tortenreifen, bestreicht es mit Maroniobers und deckt das Ganze mit dem zweiten Blatt ab. Dann wiederholt man den Vorgang und stellt die Torte kalt.
Danach die Torte aus dem Reifen schneiden, mit geschlagenem Obers bestreichen und mit dem Maronipüree, durch ein grobes Sieb gepreßt, bestreuen.

Maroniobers:

160 g Maronipüree (Herstellung siehe oben), 3 cl Rum, 50 g Staubzucker, 3 Blatt Gelatine, 35 cl Obers.

Maronipüree, Rum und Staubzucker mit einem Schneebesen gut verrühren. Die Gelatine in kaltem Wasser einweichen, ausdrücken, aufwärmen und in die Maronimasse einrühren. Zum Schluß das geschlagene Obers darunterziehen.

Nußtorte
Gâteau aux noix

6 Eidotter, 2 cl Wasser, 60 g Staubzucker, 6 Eiklar, 60 g Kristallzucker, 80 g Mehl,

Eidotter, Wasser und Staubzucker schaumig rühren. Eiklar und Kristallzucker zu Schnee schlagen und mit der Dottermasse vermengen. Das Mehl, die geriebenen Walnüsse und

50 g Walnüsse, 30 g Biskuitbrösel, Staubzucker zum Besieben, Nußcreme (Rezept siehe unten),
120 g geriebene Walnüsse zum Bestreuen, 14 halbe Nüsse.

die Biskuitbrösel vermischen und in die Eiermasse einmelieren.
Die Masse in einen Tortenreifen (Durchmesser 24 Zentimeter) füllen und bei 180 Grad 45 Minuten backen. Danach mit Staubzucker bestreuen, wenden und auskühlen lassen.
Die Torte in drei gleich dicke Scheiben schneiden, und diese mit drei Viertel der Creme schichtweise füllen. Die restliche Creme über die Torte streichen und mit geriebenen Nüssen bestreuen.
Die Torte wird in 14 Stücke geschnitten, auf jedes Stück mit Creme ein Tupfen aufdressiert (mit der glatten Tülle) und darauf je eine halbe mit Staubzucker bestaubte Walnuß gelegt.

Das Wasser wird der Nußmasse deswegen beigegeben, weil sie nach dem Backen dadurch saftiger ist.

Nußcreme:

1 dl Wasser, 30 g Zucker, 100 g Walnüsse, 1 Blatt Gelatine, 5 cl Rum, 35 cl Obers.

Wasser und Zucker aufkochen, die geriebenen Nüsse dazugeben und eine Minute unter ständigem Rühren kochen lassen. Danach die Nußfülle kalt stellen. Die Gelatine wird in kaltem Wasser eingeweicht, ausgedrückt und aufgewärmt.

Die Nußfülle mit Rum und erwärmter Gelatine verrühren und das geschlagene Obers darunterziehen.

Orangenoberstorte
Gâteau à l'orange et à la crème Chantilly

3 cl Wasser, 180 g Marzipan (Rohmasse), 6 Dotter, 1 Prise Salz, 10 g Vanillezucker, Schale von ½ Zitrone, 6 Eiklar, 100 g Zucker, 70 g Mehl, 25 g Weizenpuder, 80 g Butter, 150 g Orangenfilets.
1 Japonaisboden (Grundrezept siehe Seite 233), 50 g Marillenmarmelade, 8 cl Cointreau, 8 cl Wasser.
Schokoladeobers (Rezept siehe Seite 198), 1 dl Obers, 80 g Milchschokoladespäne,

Wasser, Rohmarzipan, Dotter, Salz, Vanillezucker und Zitronenschale werden schaumig gerührt, Eiklar und Zucker zu Schnee geschlagen und eine Masse in die andere einmeliert. Das Mehl mit dem Weizenpuder versieben und unter die Marzipanmasse heben. Zuletzt wird heiße Butter dazugegeben.
Man füllt die Masse in einen Tortenreifen (Durchmesser 24 Zentimeter) und belegt sie mit abgetropften Orangenfilets. Bei 180 Grad 40 Minuten backen.
Der Japonaisboden wird mit Marillenmarmelade bestrichen und die fertiggebackene Torte daraufgesetzt.
Cointreau und Wasser miteinander verrühren und damit die Torte gut bepinseln.
Die Torte wird oben mit Schokoladeobers bestrichen, und darauf kommt das Schlagobers, das man mit Milchschokola-

45 g Kuvertüre.

despänen bestreut. An der Seite schlägt man die Torte mit Schokoladefächern ein (wie bei der Fächertorte, Seite 192, beschrieben).

Schokoladeobers:

5 cl Obers, 150 g Milchschokolade.

Obers aufkochen lassen, die Milchschokolade einrühren und zirka zwölf Stunden kalt stellen. Während dieser Zeit einige Male durchrühren. Danach wie Schlagobers aufschlagen.

Bild Seite 183

Orangentorte mit Cointreau
Gâteau à l'orange et au Cointreau

1 Mürbteigboden (Grundrezept siehe Seite 234), 150 g Marillenmarmelade, 1 Biskuittorte aus der halben im Grundrezept angegeben Masse (Grundrezept siehe Seite 231), Orangenobers (Rezept siehe unten), ½ Biskuitfleck (Grundrezept siehe Seite 231),
15 cl Obers, 20 g Milchschokoladespäne, 1 Orange.

Der Mürbteigboden wird mit 50 Gramm Marillenmarmelade bestrichen.
Dann schneidet man die Biskuittorte in zwei ein Zentimeter dicke Scheiben, legt eine davon auf den Mürbteigboden und stellt den Tortenreifen (Durchmesser 24 Zentimeter) darüber. In diesen Reifen füllt man die Hälfte des Orangenobers.
Dann bestreicht man den Biskuitfleck mit der restlichen Marillenmarmelade, rollt ihn zu einer Roulade ein und legt diese kranzförmig in den Tortenreifen. Das restliche Orangenobers wird darübergestrichen, die Torte mit dem zweiten Biskuitblatt abgedeckt und kalt gestellt.
Die Torte aus dem Reifen schneiden, mit dem geschlagenen Obers rundherum bestreichen und garnieren, mit Schokoladespänen bestreuen und mit halben Orangenscheiben belegen.

Orangenobers:

2 dl Orangensaft, Schale von 1 Orange, 2 Eier, 2 Eidotter, 130 g Zucker, 45 cl Obers, 3 Blatt Gelatine, 6 cl Cointreau.

Orangensaft, Orangenschale, Eier, Eidotter und Zucker über heißem Wasserbad aufschlagen, dann wegstellen und kalt rühren. Das geschlagene Obers einmelieren.
Die Gelatine auflösen, mit Cointreau parfümieren und unter das Orangenobers ziehen.

Curaçao oder Grand Marnier eignet sich ebenfalls zum Aromatisieren. Anstelle von Orangen kann man auch Mandarinen verwenden.

Bild Seite 205

Rhabarbersoufflétorte
Gâteau douce à la rhubarbe

*1 Mürbteigboden (Grundrezept siehe Seite 234), 50 g Marillenmarmelade, 1 Biskuittortenboden aus einem Drittel der im Grundrezept angegebenen Masse (Grundrezept siehe Seite 231), 1/2 der im Grundrezept angegebenen Vanillecreme (Grundrezept siehe Seite 236),
500 g Rhabarber, 200 g Zucker, 5 dl Wasser, 2 dl Orangensaft, 50 g Biskuitbrösel, Soufflémasse (Rezept siehe unten).*

Der Mürbteigboden wird mit Marillenmarmelade bestrichen, der Biskuittortenboden daraufgelegt, ein Tortenreifen (Durchmesser 24 Zentimeter) darübergestellt und das Biskuit mit der Vanillecreme bestrichen.
Vom Rhabarber zieht man die Haut ab und schneidet ihn in kleine Würfel. Zucker, Wasser und Orangensaft aufkochen lassen, den Rhabarber dazugeben, das Geschirr vom Herd nehmen und ziehen lassen. Den Rhabarber auf das Biskuit legen und mit Biskuitbröseln bestreuen. Darauf die Soufflémasse geben und glattstreichen.
Die Torte im Backofen bei 250 Grad Oberhitze kurz überbakken, kalt stellen und aus dem Tortenreifen schneiden.

Als Fruchteinlage kann man auch entkernte Weichseln, Ribisel usw. verwenden.

Soufflémasse:

8 cl Milch, 13 cl Obers, 2 Eidotter, 15 g Staubzucker, 10 g Vanillezucker, 25 g Cremepulver, 2 Eiklar, 100 g Kristallzucker.

Drei Viertel der Milch und das Obers aufkochen lassen. Die restliche Milch, Eidotter, Staubzucker, Vanillezucker und Cremepulver verrühren, in die kochende Milch einrühren und einmal kurz aufkochen lassen.
Eiklar und Kristallzucker zu Schnee schlagen und in die heiße Creme locker unterziehen.

Der Eischnee darf nicht zu fest sein, da die Soufflémasse sonst sehr locker wird und nach dem Backen zusammenfällt.

Sabayontorte mit Erdbeeren
Gâteau au sabayon garni de fraises

1 Biskuittorte (Grundrezept siehe Seite 231), Weinsabayon (Rezept siehe Seite 202), 250 g Erdbeeren, 100 g Erdbeergelee, 50 g Mandeln zum Bestreuen.

Die Biskuittorte wird in drei gleichmäßige Scheiben geschnitten, um eine stellt man einen Tortenreifen (Durchmesser 24 Zentimeter) und gibt abwechselnd das Weinsabayon und die restlichen Biskuitscheiben darauf.
Auf das letzte Biskuit legt man halbierte Erdbeeren sehr eng aneinander und bepinselt sie mit erhitztem Erdbeergelee.
Die Torte wird aus dem Reifen geschnitten und der Rand mit gehobelten, gerösteten Mandeln eingestreut.

Es eignen sich auch andere Früchte zum Belegen, zum Beispiel Ribisel, Heidelbeeren oder gemischte Früchte.

Weinsabayon:

15 cl Weißwein, 150 g Zucker, Saft von 1 Zitrone, 2 Blatt Gelatine, 3 Eidotter, 25 cl Obers.

Weißwein, Zucker, Zitronensaft, die aufgelöste Gelatine und Eidotter über heißem Wasserdampf aufschlagen, danach kalt rühren. Kurz vor dem Stocken der Creme das geschlagene Obers darunterziehen.

Für das Sabayon verwendet man trockenen Weißwein.

Bild Seite 205

Sachertorte
Gâteau à la Sacher

180 g Schokolade, 180 g Butter, 150 g Staubzucker, 6 Eidotter, 6 Eiklar, 150 g Kristallzucker, 180 g Mehl, Staubzucker zum Besieben, 350 g Marillenmarmelade, Glasur (Rezept siehe unten), 1/4 l Obers.

Die Schokolade wird erwärmt. Butter und Staubzucker werden schaumig gerührt, die Eidotter langsam dazugegeben und zuletzt die flüssige Schokolade eingerührt.
Eiklar und Kristallzucker zu Schnee schlagen, unter die Buttermasse ziehen und dann das gesiebte Mehl einmelieren. Die Masse in einen Tortenreifen (Durchmesser 24 Zentimeter) füllen und bei 180 Grad eine Stunde backen. Danach mit Zucker bestreuen und auf ein Backblech wenden.
Die ausgekühlte Torte auf einen Papieruntersetzer setzen, halbieren, mit Marillenmarmelade dünn bestreichen und wieder zusammensetzen.
Die restliche Marmelade aufkochen und die Torte rundherum damit dünn bestreichen. Dann auf ein Backblech setzen und glasieren.
Nach 30 Minuten die Glasur vom Blech schneiden und die Torte auf eine Platte setzen. In 14 Teile schneiden und mit geschlagenem Obers servieren.

Auch Ribiselmarmelade eignet sich geschmacklich zum Füllen der Sachertorte.

Glasur:

220 g Schokolade, 250 g Zucker, 1/8 l Wasser.

Schokolade, Zucker und Wasser auf 110 Grad erhitzen, vom Herd nehmen und so lange mit dem Kochlöffel rühren, bis die Glasur die gewünschte Festigkeit erreicht hat und nicht mehr stark abrinnen kann.

Wenn die Glasur zu wenig gekocht und gerührt (tabliert) ist, kann es passieren, daß sie nicht fest wird. Wenn sie zu lange kocht, wird sie spröde und hart. Wird sie zu lange gerührt, verliert sie den Glanz, sie wird matt.

Topfenoberstorte
Gâteau à la crème de fromage blanc

1 Mürbteigboden (Grundrezept siehe Seite 234), 50 g Marillenmarmelade, 1 Biskuittorte aus der halben Masse des Grundrezeptes (Grundrezept siehe Seite 231), Topfencreme (Rezept siehe unten), Staubzucker zum Besieben.

Der Mürbteigboden wird mit Marillenmarmelade dünn bestrichen, die Biskuittorte in drei Scheiben geschnitten und eine davon auf den Mürbteigboden daraufgelegt. Man stellt einen Tortenreifen (Durchmesser 24 Zentimeter) darüber und füllt ihn halb mit der Topfencreme.
Dann mit einem Biskuitblatt abdecken, die restliche Topfencreme einfüllen und das letzte Biskuit als Deckblatt darauflegen.
Die Torte kühl stellen, dann aus dem Reifen schneiden, mit Staubzucker besieben, in 14 Teile schneiden und auf einer Tortenplatte anrichten.

Früchte der Saison, wie Orangen, Birnen, Erdbeeren usw. eignen sich gut als Einlage.

Topfencreme:

165 g Topfen, 100 g Zucker, 1 Prise Salz, 2 Eidotter, Saft und Schale von 1 Zitrone, 20 g Vanillezucker, 3 Blatt Gelatine, 35 cl Obers.

Den Topfen passieren und mit Zucker, Salz, Eidotter, Zitronensaft und -schale sowie Vanillezucker glattrühren.
Die Gelatine in kaltem Wasser aufweichen, ausdrücken, erwärmen und in die Topfenmasse einrühren. Zuletzt das geschlagene Obers darunterheben.

Überbackene Topfentorte
Tarte au fromage blanc au four

1 Mürbteigboden (Grundrezept siehe Seite 234), 50 g Marillenmarmelade, 30 g Biskuitbrösel, 6 halbe Kompottbirnen, Topfenmasse (Rezept siehe Seite 204), Staubzucker zum Besieben.

Der Mürbteigboden wird mit Marillenmarmelade dünn bestrichen, mit Biskuitbröseln bestreut und halben, pochierten Birnen belegt.
Darüber stellt man einen Tortenreifen und füllt ihn mit der Topfenmasse.
Bei 220 Grad backen. Nach zirka 15 Minuten Backzeit nimmt man die Torte aus dem Rohr und schneidet die bereits leicht gebräunte Backkruste vom Tortenreifen ab, da sonst die Masse nicht aufgehen kann. Bei 180 Grad weitere 50 Minuten backen.
Die Torte bis auf Tortenreifenhöhe zusammensinken lassen, die Oberfläche mit einem Tuch bedecken und die Torte auf ein Backgitter wenden. Auskühlen lassen, wieder stürzen und dann aus dem Tortenreifen schneiden.
Mit Staubzucker besieben und aufschneiden.

Topfenmasse:

500 g passierter Topfen (20 % Fett), 50 g Zucker, 3 Eidotter, 40 g Trockenmagermilch, 40 g Cremepulver, 1 Prise Salz, 20 g Vanillezucker, Saft und Schale von 1 Zitrone, 35 cl Milch, 4 Eiklar, 110 g Zucker.

Topfen, Zucker, Dotter, Trockenmilch, Cremepulver, Salz, Vanillezucker, Zitronensaft und -schale werden in einem Rührkessel gut abgerührt. Die Milch unter ständigem Rühren beigeben. Die Topfenmasse muß leicht flüssig sein.
Eiklar und Zucker zu Schnee schlagen und unter die Topfenmasse heben.

Zuger Kirschtorte
Gâteau aux cerises à la zugoise

4 Eier, 2 Eidotter, 100 g Marzipan (Rohmasse), 130 g Zucker, 150 g Mehl, 50 g Butter, 2 Japonaisböden (aus der doppelten Grundmasse – Grundrezept siehe Seite 233), Buttercreme (Rezept siehe unten), 1 Tortenboden aus Sandmasse (Grundrezept siehe Biskuittortenboden, Seite 231), 15 cl Kirschwasser, 50 g Mandeln, 30 g Staubzucker oder Puderschnee, 7 kandierte Kirschen, Zucker zum Bestreuen.

Eier und Eidotter mit Marzipan und Zucker im Mixglas sehr fein mixen und dann in der Rührmaschine aufschlagen.
Das Mehl einmelieren und zuletzt die flüssige Butter darunterrühren.
Die Masse in einen Tortenreifen (Durchmesser 24 Zentimeter) füllen und im Rohr bei 180 Grad zirka 50 Minuten backen.
Dann mit Zucker bestreuen, auf ein Backblech wenden und kalt stellen.
Der Japonaisboden wird zirka fünf Millimeter dünn mit Buttercreme bestrichen und die Torte aus Sandmasse daraufgelegt. Mit Kirschwasser tränken und wiederum zirka fünf Millimeter Buttercreme daraufstreichen. Zuletzt mit dem zweiten Japonaisboden abdecken. Die Torte mit der restlichen Buttercreme rundherum einstreichen und seitlich mit gehobelten, gerösteten Mandeln bestreuen.
Die Oberfläche mit Staubzucker oder Puderschnee besieben und mit dem Messerrücken gitterartig zeichnen.
Die Torte wird in 14 Teile geteilt und mit halben kandierten Kirschen belegt.

Buttercreme:

Vanillecreme (Grundrezept siehe Seite 236), 150 g Butter.

Vanillecreme durch ein Sieb passieren und mit der Butter schaumig rühren.

Falls Sie einen strengeren Kirschengeschmack bevorzugen, kann man der Buttercreme zuletzt zwei Zentiliter Kirschwasser beimengen.

Kleine Fruchttörtchen

Teegebäck

Kleine Fruchttörtchen
Tartelettes aux fruits

Für 20 Stück:
1 Mürbteigmasse (Grundrezept siehe Seite 234), 80 g Glasurmasse, Vanillecreme (Grundrezept siehe Seite 236), 250 g Früchte zum Belegen (je nach Saison), 80 g Marillengelee, 3 cl Wasser.

Den Mürbteig drei Millimeter dick ausrollen und mit einem glatten Ausstecher Kreise im Durchmesser von vier Zentimeter ausstechen. Diese Blättchen dann in die runden Förmchen (Durchmesser drei Zentimeter) einlegen und mit den Fingern am Rand festdrücken. Mit einer Gabel in den Teig einstechen, damit sich beim Backen keine Blasen bilden können und bei 180 Grad backen.

Nach dem Erkalten die Teigschüsserl herausnehmen und mit erwärmter flüssiger Glasurmasse (= Schokolade, die man nicht temperieren muß) bepinseln. Auf jedes Schüsserl einen Tupfen Vanillecreme aufdressieren und mit diversen Früchten belegen. Das Marillengelee mit Wasser vermischen, zum Sieden bringen und die Früchte damit dünn bepinseln.

Bild Seite 206

Kleine Näschereien
Petits fours

Für ca. 50 Stück:
1 Ei, 1 Eidotter, 40 g Zucker, 3 Eiklar, 20 g Kristallzucker, 30 g Mehl, 65 g Stärkemehl. Vanillecreme zum Füllen (1½fache Masse des Grundrezeptes, Grundrezept siehe Seite 236), 500 g Marillenmarmelade, 50 g Zucker, 7 cl Wasser, 400 g Fondant,

Ei, Eidotter und Zucker werden schaumig gerührt, Eiklar und Kristallzucker zu Schnee geschlagen. Das Mehl versiebt man mit dem Stärkemehl.
Man vermischt die beiden Massen sowie das Mehl gut miteinander und dressiert den Teig mit einem Dressiersack und glatter Tülle in verschiedenen Formen (Herzchen, Eicheln, Halbkugeln usw.) auf backfähiges Papier.
Im Backrohr bei 180 Grad backen.
Dann die Formen vom Papier nehmen und die Hälfte davon mit Vanillecreme, die mit verschiedenen Likören abge-

50 g Schokolade, 3 Nüsse, 6 Pistazien, 6 Kirschen, 50 g Marmelade zum Garnieren.

schmeckt sein kann, bestreichen. Darauf setzt man die restlichen Teigformen.
Die Näschereien werden mit heißer Marillenmarmelade aprikotiert (getunkt).
Dann erwärmt man den Läuterzucker – bestehend aus Zukker und Wasser, die man aufkochen läßt – mit Fondant, glasiert die Näschereien damit und verziert sie mit Schokolade, halben Nüssen, Pistazien, Kirschen und Marmelade.

Schokoladespitz:

150 g Schokolade, 15 cl Obers, 500 g Glasurmasse, 500 g Schokolade zum Verzieren.

Aus dem oben beschriebenen Teig formt man halbkugelförmige Biskuithülsen und bäckt sie im Rohr bei 180 Grad. Schokolade und Obers aufkochen und dann erkalten lassen. Die Masse etwas schaumig rühren und diese Creme in Form von kleinen Spitzen auf die Biskuithülsen dressieren. Kalt stellen.
Danach in Glasurmasse tunken und mit Schokolade garnieren.

Dörrpflaumen mit Marzipan:

100 g Marzipan, 1 cl Armagnac, 14 Dörrpflaumen.

Marzipan mit Armagnac abschmecken, oval formen und mit einem Riffelholz zeichnen. Beidseitig um das Marzipan herum zwei entkernte Dörrpflaumen legen und das Ganze oval formen.

Statt Dörrpflaumen kann man auch Datteln verwenden.

Getunkte Erdbeeren:

12 Erdbeeren, 100 g rosa Fondant, 100 g Glasurmasse.

Die Erdbeeren waschen und gut abtrocknen. Mit rosa Fondant zu drei Viertel tunken, etwas trocknen lassen, danach mit der Glasurmasse bis zur Hälfte überziehen.

Bild Seite 215

Mandelblätter
Tuiles aux amandes

300 g gehobelte Mandeln, 200 g Staubzucker, 3 Eier, 4 Eiklar.

Alle Zutaten gut verrühren.
Ein Backblech mit Butter bestreichen, mit Mehl bestauben und mit einem Löffel kleine Häufchen der Masse auf das Blech setzen.
Mit einer Gabel, die des öfteren in Wasser getaucht wird, werden die Mandelhäufchen rund und dünn auseinander-

gedrückt und im vorgeheizten Rohr bei 180 Grad goldgelb gebacken.
Dann mit einer Spachtel sofort vom Blech abnehmen, da sich die Mandelblätter nur in heißem Zustand vom Backblech lösen lassen, und in eine Wannenform legen. Dadurch bekommen sie die bogenförmige Krümmung.

Durch nochmaliges Erhitzen des Backgutes kann dieses auch im nachhinein abgenommen werden.

Orangenplätzchen
Petits fours à l'orange

3 Orangen, 25 cl Obers, 190 g Zucker, 250 g Mandeln, 100 g Mehl.

Die Orangenschale wird abgerieben, der Saft ausgepreßt und beides mit Obers und Zucker aufgekocht. Die grob geriebenen oder gehackten Mandeln und das Mehl darunterziehen und die Masse etwas abkühlen lassen.
Ein Backblech wird mit Butter bestrichen und bemehlt. Auf dieses dressiert man Tupfen mit eineinhalb Zentimeter Durchmesser. Mit einer befeuchteten Gabel drückt man sie rund und flach (zirka zwei Millimeter dick und drei Zentimeter im Durchmesser).
Das Blech ins vorgeheizte Rohr geben und die Plätzchen bei 180 Grad goldbraun backen.
Mit einer Spachtel die noch heißen Plätzchen vom Blech nehmen und auskühlen lassen.

Sollen die Plätzchen zu runden Bögen geformt werden, muß man sie noch heiß in eine Wannenform legen.
Anstelle von Mandeln kann man auch Haselnüsse verwenden. Sie sind geschmacklich am besten, wenn sie zuvor im Ofen leicht gebräunt werden.

Schokoladebusserl
Petits baisers au chocolat

250 g Butter, 120 g Staubzucker, 1 Prise Salz, 10 g Vanillezucker, 50 g Kakaopuder, 3 Eidotter, 180 g Mehl, Pariser Creme (Rezept siehe Seite 210).

Butter, Staubzucker, Salz, Vanillezucker und Kakao schaumig rühren, die Dotter nach und nach beigeben. Das Mehl einmelieren.
Ein Backblech wird mit Butter bestrichen und mit Mehl bestaubt. Auf dieses dressiert man mit Dressiersack und glatter Lochtülle kleine runde Plätzchen mit einem Durchmesser von eineinhalb Zentimeter.

Bei 180 Grad im vorgeheizten Rohr backen, die Plätzchen noch lauwarm mit einer Spachtel vom Blech nehmen und auskühlen lassen.
Auf die Hälfte der Plätzchen wird die Pariser Creme dressiert, die restlichen werden als Deckel daraufgesetzt.

Anstelle der Pariser Creme kann man auch Ribisel-, Erdbeer- oder Marillenmarmelade zum Zusammensetzen der Plätzchen verwenden.
Wenn ein backfähiges Papier vorhanden ist, können Sie die Schokoladebusserl auch darauf dressieren, da es einfacher ist, sie nach dem Backen abzunehmen.

Pariser Creme:

10 cl Obers, 100 g Milchschokolade oder dunkle Schokolade.

Das Obers aufkochen lassen und mit der zerkleinerten Schokolade verrühren. Bei Raumtemperatur auskühlen lassen. Danach aufdressieren.

Vanillekipferl
Croissants à la vanille

200 g Butter, 210 g geriebene Walnüsse, 120 g Staubzucker, 1 Teelöffel Vanillezucker, 1 Prise Salz, 250 g Mehl, 20 g Vanillezucker, Staubzucker zum Besieben.

Die Butter weicharbeiten und mit den restlichen Zutaten zu einem Teig kneten.
Dieser wird kühl gestellt, dann zu drei Zentimeter dicken Walzen geformt und diese in gleichmäßige zentimeterdicke Stücke geschnitten.
Daraus werden kleine Kipferl geformt und auf ein Backblech gesetzt.
Bei 180 Grad backen, so daß das Backgut etwas Farbe annimmt.
Noch im warmen Zustand mit vanilliertem Zucker dünn besieben und kalt stellen. Nach dem Auskühlen nochmals dünn überzuckern.

Der Teig darf nicht zu lange bearbeitet werden, da er sonst brandig werden kann und keine Bindung mehr hat.
Statt der Walnüsse kann man auch geröstete, geriebene Haselnüsse oder Mandeln verwenden.

Sorbets

Sorbets können als Zwischengerichte serviert werden, um den Geschmack zu neutralisieren. Sie sollen daher nicht zu süss sein und immer frisch gefroren werden.
Werden sie als Dessert gereicht, eignet sich frischer Fruchtsalat besonders gut als Beigabe.

Bild Seite 216

Ananassorbet
Sorbet à l'ananas

*Für 6 Personen:
1 kleine Ananas (300 g Fruchtfleisch), 30 g Staubzucker, Saft von ½ Zitrone.*

Die Ananas schälen, vierteln und den Strunk herausschneiden. Im Mixer mit Zucker und Zitronensaft pürieren und die Fruchtmasse in der Sorbetmaschine gefrieren lassen.

Wenn gewünscht, können zwei Zentiliter Kirschwasser beigegeben werden.

Apfelsorbet
Sorbet aux pommes

*Für 6 Personen:
300 g Äpfel, Saft von 1 Zitrone, 15 cl Wasser, 80 g Zucker, 3 cl Calvados.*

Die Äpfel schälen, entkernen, würfelig schneiden und Zitronensaft beigeben. Mit Wasser zu einem Mus mixen. Dieses Apfelmus mit Zucker und Calvados gut vermengen und in der Sorbetmaschine gefrieren lassen.

Besonders gut eignen sich säuerliche Apfelsorten, die strenger im Geschmack sind.
Statt Wasser kann auch Apfelsaft verwendet werden.

Champagnersorbet
Sorbet au champagne

Für 6 Personen:
Saft von ½ Orange und ½ Zitrone, 3 dl trockener Champagner, 100 g Zucker.

Die Zitrone und die Orange auspressen.
Alle Zutaten zusammenmischen und in der Sorbetmaschine gefrieren lassen.

Anstelle von Champagner kann auch trockener Sekt oder Weißwein verwendet werden.

Erdbeer- oder Himbeersorbet
Sorbet aux fraises ou aux framboises

Für 6 Personen:
250 g Erdbeeren oder Himbeeren, 12 cl Wasser, 80 g Zucker, Saft von ½ Zitrone.

Erdbeeren oder Himbeeren waschen, entstielen und mixen. Alle Zutaten gut vermischen und in der Sorbetmaschine gefrieren lassen.

Die Himbeeren soll man nicht zu lange mixen und anschließend durch ein feines Sieb passieren. Die harten Kerne bleiben zurück.
Es ist auch möglich, Alkohol beizugeben, zum Beispiel Himbeergeist, wobei nicht mehr als zwei Zentiliter für diese Menge verwendet werden soll.

Bild Seite 216

Grapefruitsorbet
Sorbet au pamplemousse

Für 6 Personen:
300 g Grapefruitsaft, 50 g Zucker.

Saft und Zucker verrühren und in der Sorbetmaschine gefrieren lassen.

Der Zuckergehalt von Grapefruits ist sehr verschieden. Deshalb ist es zu empfehlen, die Zuckermenge nach Geschmack zu variieren.

Bild Seite 216

Holundersorbet
Sorbet aux sureaux

Für 6 Personen:
250 g Holunderbeeren, 1 dl Rotwein, 80 g Zucker, 2 cl Grand Marnier.

Die Holunderbeeren mit Rotwein eine Minute kochen lassen und durch ein Spitzsieb passieren. Danach mit Zucker und Grand Marnier abschmecken und kalt stellen.
Zum Schluß in der Sorbetmaschine gefrieren lassen.

Bild Seite 216

Johannisbeersorbet
Sorbet aux cassis

Für 6 Personen:
300 g Johannisbeeren, 50 g Zucker, 5 cl Rotwein, 2 cl Crème de Cassis.

Die Johannisbeeren werden gut gewaschen und passiert. Dieses Püree vermengt man mit dem Zucker und dem Rotwein, gibt Crème de Cassis dazu und läßt die Masse in der Sorbetmaschine gefrieren.

Kirschen- oder Sauerkirschensorbet
Sorbet aux cerises ou aux griottes

300 g Kirschen oder Sauerkirschen, 8 cl Wasser, Saft von ½ Zitrone, 2 cl Kirschwasser.

Die Kirschen oder Sauerkirschen waschen, entstielen und entkernen, mit Zitronensaft, Wasser und Kirschwasser mixen und in der Sorbetmaschine gefrieren lassen.

Diese Sorbetmasse soll nicht allzulange vor dem Genuß zubereitet werden, da sie braun und unansehnlich wird.

Kiwisorbet
Sorbet au kiwi

Für 6 Personen:
4 Kiwi, 1 dl Wasser, 50 g Staubzucker.

Die Kiwi schälen und im Mixer kurz pürieren. Fruchtmark, Wasser und Zucker verrühren und in der Sorbetmaschine gefrieren lassen.

Bild Seite 216

Melonensorbet
Sorbet au melon

Für 6 Personen:
300 g geschälte Honigmelonen, 4 cl Pineau, Sherry oder Portwein (je nach Geschmack), 40 g Zucker, 5 cl Wasser.

Die geschälten reifen Honigmelonen werden entkernt und gemixt. Melonenmus, Wasser, Zucker und Pineau gut durchrühren und in der Sorbetmaschine gefrieren lassen.

Es eignen sich auch Jarontee- oder Ogenmelonen dazu.

Passionsfruchtsorbet
Sorbet aux fruits de la passion

Für 6 Personen:
10 Passionsfrüchte, 2 dl Wasser, 100 g Zucker.

Die Passionsfrüchte halbieren, auspressen und den Saft von den Kernen trennen. Die Kerne mit Wasser aufkochen und danach noch einmal gut abseihen. Den Passionsfruchtsaft und den Saft der Kerne mit Zucker gut vermischen und in der Sorbetmaschine gefrieren lassen.

Sorbets aus Granatäpfeln werden ebenfalls so zubereitet. Man kocht allerdings die Kerne nicht aus. Eventuell den Saft einer halben Zitrone beigeben.

Bild Seite 216

Pfefferminzsorbet
Sorbet à la menthe

Für 6 Personen:
25 g Minze, 5 dl Wasser, 150 g Zucker, 1 dl Zitronensaft.

Die Minze waschen, entstielen, fein hacken und mit Zucker auf einer Marmorplatte gut abarbeiten. Alle Zutaten gut vermischen und in der Sorbetmaschine gefrieren lassen.

Anstelle von Minze kann man frischen Waldmeister verwenden. Man kann die Kräuter auch im Mixglas mit kaltem Wasser, Zucker und Zitronensaft mixen.

Bild Seite 216

Kleine Näschereien

Preiselbeersorbet
Sorbet aux airelles

Für 6 Personen:
250 g Preiselbeeren, 150 g Staubzucker, 15 cl Wasser, Saft von 1 Zitrone.

Die Preiselbeeren waschen, mit Zucker gut vermischen und fünf Stunden ziehen lassen. Gut mixen und durch ein Sieb passieren. Das Preiselbeermark mit Wasser und Zitronensaft vermischen und in der Sorbetmaschine gefrieren lassen.

Aquavit eignet sich besonders gut zum Parfümieren von Preiselbeersorbets.
Heidelbeeren können ebenfalls so verarbeitet werden.

Rhabarbersorbet
Sorbet à la rhubarbe

Für 6 Personen:
300 g Rhabarber, 15 cl Wasser, 80 g Zucker, Saft von 1 Zitrone.

Der Rhabarber wird geschält, kleinwürfelig geschnitten und mit dem Saft einer Zitrone und dem Wasser im Mixer püriert. Dann passiert man die Masse durch ein Sieb und vermischt dieses Püree gut mit Zucker. Anschließend in der Sorbetmaschine gefrieren lassen.

Es ist junger Rhabarber zu empfehlen (dünne Stengel). Je kleiner der Rhabarber geschnitten wird, desto weniger Fasern hat man nach dem Mixen.

Bild Seite 216

Zitronen- oder Limettensorbet
Sorbet au citron ou au limon

Für 6 Personen:
1 dl Zitronen- oder Limettensaft, 100 g Zucker, 2 dl Wasser.

Saft, Zucker und Wasser gut vermischen und in der Sorbetmaschine gefrieren lassen.

Estragon als Beigabe eignet sich geschmacklich besonders gut. Man muß ihn waschen, die Blätter abzupfen und unter die Masse rühren.

Granités

Granité = der geeiste Saft von verschiedenen Früchten

Granités werden wie Sorbets zubereitet. Man benötigt dazu jedoch keine Eisgefriermaschine, sondern nur ein Tiefkühlfach. Dem Fruchtsaft gibt man trockenen Weißwein oder Sekt (Champagner) und nach Geschmack etwas Zucker bei. Der Zuckergehalt sollte jedoch um einiges niedriger sein als bei Sorbets, damit sich beim Gefrieren kleine Kristalle bilden.

Je nach Art des Granités garniert man mit Früchten oder Beeren.

Zitronengranité
Granité au citron

Für 12 Personen:
5 dl Zitronensaft, 2 dl Wasser, 3 dl Weißwein, Sekt oder Champagner, 100 g Zucker.

Alle Zutaten werden miteinander verrührt.
Ein flaches Gefäß mit etwas Staubzucker bestäuben (auch den Rand, damit der Saft gleichmäßig gefriert), die flüssige Masse hineinleeren und in den Tiefkühlschrank stellen. Beginnt die Flüssigkeit am Rande zu gefrieren, rührt man das Ganze mit einem Löffel oder Schneebesen des öfteren durch, je nachdem, wie groß die Kristalle gewünscht werden. Das Granité im Tiefkühlschrank stehen lassen, bis der Saft gefroren ist. Dann in eisgekühlten Gläsern oder mit frischem Obstsalat servieren.

Joghurtgefrorenes
Crème glacée au yaourt

Für 6 Personen:
350 g Magerjoghurt, 70 g Staubzucker, Saft von 1 Zitrone.

Joghurt, Staubzucker und Zitronensaft gut verrühren und die Masse in der Sorbetmaschine gefrieren lassen.

Dieser Masse kann jede Art von Fruchtmark, wie Himbeer-, Erdbeer-, Kiwi-, Ananasmark usw., beigefügt werden.

Grundrezepte

Heller Kalbsfond
Fonds de veau blanc

Für ca. 1 Liter:
2 kg Kalbsknochen (nach Möglichkeit Rücken-, Hals- oder Schwanzknochen), ca. 500 g Sehnen und Abschnitte von Kalbfleisch, 3 bis 4 l Wasser, 200 g Zwiebeln, 200 g Lauch, 100 g Karotten, 50 g Knollensellerie, 1 Lorbeerblatt, 10 zerdrückte weiße Pfefferkörner, etwas Salz, eventuell Abschnitte von Champignons oder getrockneten Pilzen.

Die Kalbsknochen werden zerkleinert, mit den Sehnen und Abschnitten in einem Topf mit kaltem Wasser angesetzt und langsam zum Kochen gebracht. Der Schaum, der sich an der Oberfläche bildet, wird ständig abgeschöpft.
Nach zirka eineinhalb Stunden gibt man das zu einem Bouquet garni gebundene Gemüse und die Gewürze sowie Pilzabschnitte dazu.
Etwa eine halbe Stunde weiterkochen lassen, dann durch ein Tuch passieren und nochmals abschmecken.

Alle Grundfonds und braunen Saucen werden immer mit kalter Flüssigkeit aufgegossen. Die Poren des Fleisches schließen sich dadurch langsam, Saft und Geschmack können besser austreten.
Wenn man aber gutes Fleisch benötigt, muß man es in heiße Flüssigkeit geben, damit sich die Poren sofort schließen (zum Beispiel gekochtes Rindfleisch, Huhn, gekochte Zunge usw.).

Brauner Kalbsfond
Fonds de veau brun

Für ca. 1 Liter:
3 kg Kalbsknochen, 1 dl Öl, 300 bis 500 g Sehnen und Abschnitte von Kalbfleisch, 300 g Zwiebeln, 150 g Lauch, 100 g Karotten, 80 g Knollen-

Die Knochen kleinhacken und in einer flachen Bratpfanne scharf in Öl anbraten. Etwas später die Sehnen und Abschnitte dazutun. Das Ganze im Rohr langsam bräunen lassen und das in größere Würfel geschnittene Gemüse dazugeben. Das Fett gießt man ab, läßt das Tomatenmark etwas mitrösten und löscht mit Weißwein mehrmals ab.

sellerie, 150 g Tomatenmark, ½ l Weißwein, einige zerdrückte weiße Pfefferkörner, 1 Lorbeerblatt, etwas Rosmarin und Thymian, Salz, 6 bis 8 l Wasser oder heller Kalbsfond (Grundrezept siehe Seite 219), 40 g Petersilienstengel, eventuell Abschnitte von Champignons oder getrockneten Pilzen.

Langsam einkochen lassen und dann die Gewürze und Aromaten beifügen. Die Knochen aus dem Rohr nehmen und in einen Topf füllen. Dann wird nach und nach mit Wasser oder hellem Kalbsfond aufgefüllt und der Fond vier bis fünf Stunden auf kleiner Flamme gekocht.
Die Petersilienstengel und Pilzabschnitte beifügen und ständig den Schaum abschöpfen.
Den Fond durch ein Tuch passieren und nochmals abschmecken.
Je nach Verwendungszweck kann der Fond noch weiter eingekocht werden.

Brauner Kaninchen- und Lammfond sowie Hühner- und Entenfond werden zubereitet wie der braune Kalbsfond, nur daß man andere Knochen und eventuell andere Gewürze verwendet.

Fleischglace
Glace de viande

Um den braunen Kalbsfond für längere Zeit haltbar zu machen, kann man ihn auf einen viertel oder halben Liter, je nach Art der Knochen, dickflüssig einkochen. Der Kalbsfond wird dann beim Erkalten hart wie Gummi. Man schneidet bei Bedarf etwas herunter und verwendet ihn für alle dunklen Saucen. Er hält sich einige Wochen im Kühlschrank. Auch Taubenglace wird auf dieselbe Art zubereitet.

Rindsbouillon
Bouillon de boeuf

Für ca. 3 Liter:
1,5 kg Rindsknochen, 1 kg Rindfleisch zum Kochen (Suppenfleisch), 8 l Wasser, 200 g Zwiebeln mit Schale, 250 g Karotten, 150 g Lauch, 80 g Knollensellerie, 30 g Petersilienwurzeln, 1 Knoblauchzehe, 1 Lorbeerblatt, etwas Thymian, einige zerdrückte Pfefferkörner, Muskatnuß, Salz.

Die Knochen werden kleingehackt und zusammen mit dem Fleisch in einen Topf gegeben. Mit kaltem Wasser auffüllen, langsam zum Kochen bringen und mehrmals den Schaum und das Fett von der Oberfläche abschöpfen.
Die Zwiebeln mit der Schale auf der Herdplatte bräunen und das Gemüse zu einem Bouquet garni zusammenbinden.
Nach zirka zwei Stunden Kochzeit der Suppe das Bouquet garni, die Zwiebeln und die Gewürze beigeben und das Rindfleisch herausnehmen. Dann weitere zwei Stunden kochen lassen. Zum Abschluß wird die Suppe durch ein Tuch passiert, entfettet und abgeschmeckt.

Rinderkraftsuppe
Consommé de boeuf

Für 12 Personen:
1 kg mageres Rindfleisch (Hals, Schulter), 1 Karotte, 1 Lauch, 20 g Sellerie, 2 dl Wasser, 1 Lorbeerblatt, einige zerdrückte Pfefferkörner, etwas Muskatnuß, Salz, 5 Eiklar, 3 l kalte fettlose Rindsbouillon (Grundrezept siehe Seite 220), 1/2 Zwiebel mit Schale.

Das Rindfleisch mit dem Gemüse durch den Fleischwolf drehen (Scheibe mit den großen Löchern verwenden), mit dem Wasser, den Gewürzen und dem Eiklar gut vermischen und das Ganze zirka eine halbe Stunde im Kühlschrank ziehen lassen. Mit kalter, fettfreier Bouillon auffüllen und etwas verrühren.
Die Suppe wird unter öfterem Umrühren langsam zum Kochen gebracht.
Auf der Herdplatte bräunt man die Zwiebel mit der Schale stark an und gibt sie in die Suppe.
Auf kleiner Flamme eine Stunde kochen lassen und Schaum bzw. Fett von der Oberfläche abschöpfen.
Anschließend die Suppe durch ein Tuch passieren, Fett abschöpfen und abschmecken.

Das Fleisch von älteren Tieren hat mehr Eiweißgehalt und eignet sich daher besser zum Klären.
Die Bouillon soll immer kalt sein und die Suppe langsam zum Kochen gebracht werden. Dadurch schließen sich die Poren langsamer, und die Suppe wird kräftiger.
Sollte die Consommé zu hell sein, läßt man einige Zwiebelschalen mitziehen.

Brauner Wildfond
Fonds de gibier brun

Für ca. 1 Liter:
1 kg Wildknochen (Reh, Hirsch, Fasan usw.) je nach Verwendungszweck, 6 cl Olivenöl, ca. 300 g Sehnen und Abschnitte von Wildfleisch, 50 g Zwiebel, 80 g Karotten, 60 g Knollensellerie, 2 Eßlöffel Tomatenmark (je nach Verwendungszweck), 1/2 l herber Rotwein (je nach Verwendungszweck), Salz, 2 Lorbeerblätter, 1 Zweig Rosmarin, 1 Zweig Thymian, einige zerdrückte Wacholderbeeren und Pfefferkörner, 4 bis 6 l Wasser

Die Knochen werden kleingehackt und in einer Bratpfanne scharf in Olivenöl angebraten. Etwas später gibt man die Sehnen und Abschnitte dazu, stellt die Pfanne ins Rohr und läßt alles langsam bräunen.
Inzwischen das Gemüse in große Würfel schneiden und ebenfalls beifügen. Das Fett wird abgegossen und das Tomatenmark etwas mitgeröstet.
Das Ganze dreimal mit Rotwein ablöschen und langsam einkochen. Salz, Lorbeerblätter, Rosmarin, Thymian, Wacholderbeeren und Pfefferkörner beigeben.
Dann nimmt man die Knochen aus dem Rohr, füllt sie in einen Topf und gießt nach und nach mit Wasser oder nicht zu starkem Kalbsfond auf und läßt den Fond zirka vier bis fünf Stunden auf kleiner Flamme kochen, wobei Fett und Schaum ständig von der Oberfläche abgeschöpft werden.
Den Fond durch ein Tuch passieren.

oder nicht zu starker heller Kalbsfond (Grundrezept siehe Seite 219).

Je nach Verwendungszweck kann man den passierten Wildfond weiter einkochen. Benötigt man den Fond für klare Wildsuppen usw., wird kein Rotwein, Tomatenmark und Rosmarin verwendet.
Besonders aromatisch wird der Fond, wenn man die Knochen, Sehnen, Parüren, das Gemüse und die Gewürze einige Tage in Rotwein mariniert.
Man kann dem Fond auch Champignonabschnitte oder getrocknete Pilze beim Kochen beigeben.

Brauner Fasanenfond wird ebenso zubereitet.

Heller Wildfond
Fonds de gibier blanc

Dieser wird hergestellt wie der braune Wildfond (siehe Seite 221), man röstet jedoch die Knochen nicht an und gibt auch kein Tomatenmark dazu. Sonst ist die Zubereitung dieselbe.

Heller Wachtelfond
Fonds de caille blanc

Knochen von 12 Wachteln, 2 cl Olivenöl, 20 g Schalotten, 10 zerdrückte Pfefferkörner, ½ Lorbeerblatt, 2 dl Weißwein, 1 ½ l Hühnerfond (Grundrezept siehe unten).

Die zerkleinerten Wachtelknochen in Olivenöl rasch anbraten, ohne daß sie Farbe nehmen, die Schalotten und Gewürze dazugeben, mit Weißwein aufgießen und reduzieren. Den Fond mit kaltem Hühnerfond auffüllen und auf ein Viertel der Menge einkochen. Mehrmals den Schaum an der Oberfläche abschöpfen.
Zum Schluß abseihen.

Heller Geflügelfond (Hühnerfond)
Fonds de volaille blanc

*Für ca. ½ Liter:
1,5 kg Geflügelknochen (Flügel, Geflügelklein bzw. ein Suppenhuhn), 2 bis 3 l Wasser, 40 g Zwiebel, 40 g Karotten, 90 g Lauch,*

Die Geflügelknochen zerkleinern und in einem Topf mit kaltem Wasser langsam zum Kochen bringen. Dabei werden ständig Fett und Schaum abgeschöpft. Nach zirka einer halben Stunde Kochzeit gibt man das Gemüse und die Gewürze dazu und läßt nochmals eine Stunde auf kleiner Flamme weiterkochen. Dann das Ganze durch ein Tuch passieren.

70 g Sellerie, 10 zerdrückte weiße Pfefferkörner, 1 Lorbeerblatt, Salz, eventuell Abschnitte von Champignons oder getrockneten Pilzen.

Die Menge des Wassers stimmt man nach dem Verwendungszweck ab, oder man läßt den passierten Fond weiterreduzieren.

Auch heller Kaninchen-, Kitz- und Perlhuhnfond wird so zubereitet.

Fischfond
Fonds de poisson

Für ca. ½ Liter:
500 g Fischknochen von Plattfischen, 100 g Schalotten, 50 g Lauch, 70 g Stangensellerie, 4 cl Olivenöl, 1 dl trockener Weißwein, 1 l Wasser, 5 g zerdrückte weiße Pfefferkörner, 2 Lorbeerblätter, 1 Zweig Thymian, 1 Prise Salz.

Von den Fischknochen die Flossen mit einer Schere abschneiden und die Gräten in kleine Stücke teilen.
Die Schalotten und das Gemüse in Scheiben schneiden und in Olivenöl kurz anschwitzen. Die Fischknochen dazugeben und einige Minuten weiterdünsten lassen. Mit Weißwein ablöschen und mit kaltem Wasser auffüllen. Man läßt den Fond aufkochen, gibt die Gewürze dazu und kocht dann 20 Minuten auf kleiner Flamme weiter. Dazwischen muß öfter der Schaum abgeschöpft werden. Anschließend den Fond durch ein Sieb passieren und je nach Verwendungszweck mehr oder weniger reduzieren.

Court-bouillon

Für ca. 1 Liter:
½ l Wasser, ½ l trockener Weißwein, 40 g geschnittene Zwiebeln oder Schalotten, 50 g Karottenscheiben, 10 g Petersilienstiele, 10 g Dillstiele oder Dillkronen, 1 Lorbeerblatt, 1 Thymianzweig, 5 g zerdrückte Pfefferkörner, 30 g Salz.

Alle Zutaten werden zirka zehn bis 15 Minuten gekocht und abgeseiht (je nach Verwendungszweck).

Zum Pochieren von blaugekochten Fischen einen Spritzer Essig ins Wasser geben und etwas weniger Weißwein verwenden.
Verwendet man die Court-bouillon zum Pochieren von Krustentieren, etwas Kümmel beigeben.

Muschelfond
Fonds de moules

Für ca. ½ Liter:
2 kg Mies- oder Pfahlmuscheln, 40 g Butter, 30 g Schalotten, 2 dl trockener Weißwein, 3 dl Wasser.

Die Muscheln bürsten, mit dem Messerrücken abkratzen und den Bart herausziehen. Die Muscheln mehrmals gut waschen. Die Butter in einem Topf zerlassen und die geschnittenen Schalotten darin kurz anschwitzen. Man gibt die Muscheln dazu, löscht mit Weißwein ab und füllt mit Wasser auf. Zugedeckt je nach Größe der Muscheln drei bis fünf Minuten kochen, bis sich die Muscheln öffnen. Dann die Muscheln herausnehmen und je nach dem Verwendungszweck den Fond mehr oder weniger einkochen und durch ein Sieb passieren. Den Fond jedoch nicht salzen, da die Muscheln viel salziges Meerwasser enthalten.

Die Muscheln nimmt man aus der Schale und verwendet sie als Suppeneinlage, für Salate oder andere Gerichte.

Hummerfond – Hummerreduktion
Fonds d'homard

3 Hummerschalen, 80 g Butter, 30 g Schalotten, ½ Knoblauchzehe, etwas Thymian, 3 cl Cognac, 2 cl Noilly Prat, 4 cl Portwein, 3 Tomaten, 1 Eßlöffel Tomatenmark, 2 dl Weißwein, 1 l heller Geflügelfond (Grundrezept siehe Seite 222), Estragonblätter, Pfefferkörner, Salz.

Die zerkleinerten Hummerschalen in Butter langsam anrösten. Geschnittene Schalotten, Knoblauch und Thymian dazugeben und weiterrösten. Mit Cognac ablöschen, flambieren, mit Noilly Prat und Portwein aufgießen und einkochen lassen.
Aus den Tomaten Tomates concassées bereiten und zusammen mit dem Tomatenmark beigeben. Bei geringer Hitze langsam mitrösten, mit Weißwein ablöschen und einkochen. Mit dem Geflügelfond aufgießen und die Estragonblätter, Pfefferkörner und Salz beigeben. Zirka 30 Minuten kochen und etwas stehenlassen.
Durch ein Tuch passieren und auf etwa acht Zentiliter Flüssigkeit einkochen.

Krebssauce
Sauce aux écrevisses

*Für ca. 12 Personen:
15 Krebse, 60 g Butter, 30 g Schalotten, 2 cl Cognac, 3 Tomaten, 1 Eßlöffel Tomatenmark, 4 cl Noilly Prat, 2 dl Weißwein, 1 l heller Geflügelfond (Grundrezept siehe Seite 222), 1 Knoblauchzehe, Salz, Cayennepfeffer und Pfeffer aus der Mühle, eine Prise Thymian, 50 g Reis (je nach Verwendungszweck), ¼ l Obers.*

Die Krebse werden in kochendheißes Wasser gegeben und abgetötet. Dann bricht man die Schwänze aus. Diese kann man anderweitig verwenden.
Man entfernt den Magen und nimmt das vorhandene Mark (Corail) heraus. Das Corail befindet sich bei Krebsen, Hummern und Langusten oberhalb des Magens, jedoch nur bei den weiblichen Tieren vor der Laichzeit.
Die noch fast rohen Krebsschalen werden klein zerstoßen, auf kleiner Flamme in etwas Butter auf allen Seiten gut angeröstet und dann die grobgeschnittenen Schalotten dazugeben.
Mit Cognac flambieren, Tomaten und Tomatenmark beifügen, mit Noilly Prat und Weißwein aufgießen und das Ganze etwas einkochen lassen.
Mit dem Geflügelfond aufgießen, mit Knoblauch, Salz, Cayennepfeffer, Pfeffer aus der Mühle und etwas Thymian

würzen und etwa 15 bis 20 Minuten auf kleiner Flamme kochen lassen, bis die Flüssigkeit ungefähr auf die Hälfte reduziert ist.
Dann gibt man den Reis dazu und kocht weitere 15 Minuten. Das Obers darunterrühren, fünf Minuten weiterkochen und dann einige Zeit ziehen lassen.
Die Sauce wird zuerst mit dem Sieb und dann durch ein Tuch passiert.
Nochmals aufkochen lassen, dann die Konsistenz prüfen und je nach Verwendungszweck eventuell noch etwas mit Mehl binden. Anschließend wird die Sauce im Mixer kurz gemixt und mit einigen kalten Butterflocken montiert. Nicht mehr kochen.

Fast genauso wie die Krebssauce wird die gebundene Krebssuppe zubereitet. Man nimmt zum Anrösten der Krebse etwas Gemüse dazu und gießt mit mehr Hühnerfond auf, der nicht zu stark reduziert ist.
Der Krebsfond wird ebenfalls ähnlich zubereitet. Der Unterschied zur Krebssauce besteht darin, daß man etwas mehr Geflügelfond nimmt und kein Obers und keinen Reis zur Bindung verwendet.

Morchelsauce
Sauce aux morilles

Für ca. ½ Liter:
60 g getrocknete oder 200 g frische Morcheln, 20 g Schalotten, 20 g Butter, 2 cl Cognac, 2 cl Madeira, 1 dl Weißwein, 3 dl heller Geflügel- oder Kalbsfond (Grundrezepte siehe Seite 222 und Seite 219), 1 bis 2 Eßlöffel Fleischglace (Grundrezept siehe Seite 220), 4 dl Obers, Salz, Pfeffer aus der Mühle, etwas Zitronensaft, 2 Eßlöffel Schlagobers, ½ Eßlöffel gehackte Petersilie.

Die getrockneten Morcheln entstielen, in lauwarmem Wasser einweichen, drei- bis viermal gut waschen und ausdrücken. Eventuell der Länge nach halbieren. Die fein geschnittenen Schalotten in Butter etwas anziehen lassen und die ausgedrückten Morcheln kurz mitrösten.
Dann wird mit Cognac flambiert, mit Madeira und Weißwein aufgefüllt und das Ganze eingekocht. Man gießt mit Hühner- oder Kalbsfond auf, gibt die Fleischglace dazu und läßt die Sauce weiterreduzieren.
Das Obers dazugeben und bis zur gewünschten Konsistenz einkochen; aber Vorsicht: Nicht zu dick werden lassen, sonst gerinnt das Obers!
Mit Salz, Pfeffer und Zitronensaft würzen, das Schlagobers darunterziehen und mit gehackter Petersilie vollenden. Nicht mehr kochen lassen.

Je nach Verwendungszweck kann man die Fleischglace und den Madeira auch weglassen. Anstelle von Cognac können Sie auch Calvados verwenden.
Wenn Sie frische Morcheln nehmen, lassen Sie entweder den Fond vor der Beigabe der Morcheln stark reduzieren

oder nehmen Sie die Morcheln vor dem Aufgießen aus dem Fond heraus, damit sie nicht verkochen. Dann können Sie die Sauce auch in den Mixer geben, kurz mixen und die Morcheln nachher wieder in die Sauce schütten.

Verwenden Sie getrocknete Morcheln, können Sie die Stiele vor dem Einweichen abbrechen, diese so fein wie möglich zerreiben, durch ein Sieb passieren und dieses Pulver, das einen sehr starken Geschmack hat, in die Sauce geben.

Rotweinsauce, mit Butter gebunden
Sauce au vin rouge au beurre lié

Für 6 Personen:
60 g Butter, 20 g Schalotten, ¼ l guter Rotwein, 8 cl roter Portwein, Salz, Pfeffer aus der Mühle.

Die Butter in kleine Würfel schneiden und auf Eis stellen. Die feingehackten Schalotten in Rotwein stark einkochen, den Portwein dazugeben und weiterkochen, bis nur mehr zirka ein Eßlöffel Flüssigkeit übrigbleibt. Die Reduktion wird vom Feuer genommen, mit kalter Butter vorsichtig montiert, mit Salz und Pfeffer gewürzt und sofort serviert.

Die Butter muß beim Montieren unbedingt kalt sein, und die Sauce darf nicht mehr kochen, da sie sonst gerinnt.

Warme Schnittlauchsauce
Sauce à la ciboulette

⅛ l trockener Weißwein, 2 cl Noilly Prat, 10 g Schalotte, 2 Champignons, ¼ l heller Geflügelfond (Grundrezept siehe Seite 222), 1 cl Trüffeljus, ¼ l Obers, 1 Spritzer Zitronensaft, Salz, Pfeffer aus der Mühle, 1 Eßlöffel Schlagobers, 1 Eßlöffel geschnittener Schnittlauch.

Man läßt den Weißwein, Noilly Prat, die geschnittenen Schalotten und die blättrig geschnittenen Champignons fast bis zur Gänze einkochen. Mit Geflügelfond und Trüffeljus auffüllen, abermals reduzieren und anschließend das Obers dazugeben. Das Ganze zirka fünf Minuten auf die gewünschte Konsistenz einkochen lassen, abseihen, in den Mixer geben und mit Zitronensaft, Salz und Pfeffer mixen.

Die Sauce leert man in das Geschirr zurück, zieht das Schlagobers darunter und gibt den geschnittenen Schnittlauch dazu. Nicht mehr kochen lassen.

Klare Dressing
Dressing à la vinaigrette

Für 6 Personen:
1 cl Weinessig, 1 cl Estra-

Alle Zutaten vermengen und nach Belieben abschmecken.

gonessig, 6 cl Olivenöl, Salz, Pfeffer aus der Mühle.

Nicht gebundene Dressings muß man vor dem Gebrauch immer wieder gut aufrühren.

Sherrydressing
Dressing au Sherry

Für 6 Personen:
3 cl Sherryessig, 3 cl Walnuß-öl, etwas Wasser, Salz, Pfeffer aus der Mühle.

Die Zutaten werden miteinander vermengt, und die Dressing wird nach Belieben abgeschmeckt.

Gebundene Dressing
Dressing lié

Für 6 Personen:
15 grüne Pfefferkörner, 2 Eidotter, 10 g Dijonsenf, 2 dl Keimöl, 2 cl Weinessig, 2 cl Sherryessig, 4 cl Weißwein, Wasser oder jeweiliger Fond nach Bedarf, Salz.

Die Pfefferkörner werden zerdrückt und zusammen mit den Eidottern und dem Senf in eine Schüssel gegeben. Dann rührt man wie bei einer Mayonnaise nach und nach das Öl ein, mengt den Wein und den Sherryessig sowie Weißwein und Wasser oder Fond nach Bedarf bei und schmeckt mit Salz ab.

Bei größeren Mengen kann man die Zahl der Eidotter reduzieren. Mit etwas Übung macht man die Dressing auch mit nur einem Dotter. Sollten Sie keinen Sherryessig zur Verfügung haben, mischen Sie Naturessig mit etwas Sherry. Anstelle von Wasser kann man je nach Geschmack und Verwendung der Dressing den jeweiligen Fond nehmen.

Gibt man in die gebundene Dressing 30 Gramm feingehackte Schalotten und je einen Eßlöffel Kerbel, Petersilie und Schnittlauch, hat man eine Kräuterdressing.

Himbeeressig
Vinaigre de framboise

Für 6 Personen:
150 g Himbeeren, 1/8 l (ca. 5%iger) Weinessig.

Die Himbeeren und den Weinessig in einen Topf geben, auf zirka 70 Grad langsam erhitzen. Vom Feuer nehmen und eine halbe Stunde zugedeckt ziehen lassen. Die Masse durch ein feines Sieb passieren, wobei die Himbeeren durchgedrückt werden.

Kräuter-, Himbeeressig und andere Sorten von Früchteessig sind auch im Handel erhältlich.

Himbeerdressing
Dressing au vinaigre de framboise

*Für 6 Personen:
3 cl Himbeeressig (Grundrezept siehe Seite 227), 4 cl Walnußöl, Salz, Pfeffer aus der Mühle.*

Alle Zutaten miteinander vermengen und nach Belieben abschmecken.

Diese Dressing eignet sich besonders gut zum Marinieren einer rohen Gänseleber.

Eierguß
Coulis d'oeuf

¼ l Obers, ca. 1 Eßlöffel Kartoffelstärke, ¼ l Milch, 4 Eier, Salz, Pfeffer aus der Mühle, etwas Muskatnuß.

Das Obers mit dem Stärkemehl verrühren und die Milch mit den versprudelten Eiern dazugeben. Mit Salz, Pfeffer und etwas geriebener Muskatnuß würzen.

Gebeizter Lachs
Saumon maceré

3 bis 4 Lachsfilets, 300 g Dill, 50 g Petersilie, 50 g Kerbel, 25 g zerdrückte weiße Pfefferkörner, 20 g Wacholderbeeren, 15 g Koriander, 15 g Senfkörner, 8 zerteilte Lorbeerblätter, Schale von 2 Zitronen, 1 Zweig Thymian, 1 Zweig Rosmarin, 200 g Zucker, 300 g Pökelsalz, 300 g Kochsalz.

Die Filets mit einer Zange oder mit der Messerspitze entgräten und in die Haut kleine Einschnitte machen (ziselieren), damit die Beize besser einziehen kann. Am dünnen Schwanzende ist das Ziselieren nicht mehr notwendig.
Die Kräuter werden gehackt und mit den Gewürzen (ohne Salz und Zucker) vermengt. Zucker, Pökel- und Kochsalz werden vermischt. Man streut die Hälfte der Salz-Zucker-Mischung mit der Hälfte der Kräuter gleichmäßig in ein flaches Geschirr.
Die Lachsfilets mit der Hautseite nach unten darauflegen und mit dem Rest der Kräuter die Oberseite der Filets bestreuen. Dann die restliche Salz-Zucker-Mischung darüberstreuen und etwas in die Filets eindrücken.
Die Filets werden je nach Dicke nach acht bis zehn Stunden umgedreht und weitere zehn Stunden in der Beize gelassen. Anschließend die Kräuter und Gewürze wegwaschen, die Filets hauchdünn schneiden, auf einem Teller anrichten und nach Belieben garnieren.
Es ist am besten, nach einiger Zeit eine Probe des Lachses zu entnehmen, damit er nicht zu scharf wird (die Beizzeit ist abhängig von der Qualität des Fisches).
Je nach Geschmack kann man die Beizzeit verkürzen oder einige Kräuter weglassen.

Hechtmousse
Mousse de brochet

Für 6 Personen:
400 g Hechtfilet (ohne Haut und Gräten), Salz, Pfeffer aus der Mühle, Saft von ½ Zitrone, 2 Eier, ca. ½ l Obers.

Das gut gekühlte Hechtfilet mit Salz, Pfeffer und Zitronensaft würzen und zweimal fein faschieren. In einer Schüssel auf gestoßenem Eis kalt stellen.
Dann die Eier und das Obers nach und nach, je nach Aufnahmefähigkeit, in die Masse einrühren, durch ein Haarsieb streichen und abschmecken.

Nach dem Verwendungszweck kann man durch die Zugabe von mehr oder weniger Obers eine festere oder weichere Masse herstellen. Je nach Geschmack kann man auch stark reduzierten Weißwein, Fisch-, Krebs- oder Hummerfond in die Grundmasse geben.

Kastanienfülle
Farce de marrons

Für 6 Personen:
ca. 15 Kastanien, 100 g mageres Schweinefleisch, 2 cl Olivenöl, 80 g Hühnerleber, 70 g Schalotten, ca. 1 dl heller Hühnerfond (Grundrezept siehe Seite 222), 1 Ei, 1 Prise Thymian, etwas Rosmarin und Salbei, 60 g Weißbrot ohne Rinde, Salz, Pfeffer aus der Mühle, 10 g Butter zum Bestreichen der Form.

Die Kastanien werden rundherum mit einem spitzen Messer quer eingeschnitten, auf ein Blech gelegt oder in eine Pfanne gegeben, bei zirka 220 bis 250 Grad für zehn Minuten ins Rohr geschoben und noch warm geschält.
Das Schweinefleisch in Würfel schneiden und in Olivenöl scharf anbraten. Die Hühnerleber separat ebenfalls in Olivenöl anrösten. Die geschnittenen Schalotten dazugeben.
Das Ganze auf ein Sieb geben und auskühlen lassen, dann mit der groben Scheibe des Fleischwolfs faschieren.
Die Kastanien werden grob gehackt und mit der Fleischmasse vermischt. Hühnerfond und Ei werden beigemengt und mit den Kräutern gewürzt. Man gibt das in kleine Würfel geschnittene Weißbrot dazu, schmeckt mit Salz und Pfeffer ab und läßt die Fülle etwas stehen. Dann die Konsistenz prüfen, die Fülle in eine mit Butter bestrichene Form oder Tasse füllen und in einem Wasserbad im Ofen zugedeckt bei 170 bis 190 Grad 30 bis 40 Minuten (je nach Größe der Form) pochieren. Die fertige Masse stürzen oder mit einem Löffel portionsweise ausstechen.
Es ist besser, die Fülle separat zu pochieren, als sie gleich in die Ente oder Gans zu geben. Die Fülle kann besser ausgestochen oder gestürzt und im Rohr besser kontrolliert werden.

Kräutermasse für Teigwaren, Fleisch- und Fischfarcen
Masse aux fines herbes

80 g Blattspinat, 40 g Petersilie, 20 g Kerbel, 15 g Schnittlauch oder andere Kräuter (je nach Verwendung), ³/₄ l Wasser, Salz.

Die Kräuter waschen, mit kaltem Wasser fein mixen und salzen. Alles durch ein Spitzsieb drücken, die Kräuterrückstände gut auspressen, jedoch nicht weiterverwenden.
Die ausgepreßte Flüssigkeit läßt man einmal aufkochen, dann vom Herd nehmen und den auf der Oberfläche befindlichen Rückstand vorsichtig abschäumen. Diesen Schaum, der Farbe und Geschmack gibt, auf ein Passiertuch geben und die restliche Flüssigkeit gut ausdrücken.
Die Flüssigkeit wegschütten und die Kräutermasse in den Nudel- oder Spätzleteig, in die Fisch- oder Fleischfarce geben.

Teig für gesalzene Palatschinken
Pâte à crêpes salées

*Für 6 Personen:
2 Eier, ¹/₄ l Milch, 1 Prise Salz, 100 g Mehl, verschiedene gehackte Kräuter je nach Verwendungszweck, 20 g geklärte Butter zum Backen.*

Aus Eiern, Milch, Salz, Mehl und eventuell gehackten Kräutern bereitet man einen Teig, erhitzt die Butter in einer Pfanne (Durchmesser 15 Zentimeter) und gießt ein wenig Teig ein. Man dreht die Pfanne, damit sich der Teig gleichmäßig verteilt, läßt die Palatschinke kurz anbacken und wendet sie dann. Fertigbacken lassen.

Biskotten
Biscuits à la cuiller

3 Eidotter, 3 Eier, 100 g Zucker, 10 g Vanillezucker, 1 Prise Salz, 150 g Mehl, Staubzucker zum Besieben.

Eidotter, Eier, Zucker, Vanillezucker und Salz aufschlagen, das Mehl einmelieren. Auf ein Blech mit backfähigem Papier kleine Biskotten mit einem Dressiersack aufdressieren und hauchdünn mit Staubzucker besieben. Im vorgeheizten Backrohr werden die Biskotten bei 180 Grad mit offenem Zug goldgelb gebacken und anschließend kalt gestellt. Vom Papier abnehmen und je nach Belieben weiterverarbeiten.

Wenn beim Backofen kein Abzug vorhanden ist, kann man auch die Ofentür einen Zentimeter offenlassen, damit der beim Backen entstehende Dampf entweichen kann.

Biskuitfleck
Biscuits roulés

5 Eier, 10 g Vanillezucker, Schale von ¹/₂ Zitrone, 125 g Zucker, 75 g Mehl, 75 g Weizenpuder (oder Maizena), Staubzucker zum Bestreuen.

Eier, Vanillezucker, Zitronenschale und Zucker schaumig rühren. Das Mehl mit Weizenpuder versieben und in die Eiermasse einmelieren.
Das Backblech (Größe 25 × 30 Zentimeter) wird mit backfähigem Papier belegt und die Masse mit einer Palette fingerdick auf das Papier gestrichen. Im vorgeheizten Backrohr bei 220 Grad goldgelb backen. Danach mit Zucker dünn bestreuen, auf dem Tisch wenden und das Papier abziehen.

Biskuittortenboden
Abaisse de tarte aux biscuits

6 Eier, Schale von ¹/₂ Zitrone, 10 g Vanillezucker, 70 g Zucker, 50 g Mehl, 25 g Weizenpuder (oder Maizena), Zucker zum Bestreuen.

Eier, Zitronenschale, Vanillezucker und Zucker schaumig rühren. Das Mehl mit Weizenpuder versieben und in die Eiermasse einmelieren. Die Masse wird in einen Tortenreifen (Durchmesser 24 Zentimeter) gefüllt und im Backrohr bei 180 Grad 45 Minuten gebacken.
Die Oberfläche wird mit Zucker bestreut, auf dem Blech gewendet und kalt gestellt. Aus dem Tortenreifen schneiden und beliebig weiterverwenden.

Wenn man daraus eine leichte Sandmasse machen will, muß man zuletzt 40 Gramm flüssige Butter in die Biskuitmasse einrühren. Dadurch wird die Masse feinporiger und saftiger.

Brioche
Brioche

Für eine Brioche (ca. 20 Scheiben): 8 Eier, 12 g Zucker, 8 g Germ, 300 g Mehl, 140 g Butter, 10 g Salz.

Eier, Zucker und Germ gut durchrühren, danach das Mehl dazugeben, mit einem Tuch zudecken und an einem warmen Platz bei zirka 36 Grad doppelt so groß aufgehen lassen. Die Butter auf etwa 36 Grad erwärmen, das Salz dazugeben und in die aufgegangene Masse einrühren.
Der Teig wird in eine Kastenform (Größe 25 × 10 × 8 Zentimeter) eingefüllt, dort geht er nochmals auf das Doppelte auf. Dann wird er im vorgeheizten Backrohr bei 180 Grad gebacken. Nach zirka 15 Minuten Backzeit schneidet man die Backkruste der Brioche mit einem gebutterten Messer der Länge nach in der Mitte ein, um ein gleichmäßiges Aufgehen

des Teiges zu erreichen. Es könnte sonst passieren, daß die Brioche schräg aufgeht. Nach insgesamt einer Stunde Backzeit aus dem Rohr nehmen, im warmen Zustand stürzen, auskühlen lassen und in zirka acht Millimeter dicke Scheiben schneiden.

Butterteig (Blätterteig)
Pâte feuilletée ou feuilletage

220 g Mehl, 2 cl Öl, 2 cl Rum, 2 g Salz, 1 dl Wasser, 200 g Butter, 20 g Mehl.

Mehl, Öl, Rum, Salz und Wasser zu einem Teig kneten und zirka eine Stunde im Kühlschrank zugedeckt rasten lassen. Die Butter und das Mehl verkneten und zu einem Ziegel (Größe 20 × 20 Zentimeter) formen. Ebenfalls kalt stellen. Nach der Rastzeit wird der Teig auf 40 × 20 Zentimeter ausgerollt, der Butterziegel auf eine Hälfte des Teiges gelegt und die andere Teighälfte über den Butterziegel geklappt. Der Rand wird gut verknetet, so daß die Butter nicht austreten kann. Den Teig ausrollen und dreiteilig zusammenfalten (einfache Tour). Danach den Teig in der entgegengesetzten Richtung ausrollen und vierteilig zusammenfalten (doppelte Tour). Dann den Teig zudecken und eine Stunde im Kühlschrank rasten lassen.
Den Vorgang (einfache und doppelte Tour) wiederholen und den Teig mindestens eine Stunde rasten lassen.
Erst jetzt kann man ihn auf die gewünschte Stärke ausrollen und verarbeiten.

Durch die Beigabe von Rum wird der Teig elastisch, und so können die einzelnen Teigschichten beim Tourieren nicht reißen.
Butterziegel und Vorteig sollen eine gleich feste Konsistenz haben. Wenn der Butterziegel zu hart ist, drückt sich die Butter durch die Teigschichte, und somit ist ein hohes und gleichmäßiges Aufgehen nicht mehr möglich.
Wird anstelle von Butter Margarine genommen, heißt der Teig „Blätterteig".

Erdbeersauce
Sauce aux fraises

250 g Erdbeeren, 40 g Zucker, Saft von ½ Zitrone (oder Orange).

Die Erdbeeren waschen und entstielen, mit Zucker und Zitronensaft gut mischen.

Wenn Alkohol gewünscht wird, kann je nach Geschmack eventuell Grand Marnier oder Cointreau beigegeben werden. Statt Erdbeeren kann man auch 300 Gramm Himbeeren und Himbeergeist verwenden.

Geriebener Teig
Pâte brisée

Für zwei Kuchen:
125 g Butter, 250 g Mehl,
1 Prise Salz, 1 Ei.

Die Butter wird in kleine Würfel geschnitten und in einer Schüssel mit dem Mehl und Salz verknetet. Das Ei unter die Masse arbeiten, bis der Teig bindet.
Eine Stunde rasten lassen.
Vorsicht: Den Teig nicht zu lange durchkneten, sonst wird er brandig, das heißt, er verliert die Bindung und bröselt.

Hippenmasse
Pâte aux tuile

50 g Staubzucker, 50 g flüssige Butter, 50 g Mehl, 1 Eiklar.

Alle Zutaten werden gut verrührt.
Aus einem Karton mit 0,5 Millimeter Stärke schneidet man eine Schablone in der gewünschten Form und legt sie auf ein mit Butter bestrichenes, bemehltes Backblech. In die Schablone streicht man den Teig, danach die Schablone abnehmen und den Teig bei 180 Grad goldgelb backen.
Noch heiß wird der fertige Hippendekor vom Backblech mit einer Spachtel abgenommen und sofort in die gewünschte Form gebogen. Das erfolgt entweder über ein Rundholz, oder man legt den Teig in eine Form ein.

Der Hippendekor ist durch seine dünne Beschaffenheit sehr zerbrechlich. Die einzelnen Stücke sollen trocken gelagert werden (nicht im Kühlschrank), da sie sonst zäh werden.

Japonaisboden
Abaisse japonais

3 Eiklar, 60 g Kristallzucker, 35 g Haselnüsse, 10 g Mehl.

Eiklar und Kristallzucker werden zu Schnee geschlagen. Die gerösteten und geriebenen Haselnüsse vermischt man mit Mehl und meliert diese Mischung in den Schnee ein.

Die Masse mit einer Palette auf ein gebuttertes und bemehltes Backblech streichen, und zwar tortenreifengroß (= 24 Zentimeter Durchmesser) und etwa vier Millimeter dünn, und im Rohr bei 180 Grad goldgelb backen. Den Boden noch in heißem Zustand vom Blech lösen und auskühlen lassen.

Aus derselben Masse kann man auch Biskotten herstellen, indem man sie mit einem Dressiersack auf ein backfähiges Papier dressiert und goldgelb bäckt.

Kartoffelteig
Pâte de pommes de terre

500 g Kartoffeln, 1 Prise Salz, 100 g Mehl, 1 Ei.

Die Kartoffeln in Salzwasser kochen, schälen und noch heiß passieren. Salz, Mehl und Ei beigeben und alles gut durchkneten. Den Teig etwas auskühlen lassen und dann weiterverarbeiten.

Mürbteigboden
Abaisse de pâte brisée

50 g Butter, 75 g Mehl, 25 g Staubzucker, 10 g Vanillezucker, 1 Prise Salz, 1 Eidotter.

Die Butter weich kneten und mit den restlichen Zutaten schnell zu einem Teig verarbeiten. Dieser wird tortenreifengroß (= 24 Zentimeter Durchmesser) ausgerollt und mit einer Gabel mehrmals eingestochen.
Bei 180 Grad goldgelb backen.

Pastetenteig
Pâte pour pâtés

1,5 kg Mehl, 15 g Salz, 4 Eier, 250 g Butter oder Schmalz, 4 dl Wasser, 1 Eidotter.

Alle Zutaten gut zu einem Teig verkneten.
Zirka drei Stunden zugedeckt rasten lassen, dann den Teig etwa fünf bis sieben Millimeter dick ausrollen. Die Pastetenform damit so auslegen, daß der Teig zwei Zentimeter über den Formenrand darüberhängt.
Mit der vorbereiteten Fülle vier Fünftel hoch füllen, den Teigrand mit Dotter bestreichen und mit einem Deckel aus dem Teig abdecken. Den überhängenden Teigrand zur Mitte hin einschlagen und mit einer Pastetenzange gut zudrücken. Den Deckel mit Eidotter bestreichen und die Pastete backen.

Schmankerln

125 g Mehl, 125 g Staubzucker, 3 Eier.

Alle Zutaten gut verrühren. Die Masse hauchdünn auf ein gebuttertes, bemehltes Backblech streichen und bei 200 Grad goldgelb backen. Danach den Teig mit einer Palette vom Backblech lösen, auskühlen lassen, in kleine Stücke brechen und je nach Belieben weiterverwenden.

Schokoladesauce
Sauce au chocolat

50 g Zucker, 1 dl Wasser, 15 g Kakaopuder, 75 g Schokolade, 3 cl Obers.

Zucker und Wasser aufkochen. Kakaopuder und Schokolade beigeben und nochmals aufkochen. Mit Obers kurz mixen.

Schokoladetortenboden
Abaisse de tarte au chocolat

5 Eier, 175 g Zucker, 1 Prise Salz, 125 g Mehl, 70 g Weizenpuder (oder Maizena), 25 g Kakaopuder, 40 g Butter, Zucker zum Bestreuen.

Eier, Zucker und Salz im Wasserbad heiß aufschlagen, wegstellen und kalt rühren. Mehl, Weizenpuder und Kakaopuder versieben und in die schaumige Eimasse einmelieren. Zuletzt die flüssige heiße Butter einrühren. Die Masse in einen Tortenreifen (Durchmesser 24 Zentimeter) füllen und im Backrohr bei 200 Grad 35 Minuten backen.
Die Oberfläche wird mit Zucker bestreut, auf dem Blech gewendet und kalt gestellt. Aus dem Tortenreifen schneiden und beliebig weiterverwenden.

Strudelteig
Pâte à strudel

250 g Mehl, 3 cl Öl, 2 g Salz, 15 cl Wasser, 5 cl Öl zum Bestreichen.

Mehl, Öl, Salz und Wasser gut zu einem Teig verkneten. Diesen zu einer Kugel formen (schleifen) und auf einen mit Öl bestrichenen Teller legen. Die Oberfläche ebenfalls dünn mit Öl bestreichen und zirka eine Stunde rasten lassen. Den Teig vom Teller nehmen, in Mehl wenden und auf ein bemehltes Tuch (1 × 1 Meter) legen. Mit dem Rollholz etwas ausrollen und mit den bemehlten Handrücken von der Mitte aus den Teig nach außen ziehen (50 × 50 Zentimeter), bis er ganz dünn ist und leicht durchsichtig wird. Mit Bröseln bestreuen oder mit Butter bepinseln, je nach Verwendungszweck, und weiterverarbeiten.

Der Teig muß sofort ausgezogen werden, da er sonst trocknet und beim Einrollen bricht.

In diesem Rezept wurden absichtlich keine Eier verwendet, da die Eidotter den Teig brüchig machen und er sich deswegen nicht so gut ziehen läßt.

Teig für süße Palatschinken
Pâte à crêpes sucrées

Für 6 Personen:
4 Eidotter, 2 Eier, 3 dl Milch, 25 cl Obers, 20 g Vanillezucker, 1 Prise Salz, 240 g Mehl, 50 g Butter zum Backen.

Eidotter, Eier, Milch, Obers, Vanillezucker und Salz verrühren, dann das Mehl rasch darunterziehen. Anschließend den Teig durch ein Sieb passieren.

In einer Pfanne wird etwas Butter erhitzt und wenig Teig eingegossen. Die Pfanne drehen, damit sich der Teig gleichmäßig verteilt. Die Palatschinken anbacken, wenden und fertigbacken lassen.

Vanillecreme
Crème à la vanille

25 cl Milch, 1 Vanillestange, 1 Eidotter, 60 g Zucker, 20 g Cremepulver.

Drei Viertel der Milch werden mit der der Länge nach halbierten Vanillestange aufgekocht. Dann nimmt man die Vanillestange heraus, schabt das Mark mit einem Messer von der Innenseite ab und gibt es der Milch bei. Die restliche Milch mit Eidotter, Zucker und Cremepulver vermischen und der kochenden Milch beigeben. Unter ständigem Rühren nochmals aufkochen lassen und danach kalt stellen.

Warme Vanillesauce
Sauce chaude à la vanille

1 Vanillestange, 25 cl Milch, 50 g Zucker, 7 Eidotter.

Die Vanillestange der Länge nach halbieren und mit der Milch, dem Zucker und den Dottern im Wasserbad heiß aufschlagen, bis die Sauce leicht anzieht.

Danach aus der Vanilleschote das Mark herausputzen und der Sauce beigeben. Die Sauce darf nicht kochen, da sonst die Eidotter binden und die Masse gerinnt.

Fachausdrücke

Anschwitzen oder anziehen: Die betreffenden Zutaten in Butter oder Öl leicht anbraten, ohne diese Farbe annehmen zu lassen.

Aprikotieren: Fertiges Gebäck mit heißer Marillenmarmelade bestreichen.

Auf den Punkt kochen oder pochieren: Beenden eines Kochvorganges, wobei das gegarte Produkt nicht ganz durchgekocht wird.

Bestäuben: Backblech oder Förmchen mit Mehl bestreuen, vorher mit Butter bestreichen.

Bouquet garni: Kräutersträußchen von Petersilie, Sellerie, Lauch, Thymian, Lorbeerblatt usw. (je nach Verwendungszweck) zur Geschmacksgebung von Saucen, Suppen und Fonds.

Brunoise: Feinwürfelig geschnittenes Gemüse.

Cocotte: Feuerfestes Porzellan- oder Steingutgeschirr, in dem die darin gegarten Speisen auch serviert werden.

Cutter (Blitz): Größerer Mixer mit mehreren Schneidemessern.

Dampfl: Hefeteigansatz, Gärprobe.

Eierschwammerl: Pfifferling.

Fleischwolf: Fleischmaschine.

Fond: Charakter- und geschmackgebende Grundbrühe für Saucen und Suppen.

Germ: Hefe.

Julienne: In feine Streifen Geschnittenes.

Jus: Saft, Bratensaft, Fleischsaft.

Kaffeeobers: Kaffeesahne. Mit 15 % Milchfettgehalt.

Karfiol: Blumenkohl.

Karkasse: Gerippe, Rumpf vom Geflügel.

Knödel: Klöße.

Kren: Meerrettich.

Kuvertüre: Tunkmasse, kakaobutterreiche feine Schokolade.

Läuterzucker: Zucker, mit Wasser aufgekocht (800 Gramm Zucker mit einem Liter Wasser).

Marillen: Aprikosen.

Mehlieren: In Mehl wenden.

Melieren: Unterziehen oder vermischen, zum Beispiel Schnee in die Eidottermasse oder Mehl in die Masse.
Mirepoix: In Würfel geschnittenes Röstgemüse für Saucen oder Fleischspeisen.
Montieren: Fertige Sauce oder starken Fond mit kalten Butterflocken leicht binden und verfeinern; die Sauce darf nachher nicht mehr kochen.
Nappieren: Gleichmäßiges Überziehen mit Saucen.
Noilly Prat: Bekanntester französischer Wermut.
Obers: Sahne oder süßer Rahm.
Palatschinken: Österreichischer, dünner Pfannkuchen, gefüllt mit Marmelade, Cremes oder Fleisch.
Pineau: Französischer Likörwein aus Traubensaft und altem Cognac.
Pochieren: In Flüssigkeit langsam garen, ziehen lassen (unter dem Siedepunkt).
Powidl: Pflaumenmus.
Puderzucker (Puderschnee): Feinster Staubzucker.
Rahm: Österreichische Bezeichnung für saure Sahne.
Reduzieren: Starkes Einkochen von Flüssigkeiten, wie zum Beispiel Obers, Fonds, Saucen und Wein (Spirituosen), um den Geschmack zu verstärken oder bessere Dickflüssigkeit (Konsistenz) zu erreichen.
Riffelholz: Rillenwalze.
Salamander: Gratinierofen mit sehr starker Oberhitze zum kurzen Überbacken.
Sautieren: Rasches Anbraten oder Schwenken in einer flachen Pfanne.
Schalottenessig: Mit Schalotten aromatisierter Essig.
Schilcher: Spezielle Weinsorte aus der Weststeiermark.
Schlagobers: Schlagsahne, Schlagrahm.
Sprossenkohl: Rosenkohl.
Stupfen: In den Teig mit einer Gabel einstechen, um beim Backen eine Blasenbildung zu vermeiden.
Tomates concassées: Die Tomaten ganz kurz überbrühen, in kaltem Wasser abschrecken, die Haut abziehen und die Tomaten vierteln. Die Kerne herausnehmen und das Fruchtfleisch in Würfel schneiden.
Topfen: Quark.
Trüffeljus: Die beim Kochen von Trüffeln gewonnene Flüssigkeit. Im Handel erhältlich.
Tülle: Spritzröhrchen für Dressiersack, glatte oder gezackte Öffnung.
Weizenpuder: Weizenstärkemehl.
Ziselieren: In die Haut kleine Einschnitte schneiden, um das Zerreißen oder Aufspringen (speziell bei Fischen) zu vermeiden, auch um gleichmäßiges Braten, Marinieren oder Beizen zu ermöglichen.

Werner Matt

Ein Mann ist der Kochkunst verfallen

Das Substantivum von verfallen heißt Verfall. Bei Werner Matt ist es anders. Er, der Kunst des Kochens verfallen, war es, der dem Verfall der einst weltberühmten Wiener Küche, der seit dem Zerfall der Monarchie immer rapider vor sich ging, Einhalt geboten hat. Er hat die Wiener Gastronomen motiviert, mit dem ideenlosen Schlendrian endlich Schluß zu machen, sich des alten Rufs der Wiener Küche zu besinnen; er war seit seiner Übersiedlung nach Wien der erste, der die spärlicher gewordenen Wiener Feinschmecker gelehrt hat, daß es keiner Reisen nach München, Brüssel oder Paris bedarf, um erstklassig zu essen.
Die Eröffnung des Wien-Hilton im Herbst 1975 war ein Wendepunkt in der Geschichte der Wiener Küche, der Wiener Gastronomie. Als Chef von 70 Köchen übernahm Werner Matt die Herrschaft über vier Restaurants, neun Bankettsäle und die dazugehörigen Küchen. Täglich trägt er die Verantwortung für die 2.000 Essen, die in den verschiedenen Speise- und Bankettsälen des größten europäischen Hilton serviert werden – vom Einkauf über die Planung der Speisekarten und Menüzusammenstellung, über die Kalkulation, die Vor- und Zubereitung der Speisen, wobei im Paraderestaurant des Hauses, der „Rôtisserie Prinz Eugen", nicht wenige seiner eigenen Kreationen den Gästen angeboten werden, über die Überwachung und Ausbildung der verschiedenen Grade der Köche vom Lehrling bis zum Souschef bis zum Anrichten und Servieren und zu allem, was dazugehört.
Werner Matt, noch nicht 40 Jahre alt und ledig, da bisher mit seinem Beruf verheiratet, hat eine steile Karriere hinter sich. In Kematen in Tirol geboren, lernte er in Seefeld und ging 1961, nach Abschluß der Lehre, nach Bayonne in Südwestfrankreich, um die klassische französische Küche, die Mutter aller europäischen Küchen, kennenzulernen. Auf zwei Jahre Frankreich folgten vier Jahre in der Schweiz, im deutschen wie auch im italienischen und französischen Teil.
Nach kurzem militärischem Zwischenspiel in der Heimat begann in Istanbul seine Karriere in der Familie der Hilton-Hotels. Dort erkannte man seine Begabung und bot ihm die Führung der Küche im exklusiven

Dachrestaurant des London-Hilton an. Doch schon 1972 erfolgte der nächste Sprung – zum Souschef des anläßlich der Olympischen Spiele neu eröffneten München-Hilton. Von dort aus legte Werner Matt in Baden-Baden die Meisterprüfung als Bester ab, und damit war ein weiterer Schritt auf der Karriereleiter des Hilton-Konzerns getan.

Nach einem sechswöchigen Managementkurs im gigantischen ,,Queen Elizabeth Hilton" in Montreal kehrte er als Exekutivchef sämtlicher Küchen ins München-Hilton zurück. Doch das Wien-Hilton war bereits in Bau, und der Blick des designierten Generaldirektors Rupert E. Huber fiel auf Werner Matt. Das war eine Sternstunde für die gesamte Wiener Gastronomie.

Werner Matt ist ein Besessener seines Berufes, und er übt ihn mit gleicher Hingabe in allen seinen Sparten aus. Er ist ein qualifizierter Einkäufer, ein Kalkulator mit der Präzision eines Computers, ein hervorragender Organisator, ein ebenso begnadeter wie erfolgreicher Lehrer. In den führenden Gourmet-Restaurants Wiens und auch sonst inner- und außerhalb Österreichs sowie in vielen Hilton-Hotels rings um die Welt sind Köche in leitenden Stellungen, die seine Schüler waren. ,,Last, not least" ist er ein kreativer Meister der Kochkunst mit genialen Zügen.

Er beherrscht die klassische große Küche ebenso wie die traditionsreiche Wiener Küche, doch ist es überflüssig zu sagen, daß seine Liebe der marktgerechten, leichten Küche gehört. 1977 wurde er in den exklusivsten Kochklub der Welt, den C. C. C. (Club de Chefs des Chefs = Vereinigung der Küchenchefs der Staatschefs) aufgenommen. Zwei Jahre später wählte ihn die führende Pariser Fachzeitschrift ,,Gastronomia International" zum Küchenchef des Jahres in Europa, eine Ehre, die vor ihm nur einem Nichtfranzosen, dem Österreicher Eckart Witzigmann, zuteil wurde. Wer die Meinung der Franzosen über ihre Küche und ihre Köche kennt, weiß, was es bei ihnen bedeutet, ,,östliche Barbaren" in solcher Weise auszuzeichnen.

Und wie kocht dieser Werner Matt? Das Urteil darüber überlasse ich einem Berufeneren. Für mich und auch für die Wiener Gastronomie gehört er zur europäischen Spitze. Ich kann nur mit den Worten des Altmeisters des Wiener Kabaretts schließen: ,,Schaun Sie sich das an!" – das ,,Erlesene aus Österreichs Küche" – die Gemeinschaftsarbeit des Meisterkochs Werner Matt und des Meisterpatissiers Walter Glocker.

Dr. Hans Bernert
Gourmet-Kritiker

Walter Glocker

Einen der führenden Patissiers Europas, Karl Schuhmacher, zum Lehrer und Freund zu haben, mit 25 Jahren selbst Chefpatissier im größten Hilton Europas an der Seite Werner Matts, eines der Führenden in der europäischen Küche, jung verheiratet, stolzer Vater eines Sohnes, in einem Beruf tätig, der zugleich Berufung ist und ihn voll ausfüllt – was kann man sich mehr wünschen? Muß man noch hinzufügen, daß Eckart Witzigmann, als er zum Staatsbesuch Elisabeths II. aufkocht, sich ihn als Patissier holt, daß Walter Glocker überall dabei ist, wenn es im Hilton-Konzern eine Neueröffnung, ein Jubiläum oder sonst ein bemerkenswertes Ereignis gibt, sei es in Genf, Tokio oder sonstwo, daß er trotz seiner Jugend ein in seinem Fach ringsum anerkannter Spitzenkönner ist?

In früher Jugend übersiedelt er vom heimatlichen Retz nach Wien und tritt nach Schulabschluß seine Lehre bei der über Österreichs Grenzen hinaus bekannten Konditorei Gerstner an, wo er zum erstenmal auf Karl Schuhmacher, den dortigen Backstubenleiter, trifft. Dieser erkennt die außerordentliche Begabung des jungen Lehrlings, fördert ihn, wo er kann, und verschafft ihm nach erfolgreichem Lehrabschluß eine Stelle bei der – in österreichischem Besitz befindlichen – Patisserie „Gloriette" im Londoner Nobelviertel Knightsbridge.

Zwei Jahre später übersiedelt Glocker zum berühmten Sprüngli nach Zürich. Nach weiteren zwei Jahren holt ihn Schuhmacher, inzwischen nach Linz zur Konditorei Niemetz übersiedelt, zu sich. Dort legt Walter Glocker die Meisterprüfung ab und geht, schon verheiratet, als erster Konditor in ein kleines Hotel nach Enns. Kurz darauf wird er Werner Matt 1975 im neueröffneten Wien-Hilton empfohlen, und dieser nimmt ihn – mit 25 Jahren – als Chefpatissier und hat es nie bereut. Auch Walter Glocker ist ein Anhänger der leichten, der „neuen" Küche, ohne ihre Narrheiten mitzumachen. Ohne Mehl und Zucker kann ein Patissier nicht auskommen, wohl aber mit einem Minimum dieser Zutaten. Er haßt es, auf Vorrat zu arbeiten. Was à la minute zubereitet werden kann, das wird eben frisch zubereitet. Und immer wieder zerbricht er sich den Kopf über neue Kreationen und Kombinationen. Der „Glocker-Strudel" ist die erste Kreation einer „neuen" Wiener Küche, die über renommierte ausländische Fachzeitschriften ihren Weg über Österreichs Grenzen genommen hat.

Von Werner Matt hat Walter Glocker das absolute Primat des Berufes über die Privatinteressen gelernt, ohne das man nicht an die Spitze kommen kann, ebenso die Notwendigkeit einer präzisen Vorkalkulation, ohne die auch der genialste Koch oder Patissier à la longue zum Scheitern verurteilt ist.
Walter Glocker ist wie jeder große Könner bescheiden geblieben. Er ist noch sehr jung, und es wird interessant sein, seinen weiteren Lebens- und Berufsweg zu verfolgen. Eines aber steht schon heute fest: Für ihn gilt, was Fernand Point, der Vorläufer der Erneuerung der großen französischen Küche aus Vienne an der Rhône, gesagt hat: ,,Die feinste Patisserie kommt aus Vienne, aber aus dem an der Donau."

Dr. Hans Bernert
Gourmet-Kritiker

Sachregister

Ananaskaltschale mit Kirschwasser und Zitronenmelisse 17
Ananassorbet 211
Apfelsorbet 211
Apfelstrudel 173
Avocadocreme, geeist 18
Basilikum 8
Bayerische Creme 151
Beifuß 8
Beilagen 140
Belonaustern im eigenen Fond mit Gemüsestreifen und Safran 85, 87
Biskotten 230
Biskuitfleck 231
Biskuittortenboden 231
Bohnenkraut 8
Brioche 231
Brioche in Zimtzucker auf Apfelmus 151
Brokkoliflan 141
Butterteig (Blätterteig) 232
Calvadostorte 182, 191
Champagnerkraut 140
Champagnersorbet 212
Champignonköpfe, gebacken und pochiert, mit verschiedenen Füllungen 14
Chicorée, gedünstet, in Rahmsauce 140
Court-bouillon 223
Cremeschnitten mit Früchten 173, 183
Desserts 151
Dill 9
Dörrpflaumen mit Marzipan 208, 215
Dressing, gebunden 227
Dressing, klar 226
Eierguß 228
Eierschwammerln mit Brieskn̈odeln 57
Eis, überbacken, mit Früchten 168
Eisparfait mit Früchten 147, 152
Eisparfait mit Holunder in Rotwein 152, 171
Eissoufflé Grand Marnier 153
Entenbrust mit gebundener Entenlebersauce 116, 121
Entenbrust mit Preiselbeeren 116, 122
Entrecote, gefüllt, mit Schalotten und Rindsmark 103
Erdbeeren, getunkt 208, 215
Erdbeeren mit schwarzem Pfeffer 153
Erdbeeren Romanow 154, 182
Erdbeerknödel 188, 200
Erdbeersauce 232
Erdbeersorbet 212
Erdbeertorte in Blätterteig 191
Estragon 9
Fachausdrücke 237
Fächertorte mit Karamelobers 192, 205
Fasanenbrust mit Eierschwammerln und Mais 128, 131
Fasanenparfait 20
Faschingskrapfen 174
Feigen in Cassis mit Mandeleis 154, 161
Fenchelcreme mit Steinbuttstreifen 46
Fenchelflan 142
Filet Wellington 107

Filetsteak vom Rind in Schnittlauchfond 96, 102
Fine-Claire-Austern im Spinatblatt 85, 88
Fische und Krustentiere 73
Fischfond 223
Fleisch 94
Fleischglace 220
Forellenfilet, gebeizt, in Dilljoghurt 24, 37
Forellenfilet, geräuchert auf Toast 61
Forellenmousse in Sauerampfersauce 57
Forellenveloute 46
Froschschenkel mit Kressesavarin 58
Froschschenkelvelouté 47
Früchte auf Blätterteig 155, 162
Früchte oder Beeren der Saison, überbacken 168, 181
Früchtepalatschinken mit Vanillesauce 175, 199
Früchteteekuchen 175
Früchteterrine mit Stachelbeeren und Ribiselmark 156, 161
Fruchttörtchen, kleine 206, 207
Gamsfiletspitzen mit Paprika 131
Gänsebrust mit steirischem Linsensalat und Kürbis 23, 32
Gänseleber in Himbeerdressing 22, 23
Gänseleber, gebraten, mit Veltliner Trauben auf Salatherzen in Sherrydressing 25
Gänselebermedaillon auf Apfelspalten 112
Gänseleberterrine 34
Gazpacho – geeiste Tomaten-Paprika-Suppe 18
Geflügel 121
Geflügelfond, hell (Hühnerfond) 222
Geflügelleberpudding mit Madeirasauce 59
Gemüse und Beilagen 140
Gemüsebouquet auf halben Tomaten 13
Gemüsecanapés, verschiedene 13
Gemüsestrudel mit Kräutersauce 56, 60
Gewürzsoufflé 166, 172
Granités 218
Grapefruitsorbet 212, 216
Grundrezepte 219
Gurken, glaciert 140
Gurkensuppe, geeist, mit Dill 19
Haselnußsoufflé mit Preiselbeeren und Weinsabayon 127, 157
Hechtfilet, gefüllt, in Salatblatt 73, 126
Hechtmousse 229
Hechtnockerln in Dillsauce 74
Himbeercharlotte 148, 164
Himbeerdressing 228
Himbeeressig 227
Himbeeroberstorte 183, 194
Himbeersorbet 212, 216
Hippenmasse 233
Hirnstrudel mit Blattspinat 56, 62
Hirschkalbsrücken, gebraten, mit Weichselkirschen 127, 132
Hirschrückensteak in Grüner-Pfeffer-Sauce 133
Holundersorbet 213, 216

Hühnerbrust, gefüllt, mit Lauch 122, 125
Hühnerbrust, steirisch, mit Kürbisgemüse und glacierten Gurken 125, 129
Hühnerleberterrine 35
Hummerfond 224
Hummersuppe mit Hechtnockerln 49
Innereien 112
Jakobsmuscheln in Gemüsesabayon 84
Jakobsmuscheln in Korianderdressing 21, 26
Japonaisboden 223
Joghurtgefrorenes 218
Johannisbeersorbet 213
Kaiserschmarren mit Äpfeln 176
Kalbfleischauflauf mit Bries 62
Kalbsbries in Trüffelcreme 112, 115
Kalbsbries in überbackener Blätterteighaube 63
Kalbsbriesknödel 143
Kalbsbriesvelouté 50
Kalbsfond, hell 219
Kalbshirn auf Artischockenböden 64
Kalbshirn, geröstet, mit Pilzen 113
Kalbskopf, Hirn und Zunge in Schnittlauchsauce 114
Kalbsleber mit Wacholder 106, 114
Kalbsmedaillons mit Zitronenmelisse, Estragon, Kerbel und Gemüse der Saison 95, 101
Kalbsnieren auf Petersilienpüree mit Steinpilzen 117
Kalbsnieren, gefüllt, mit gegrillten Zucchini 115, 118
Kalbsrückensteak mit Walnüssen und Frühlingsgemüse 102, 147
Kalbszüngerl mit Wurzelgemüse 106, 119
Kaltschalen und geeiste Suppen 17
Kaltschale von Muskattrauben 17
Kamille 9
Kaninchen mit Eierschwammerln 97
Kaninchenleber auf Weißkraut in Kräuterdressing 120
Kaninchenrücken und Taubenbrüstchen auf Salatherzen 27
Karamelcreme 158, 182
Kardinalschnitten 176, 183
Karpfen, gratiniert 66, 77
Kartoffeln, gratiniert 144
Kartoffelkuchen 144
Kartoffelteig 234
Kastanienfülle 229
Kerbel 9
Kirschen- oder Sauerkirschensorbet 213
Kirschen- oder Weintraubenstrudel 177, 190
Kirschtorte 194
Kitz mit Kräutern, Mangold und Schwarzwurzeln 86, 94
Kiwisorbet 213, 216
Kohlrabi, gratiniert 141
Kohlrabiflan 142
Kräuter, frische, in der Küche 8
Kräutermasse für Teigwaren, Fleisch- und Fischfarcen 230

Krebsessenz 50
Krebsmousse 27
Krebssauce 224
Kresse (Brunnenkresse, Gartenkresse) 9
Kressepüree 141
Kressesavarin oder Kresseflan 143
Krustentiere 73
Lachs, gebeizt 228
Lachs, gebeizt, mit Kartoffelplätzchen und Kaviar 21, 25
Lachs, mariniert, mit grünem Pfeffer 28
Lachsfilet, gebraten, auf Sherrysauce mit Markscheiben 78
Lachsmittelstück mit Forellenmousse in Champagner 65, 79
Lachsscheiben, gratiniert, in Riesling 61
Lammkoteletts in Blätterteig mit Pilzen und Okra 86, 99
Lammrücken, gefüllt, mit jungen Erbsenschoten 96, 98
Lammsattelstück mit Gemüse 86, 100
Lammstrudel mit Kohl 56, 67
Landterrine mit Thymian 36
Langustenmousse und -medaillons in Basilikum 76, 89
Lauchkuchen 67
Lauchpalatschinken 68
Lavendel 9
Liebstöckel 10
Majoran 10
Mandarinentorte 195
Mandelblätter 208
Marillenknödel 188, 200
Marmorgugelhupf 178
Maroniobersttorte 196
Masthuhn in Krenschaum 124
Meeresfrüchte, pochiert, mit Gemüse und Kerbel 75, 91
Meerwolf, mariniert, mit Fenchel 21, 28
Mehlspeisen 173
Melonenkaltschale 17
Melonensorbet 214
Miesmuscheln mit Kräutern und Schalotten 85, 88
Miesmuscheln, überbacken, in der Schale 93
Milchrahmstrudel 178, 190
Mohnnudeln 179
Mohn- und Zimtparfait mit Rumdatteln oder marinierten Waldbeeren 158, 171
Morchelsauce 225
Mundbissen 13
Mürbteigboden 234
Muschelfond 223
Näschereien, klein 207, 215
Nudeln oder Fleckerl, grün 149
Nußtorte 196
Orangenoberstorte 183, 197
Orangenplätzchen 209
Orangentorte mit Cointreau 198, 205
Origano 10
Palatschinken, überbacken mit verschiedenen Meeresfrüchten 71
Passionsfruchtsorbet 214, 216
Pastetenteig 234
Petersilienpüree 141
Pfahlmuschelsuppe, gebunden 48
Pfannkuchen mit Beeren 161, 180
Pfefferminze 10
Pfefferminzsorbet 214, 216
Pfirsichpalatschinken, überbacken 187, 199
Pimpinelle 10
Powidltascherln mit Pflaumenröster 180
Preiselbeersorbet 217
Prinzeßbohnen in Sherrydressing auf Champignonköpfen 13

Ragout von Bries und Kalbsnieren 119
Räucherlachskipferln, klein 14
Rebhuhn auf Champagnerkraut 137
Rehkarree in Portwein 134, 145
Rehnockerln mit Eierschwammerlsauce 135
Rehrückenfilets mit jungem Gemüse und Steinpilzen 135
Rhabarber auf Joghurt 159, 181
Rhabarbersorbet 216, 217
Rhabarbersoufflétorte 201
Rinderkraftsuppe 221
Rindsbouillon 220
Rindsfilet in Blätterteig (Filet Wellington) 107
Rindsfilet, mariniert mit Spargelspitzen 29, 31
Roastbeef, gefüllt, mit Kräutern überbacken 104
Rochenflügel auf gekraustem Salat mit roten Rüben 30
Rosmarin 10
Rösti mit Eierschwammerln 149
Rotweinsauce, mit Butter gebunden 226
Rumpflaumen in Eisparfait 159, 200
Sabayontorte mit Erdbeeren 201, 205
Sachertorte 202
Saisongemüse auf Blätterteigpolster 55, 68
Salat von Flußkrebsen, Spargelspitzen und Prinzeßbohnen in Kerbeldressing 30, 146
Salat von Kalbshirn mit Lauch und Brokkoli 31, 33
Salat von Seeteufel auf Tomaten 34, 37
Salbei 10
Salzburger Nockerln 184, 185
St.-Petersfisch auf Fenchel in Safranbutter 65, 79
Sauerampfer 12
Sauerampfervelouté 51
Savarin 160, 183
Scampi in Blauburgunder auf Chicorée 76, 91
Scampi in Dill mit tournierten Salatgurken 92
Schleien blau mit Wurzelgemüse 66, 80
Schmankerln 235
Schmankerlparfait mit Preiselbeeren 163, 171
Schneckenragout 69
Schneckenvelouté 51
Schneenockerln in Orangensauce 163, 184
Schnittlauchsauce, warm 226
Schokoladebusserl 209
Schokoladecharlotte 148, 164
Schokoladekuchen 185
Schokolademus 165
Schokoladensoufflé 166, 172
Schokoladesauce 235
Schokoladespitz 208, 215
Schokoladetortenboden 235
Schupfnudeln aus Kartoffelteig 149
Schwarzwurzelkuchen mit Blattspinat 70
Schwarzwurzelstrudel 56, 70
Schweinsfilet im Netz, gefüllt mit Blattspinat 105, 109
Schweinskoteletts in Kümmel und Biersabayon 110
Schweinsmedaillons im Wirsingbett mit Roquefortsauce 105, 111
Seezungenstreifen mit Krebsschwänzen und Kohlrabiflan 80
Sherrycreme 165
Sherrydressing 227
Sorbets 211, 216
Soufflé mit Grand Marnier 166
Soufflé von geräuchertem Lachs und Avocados 71

Spanferkelbrust mit Gemüse 105, 108
Spätzle 150
Steinbuttfilet mit Tomaten 81
Steinpilzconsommé in überbackener Blätterteighaube 38, 52
Strudelteig 235
Stubenkücken mit Austernpilzen in Schilcher 125, 129
Suppen 46
Suppen, geeist 17
Tapiokapudding mit Marillen 166, 181
Teegebäck 207
Teig für gesalzene Palatschinken 230
Teig für süße Palatschinken 236
Teig, geriebten 233
Terrine von Fasanen und Gänseleber 39, 126
Terrine von gefüllten Seezungen mit Hechtmousse 37, 41
Thymian 12
Tomatensuppe mit Champignons und Basilikum 52
Topfenauflauf 186
Topfencreme mit Joghurt auf Paprikavierteln 13
Topfenknödel mit Zwetschkenröster 186
Topfennockerln in Erdbeersauce 167, 184
Topfenoberstorte 203
Topfentorte, überbacken 203
Torten 191
Truthahnmedaillons in Zitronenmelisse 130
Vanillecreme 236
Vanillekipferln 210
Vanillesauce, warm 236
Vanillesoufflé 166, 172
Vichysoise – geeiste Lauchcremesuppe mit Kartoffeln 19
Vorspeisen, kalt 20
Vorspeisen, warm 57
Wachtelbrüstchen in gebundenem Gemüsesud 128, 138
Wachteleier, wachsweich, auf Kohlrabischeiben 13
Wachtelessenz im Nest 53, 146
Wachtelfond, hell 222
Wachteln, gefüllt, auf gedünsteten Chicorée 137
Wachtelterrine mit Gänseleber 42
Waldbeerensoufflé 169
Walderdbeeren in Strudelteigblättern 169, 189
Waller auf Brunnenkresse 66, 82
Wasserkresse 12
Weihnachtsstollen 187
Weinsabayon mit Vanilleeis 170
Weinsuppe mit Zimtstangerln 54
Wermut 12
Wild und Wildgeflügel 131
Wildfond, braun 221
Wildfond, hell 222
Wildhasenpastete 43
Wildschweinkarree in Wacholderrahmsauce 139, 145
Ysop 12
Zanderfilet auf gedämpften Zwiebelstreifen und Paprika 65, 83
Zanderschnitten, gebraten mit roten Rüben und Petersilie 83
Zitronencharlotte 148, 164
Zitronengranité 218
Zitronenmelisse 12
Zitronen- oder Limettensorbet 217
Zuger Kirschtorte 204
Zwetschkenknödel 188, 200
Zwiebelspeckkuchen 72
Zwiebelsuppe, gratiniert 48

Bildverzeichnis

Bild Seite		Rezept Seite
11	Frische Kräuter in der Küche	
15	Verschiedene Gemüsecanapés	13
21	Marinierter Meerwolf mit Fenchel	28
	Gebeizter Lachs mit Kartoffelplätzchen und Kaviar	25
	Jakobsmuscheln in Korianderdressing	26
22	Gänseleber in Himbeerdressing	23
31	Salat von Kalbshirn mit Lauch und Brokkoli	33
	Mariniertes Rindsfilet mit Spargelspitzen	29
32	Gänsebrust mit steirischem Linsensalat und Kürbis	23
37	Gebeiztes Forellenfilet in Dilljoghurt	24
	Salat von Seeteufel auf Tomaten	34
	Terrine von gefüllten Seezungen mit Hechtmousse	41
38	Steinpilzconsommé in überbackener Blätterteighaube	52
55	Saisongemüse auf Blätterteigpolster	68
56	Gemüsestrudel mit Kräutersauce	60
	Lammstrudel mit Kohl	67
	Hirnstrudel mit Blattspinat	62
	Schwarzwurzelstrudel	70
65	Zanderfilet auf gedämpften Zwiebelstreifen und Paprika	83
	Lachsmittelstück mit Forellenmousse in Champagner	79
	St.-Petersfisch auf Fenchel in Safranbutter	79
66	Waller auf Brunnenkresse	82
	Gratinierte Karpfen	77
	Schleie blau in Wurzelgemüse	80
75	Pochierte Meeresfrüchte mit Gemüse und Kerbel	91
76	Langustenmousse und -medaillons in Basilikum	89
	Scampi in Blauburgunder auf Chicorée	91
85	Miesmuscheln mit Kräutern und Schalotten	88
	Fine-Claire-Austern im Spinatblatt	88
	Belonaustern im eigenen Fond mit Gemüsestreifen und Safran	87
86	Lammsattelstück mit Gemüse	100
	Lammkoteletts in Blätterteig mit Pilzen und Okra	99
	Kitz mit Kräutern, Mangold und Schwarzwurzeln	94
95	Kalbsmedaillons mit Zitronenmelisse, Estragon, Kerbel und Gemüse der Saison	101
96	Filetsteak vom Rind in Schnittlauchfond	102
	Gefüllter Lammrücken mit jungen Erbsenschoten	98
105	Schweinsfilet im Netz, gefüllt mit Blattspinat	109
	Schweinsmedaillons im Wirsingbett mit Roquefortsauce	111
	Spanferkelbrust mit Gemüse	108
106	Kalbszüngerl mit Wurzelgemüse	119
	Kalbsleber mit Wacholder	114
115	Kalbsbries in Trüffelcreme	112
	Gefüllte Kalbsnieren mit gegrillten Zucchini	118
116	Entenbrust mit Preiselbeeren	122
	Entenbrust mit gebundener Entenlebersauce	121
125	Stubenkücken mit Austernpilzen in Schilcher	129
	Steirische Hühnerbrust mit Kürbisgemüse und glacierten Gurken	129
	Gefüllte Hühnerbrust mit Lauch	122
126, 127	Terrine von Fasanen und Gänseleber	39
	Gebratener Hirschkalbsrücken mit Weichselkirschen	132
	Gefülltes Hechtfilet im Salatblatt	73
	Haselnußsoufflé mit Preiselbeeren und Weinsabayon	157
128	Marinierte Perlhuhnbrust mit Weintrauben	136
	Fasanenbrust mit Eierschwammerln und Mais	131
	Wachtelbrüstchen in gebundenem Gemüsefond	138
145	Wildschweinkarree in Wacholderrahmsauce	139
	Rehkarree in Portwein	134
146, 147	Eisparfait mit Früchten	152
	Salat von Flußkrebsen, Spargelspitzen und Prinzeßbohnen in Kerbeldressing	30
	Wachtelessenz im Nest	53
	Kalbsrückensteak mit Walnüssen und Frühlingsgemüse	102
148	Schokolade-, Himbeer- und Zitronencharlotte	164
161	Feigen in Cassis mit Mandeleis	154
	Pfannkuchen mit Beeren	180
	Früchteterrine mit Stachelbeeren und Ribiselmark	156
162	Früchte auf Blätterteig	155
171	Schmankerlparfait mit Preiselbeeren	163
	Eisparfait mit Holunder in Rotwein	152
	Mohn- und Zimtparfait mit Rumdatteln	158
172	Vanille-, Schokoladen- und Gewürzsoufflé	166
181	Überbackene Himbeeren	168
	Rhabarber auf Joghurt	159
	Tapiokapudding mit Marillen	166
182, 183	Calvadostorte	191
	Orangenoberstorte	197
	Himbeeroberstorte	194
	Erdbeeren Romanow	154
	Cremeschnitten mit Früchten	173
	Kardinalschnitten	176
	Karamelcreme	158
	Savarin mit Himbeersauce	160
184	Salzburger Nockerl	185
	Topfennockerln in Erdbeersauce	167
	Schneenockerl in Orangensauce	163
189	Beerenfrüchte in Strudelteigblättern	169
190	Milchrahmstrudel mit Minze	178
	Kirschen- und Weintraubenstrudel	177
199	Überbackene Pfirsichpalatschinken	187
	Früchtepalatschinken mit Vanillesauce	175
200	Zwetschken-, Marillen- und Erdbeerknödel	188
	Rumpflaumen im Eisparfait	159
205	Fächertorte mit Karamelobers	192
	Orangentorte mit Cointreau	198
	Sabayontorte mit Erdbeeren	201
206	Kleine Fruchttörtchen	207
215	Kleine Näschereien	207
216	Passionsfruchtsorbet	214
	Holundersorbet	213
	Rhabarbersorbet	217
	Kiwisorbet	213
	Himbeersorbet	212
	Grapefruitsorbet	212
	Pfefferminzsorbet mit Früchten	214

Wertvolle Ratgeber für jeden Kochinteressierten

Rosa Karlinger

Kochbuch für jeden Haushalt
Die bürgerliche Küche in Österreich

14. Auflage, 408 Seiten, davon 40 Farbtafeln von Ernest Richter

In über 2.000 erprobten Rezepten zeigt die Autorin einen Querschnitt dessen, was man heute in Österreich kocht.
Das Buch enthält eine umfassende Bestandsaufnahme – von der einfachen Hausmannskost über typische Spezialitäten der bodenständigen Küche bis zur „feinen Küche".
Alle Rezepte sind leicht verständlich und nachvollziehbar dargestellt und auf einen Vier-Personen-Haushalt abgestimmt.
Abschließend finden Sie viele unerläßliche Ratschläge und wertvolle Tips für die täglichen Probleme der Hausfrau, wie zum Beispiel
– richtiges Aufbewahren von Lebensmitteln
– richtiges Tischdecken und Servieren
– Fleckenreinigung

Ernst Burgstaller

Österreichisches Festtagsgebäck
Brot und Gebäck im Jahres- und Lebensbrauchtum

280 Seiten, davon 48 Farbbilder

Das Brot bildet nicht nur ein wichtiges Hauptnahrungsmittel der Bevölkerung, sondern ist auch Grundelement der Volkskultur.
Die klare Systematik der Darstellung, der die gesamte bisherige Literatur zur Gebäcksforschung berücksichtigende Anmerkungsapparat und das sorgfältig erstellte Register machen das Werk zu einem vielseitig verwendbaren Handbuch und Nachschlagewerk, das nicht nur der Bäckerschaft wertvolle Dienste leisten wird, sondern auch allen Freunden der Volksforschung und Volkskunst.

Peter M. Vazny

Tranchieren und Flambieren beim Tisch des Gastes

2. Auflage, 148 Seiten Text, 32 Farbbilder von Ernest Richter

Dieses hervorragende Fachbuch bietet sowohl dem Fachmann als auch der ambitionierten Hausfrau und dem Hobbykoch Tips und Ratschläge für richtiges Tranchieren und Flambieren. Alle Arbeitsabläufe werden Schritt für Schritt beschrieben. Zahlreiche Rezepte für Salate, Cocktails, Obstsalate, Teigwarengerichte etc. machen dieses Buch zu einem Standardwerk, das in keinem Haushalt fehlen sollte.

Eduard Mayer
Wiener Süßspeisen

6. Auflage, 348 Seiten, 60 Farb- und Schwarzweißbilder

Dieses hervorragende Fachbuch für Gastronomie, Konditorei und Haushalt, das sogar ins Japanische übersetzt wurde, spiegelt in seiner Reichhaltigkeit die ganze Vielfalt der in aller Welt bekannten und beliebten Wiener Mehl- und Süßspeisen wider. Alle Rezepte sind in klarer und übersichtlicher Gliederung dargestellt und daher leicht nachvollziehbar.
Von der Gastronomischen Akademie Deutschlands mit dem Prädikat „Besonders zu empfehlen" ausgezeichnet.

Karl Duch
Handlexikon der Kochkunst

10. Auflage, ca. 1.100 Seiten

Modernes Nachschlagewerk der internationalen Hotel- und Restaurantküche.
Das umfassende Speisenverzeichnis, welches alle Sachgebiete der internationalen Hotel- und Restaurantküche umfaßt, wurde nunmehr in der zehnten, völlig überarbeiteten und erweiterten Auflage wiederum auf den heutigen Stand gebracht. Die kurzgefaßten Speisenerklärungen in Deutsch, Französisch, Englisch und Italienisch ermöglichen es auch den weniger Sprachkundigen, die gewünschten kulinarischen Auskünfte zu geben. Durch seine zahlreichen praktischen küchenkundlichen Hinweise stellt dieses klassische Kompendium der Küche eine unerläßliche Fachkunde für alle Angehörigen des Gastgewerbes dar.

Karl Duch
Menülexikon

4. Auflage, 564 Seiten, 8 Farbtafeln

Das Menülexikon ist der ergänzende zweite Band zum Handlexikon der Kochkunst. Wenn dieses die Frage klärt „Wie koche ich?", so vermittelt das Menülexikon sämtliche Hinweise zum Thema „Was koche ich?".